De Lege Artis

Anwaltskrimi Köln

von

Ulrich M. Hambitzer

EDITION
LEMPERTZ

Impressum

Math. Lempertz GmbH
Hauptstraße 354
53639 Königswinter
Tel.: 02223 / 90 00 36
Fax: 02223 / 90 00 38
info@edition-lempertz.de
www.edition-lempertz.de

1. Auflage – Juli 2018

Text: Ulrich Hambitzer

Umschlaggestaltung, Satz: Ralph Handmann
Lektorat: Christina Meuser, Philipp Gierenstein
Titelbild: fotolia

Printed and bound in Germany

ISBN: 978-3-96058-204-5

Quellenvermerk zu den Zitaten:

S. 6: Kästner, Erich, Kästner für Kinder, Bd. 2, Atrium Verlag Zürich, Sonderausgabe 2004
S. 189: Yoors, Jan, Die Zigeuner, Ernst Klett Verlag, Stuttgart 1970

Für Ilona

Ulrich M. Hambitzer, geboren am 10.10.1954 in Bonn-Beuel, Sternbild und Aszendent Waage, hat sich nach abgebrochenem Kunst- und Literaturstudium den Rechtswissenschaften zugewandt. Er arbeitet seit 30 Jahren in eigener Anwaltskanzlei. Auch privat schätzt er Krimis, kulinarische Genüsse und – natürlich – Hunde.

Inhaltsverzeichnis:

Der Verfasser erhebt keinen Anspruch darauf, die politischen Zusammenhänge der Sinti- und Romaproblematik auch nur im Ansatz zu erfassen oder gar Lösungen anzubieten. Er hofft aber, die Zigeuner mit seinem Herzen verstanden zu haben. Das ist ein Roman, nicht mehr und nicht weniger. Erich Kästner hat richtig bemerkt: „Ob wirklich passiert oder nicht, das ist egal. Hauptsache, dass die Geschichte wahr ist."

Zur Erläuterung seien noch einige absonderliche Bezeichnungen erklärt: Der Weimarer Olympier ist Johann Wolfgang von Goethe, der vergessene Dichter Stefan George.

Mit Pulverkopf ist Friedrich Nietzsche gemeint, der selbst von sich sagte, er sei Dynamit. Diese Namensgebung ist von Ernst Jünger übernommen, ebenso wie Kniébolo.

Jeder Dumme ist fest überzeugt und jeder fest Überzeugte ist dumm.
(Garcian, übersetzt von Schopenhauer, Handorakel, Nr. 183)

Jetzt dämmert den beiden Figuren allmählich das Risiko.
(Worte des vorsitzenden Richters zur Eröffnung einer Verhandlung an die Parteien des Rechtsstreits)

Nicht der Zweifel, sondern die Selbstgefälligkeit
ist der Feind der Gerechtigkeit.

Kaum ein Richter liest die Dichter,
doch ist richten Wahrheit dichten.
(Pasquill auf einer Toilettenwand in einem nordrhein-westfälischen Amtsgericht)

Eine Versammlung von Juristen zu malen, ist Raffael erspart geblieben.
(Heinrich Wölfflin, Die Klassische Kunst, 1898)

1. Veränderungen

Da saß er vor mir, dieser Ausbund allen Kapitals. Mächtig, reich und gewohnt zu befehlen. Einer, der die Strippen am richtigen Ende zog. Mein alter Hund, der für gewöhnlich bei jedem neuen Mandanten eine freudige Erregung zeigte, blieb teilnahmslos auf seinem Stammplatz unter meinem Schreibtisch liegen.

„Ich erwarte von Ihnen, Herr Rechtsanwalt, dass die Klage exakt am Gründonnerstag zugestellt wird und ihm das Osterfest gründlich versüßt“, sagte er fast flüsternd. „Sie haben also gute zwei Wochen Zeit. Zugleich schicken Sie ihm die Kündigung.“

Auf eine Million sollte ich einen seiner Arbeitnehmer verklagen. Der Sachverhalt war einfach und die Klage völlig aussichtslos. Mein potenzieller Mandant betrieb ein sehr solventes, mittelständisches Unternehmen, das Spritzgussformen herstellte und als Zulieferer größter Firmen Werkteile aller Art in enormen Massen produzierte. Einer seiner Vorarbeiter, der den Plan hatte, einen Betriebsrat zu gründen und dessen Arbeit vornehmlich in der Überwachung, Bestückung und Pflege mehrerer weitgehend automatisch arbeitenden Maschinen bestand, hatte übersehen, dass ein Teil nicht ordnungsgemäß herausgeschleudert wurde, sondern sich in der Form verklemmt hatte und den Ablauf blockierte. Die Maschine lief heiß und stand schließlich still. Der Ausfall war beträchtlich. Die Reparatur dauerte über drei Tage. Aufgrund dessen konnte ein Auftrag nicht fristgerecht erledigt werden und der Kunde, der eine umfangreiche Auftragsvergabe avisiert hatte, sprang ab. Der entgangene Gewinn solle nach überschlägigen Berechnungen meines potenziellen Mandanten mehrere Millionen betragen, die Fahrlässigkeit des unliebsamen Arbeitnehmers läge auf der Hand.

„Wenn er nicht sogar absichtlich gehandelt hat“, presste er hasserfüllt hervor.

Für derartige Fälle hat eine differenzierte Rechtsprechung grundlegende Korrektive entwickelt. So kann ein Arbeiter bei einer Arbeit, die gewisse Gefährdungen mit sich bringt, nur unter engen Voraussetzungen haftbar gemacht werden. Ich sah wenig Chancen, einen Schadensersatzan-

spruch und eine Kündigung durchsetzen zu können und formulierte vorsichtig meine Einwände, die er souverän akzeptierte.
„Es geht mir nicht um den Schadensersatz, ich will den Mann weghaben, egal, wie und mit welchen Mitteln."
Ich kannte diese Art von Mandanten und diese Art von Mandaten. Damit verdiente ich seit Jahren mein Geld. Keine Reichtümer, aber ein angenehmes, sorgloses Auskommen. Allerdings nahmen in letzter Zeit die Mandanten ab. Heute Morgen war mir aufgefallen, dass sich unter meinen Augen faltige Säcke bildeten und die Haut an meinem Hals unter dem Kinn traurig herunterzuhängen begann. In wenigen Monaten würde ich mein 49. Lebensjahr vollendet haben und mein Herbst sich langsam, stetig und unabwendbar meinem Winter nähern.

„Weh mir, wo nehm' ich, wenn
Es Winter ist, die Blumen, und wo
Den Sonnenschein
Und Schatten der Erde?"

So hatte Hölderlin seine schonungslosen Fragen in der Hälfte des Lebens gestellt und war dabei an die Grenze dessen gegangen, was im dichterischen Wort gesagt werden kann. Heute Morgen beim alljährlichen routinemäßigen Arztbesuch musste ich das Belastungs-EKG wegen akuter Gefährdung abbrechen. Meine Blutdruckmessung hatte erschreckende Werte gezeigt.

„Die Mauern stehn
Sprachlos und kalt, im Winde
Klirren die Fahnen."

Die Mitte des Lebens hatte ich längst überschritten.

„Ich habe ganz erheblichen Beratungsbedarf, als Nächstes werden Sie meine sämtlichen Vertragsbedingungen überarbeiten", fuhr mein potenzieller Mandant fort.
Mir wurde schlagartig klar, dass ich so wie bisher nicht mehr weiterma-

chen konnte, wenn ich den sonnen-, schatten- und blumenlosen Winter noch erleben wollte. Ich überschlug, dass er mir im ersten Jahr der Zusammenarbeit wahrscheinlich um die 50.000 Euro bringen würde, aber ich brauchte nicht mehr zu überschlagen, welchen Preis meine Seele hat. „Er wird vor Angst zittern, über die Ostertage ist er mit seinem Problem allein. Von der Gewerkschaft wird er keinen erreichen. Sie werden am Ostermontag bei ihm auftauchen und einen Aufhebungsvertrag mit einer kleinen symbolischen Abfindung und unter Verzicht aller gegenseitigen Ansprüche vereinbaren", triumphierte er mit einem kumpelhaften Lächeln. „Ich kenne ihn, ich weiß, wie er funktioniert. Das Ganze wird ein Kinderspiel."

Ich dachte noch einige Sekunden nach, kam im Angesicht dieses Abgottes des Mammons zu dem Schluss, dass ich jetzt oder nie mein Leben ändern musste. „Raus", erwiderte ich leise. Als er mich entgeistert und errötend anstierte, fügte ich noch ein „schnell, scheren Sie sich raus, ich möchte nicht für Sie arbeiten und will nichts mit Ihnen zu schaffen haben!" hinzu.

Als er sich aus seiner Erstarrung gelöst hatte, stand er auf, schrie in meine Richtung: „Wir passen wohl kaum zusammen!"

Als er das Zimmer verließ, schlug er die Tür mit einer derartigen Wucht zu, dass der Staub von den Büchern hochwehte und ich fürchtete, sie würde aus den Angeln stürzen. Als meine Sekretärin die Tür öffnete und besorgt den Kopf hereinsteckte, hatte ich mir gerade eine Zigarette gedreht. Ich zog den Rauch des Halbschwarzen kräftig in meine Lungen und genoss ein Gefühl tiefer Befriedigung. Ein guter und vielleicht der letzte Zeitpunkt, dringend notwendige Änderungen vorzunehmen, dachte ich, während mir plötzlich auffiel, dass mir die Zigarette nicht schmeckte und der einzige Grund, warum ich rauchte, die Gewohnheit zu rauchen war. Daraufhin drückte ich die Zigarette aus und erklärte meiner Sekretärin, dass der Mandant unerträglich gewesen sei, es keinen Anlass zur Beunruhigung gäbe und eine Akte nicht anzulegen sei.

„Aber das sind sie doch meistens, wer geht denn sonst schon zum Anwalt", sagte sie grinsend und ging zurück in ihr Zimmer im unteren Stock.

Mir war klar, dass dies der letzte Mandant dieser Art und diese Zigarette die letzte meiner langen Raucherkarriere war. Ich hatte schon zu lange Nikotin und mit jeder Zigarette circa 2000 nachgewiesene Schadstoffe inhaliert und Mandate geführt wie das mir eben angetragene. Das fehlgeschlagene, erschreckende EKG beunruhigte mich. Jetzt war es höchste Zeit, sich auf Wesentliches zu besinnen. Es gab Wichtigeres als Geld, Sicherheit und Luxus, dachte ich und wusste in diesem Moment nur schemenhaft, was das sein könnte. Schrill brach die Türklingel in meine Überlegungen.
Zu den Aufgaben meiner Sekretärin gehört es, Termine abzustimmen. Meistens geschieht dies telefonisch. Wenn Mandanten ohne Termin in meine Kanzlei kommen, darf sie frei entscheiden, ob sie einen Termin bekommen oder direkt vorgelassen werden. Nach welchen Prinzipien sie dabei vorgeht, ist mir bisher verborgen geblieben. Wahrscheinlich fragt sie nach der Dringlichkeit, ob Fristen laufen, oder sie entscheidet nach Sympathie.
Diesmal fragte sie durch die Sprechanlage nach, ob sie zwei Herren zu mir hinaufschicken dürfte. Ich bejahte und hörte kurz darauf schlurfende Schritte auf den hölzernen Treppenstufen. Dann klopfte es, und auf mein „Herein“ betraten zwei ungewöhnliche Gestalten mein Empfangszimmer. Der eine mochte um die 80 Jahre oder älter sein. Er trug lange, volle, weiße Haare, die mit viel Pomade aus einem mageren Gesicht gehalten wurden, ein bunt gemustertes Hemd, eine Krawatte mit kleinem Blumenmuster und einen abgewetzten, ausgebeulten, dunkelblauen Nadelstreifenanzug, dessen rechtes Hosenbein unten kaum merklich auszufransen begann. In seinem zerfurchten Gesicht prangte ein Schnurrbart, der ebenso voll und weiß war wie sein Haupthaar. Sein Begleiter sah nicht weniger abenteuerlich aus. Er war etwa 40-jährig. Unter einer Halbglatze funkelten schwarze Augen. Auch ihn zierte ein Schnurbart, dessen Enden gezwirbelt über die Mundwinkel hingen. Seine Kleidung war ähnlich vielgemustert und abgerissen. Trotz ihres Aufzugs, der erkennen ließ, dass sie sich für den Besuch bei mir besonders angezogen hatten, strahlten sie eine Würde aus, die meinem vorherigen Besucher in seinem Armani-Anzug abging und mir Respekt einflößte. Wir schüttelten uns die Hände. Ich lud sie mit einer Geste ein, auf den

Besucherstühlen vor meinem Schreibtisch Platz zu nehmen. Der Ältere setzte sich auf den Stuhl, der wahrscheinlich noch von dem millionenschweren Besucher vor ihm angewärmt war. Mein alter Hund erhob sich und ging schwanzwedelnd auf die beiden zu, schnüffelte an ihren Hosenbeinen, ließ sich streicheln und streckte sich wieder behaglich auf dem Boden in ihrer Nähe aus. Wir saßen uns einige Sekunden schweigend gegenüber. Der Jüngere, der seinen Filzhut zwischen den Händen drehte, fixierte mich.

Schließlich brach ich das Schweigen mit meiner üblichen Floskel: „Was haben Sie für ein Problem?" Ich frage einleitend nie „Was kann ich für Sie tun?" oder „Wie kann ich Ihnen helfen?" oder Ähnliches. Solche Fragen stellen sich erst, wenn das Problem bekannt ist, und was der Mandant will, kann ebenso schwer zu ermitteln sein wie der wahre Sachverhalt.

„Es geht nicht um uns", sagte der Jüngere, während der Ältere sich zurücklehnte. „Die Sache ist sehr schwierig. Wir wollen erst einmal wissen, ob Sie überhaupt bereit sind, sich damit zu befassen."

Nein, dachte ich, ihr wollt erst einmal sehen, was ich für einer bin und ob ihr mir eure Sache anvertrauen wollt. Ich hatte sofort erkannt, dass es sich um Zigeuner handelte.

Zigeuner werden in diesem Gerichtssprengel üblicherweise von Dr. Marian Rosenberger vertreten. Dr. Rosenberger ist nicht nur ein hervorragender Anwalt, sondern vor allem ein Sinto. Zigeuner bleiben aufgrund vieler seit Ewigkeiten andauernden Verfolgungen und Ablehnung lieber unter sich, bevor sie sich mit einem Gadscho, wie sie den Nichtzigeuner bezeichnen, einlassen.

„Darf ich Ihnen einen Kaffee anbieten?", fragte ich. Sie schüttelten beide gleichzeitig den Kopf. „Vielleicht wollen Sie rauchen", sagte ich und reichte dem Jüngeren eine altmodische, paillettenverzierte Zigarettenkiste, die auf der einen Seite mit filterlosen Zigaretten und auf der anderen mit Filterzigaretten gefüllt war. Der Jüngere griff nach einer Filterzigarette, der Ältere holte einen halb gerauchten, erkalteten Zigarrenstummel aus seiner Jackentasche. Während sie hingebungsvoll pafften, fragte der Jüngere, ob ich nicht rauchen würde, und ich erklärte, ich hätte mir das Rauchen kürzlich abgewöhnt.

„Seit wann?", fragte der Ältere.
„Seit circa 5 Minuten", antwortete ich.
Ich bemerkte, wie der Jüngere mühsam versuchte, seine Heiterkeit zu unterdrücken, und plötzlich prusteten beide lauthals los. Ich stimmte in das ansteckende Lachen ein, und wir lachten vielleicht 20 Sekunden. Dann war das Eis gebrochen, denn es gibt kaum etwas Solidaritätsstiftenderes als gemeinsames Lachen, außer vielleicht gemeinsames Weinen.
„Jede Zigarette ist die letzte", bemerkte der Ältere, „und kurz danach kommt die erste nach der letzten".
Erneut lachten wir.
„Nein", versicherte ich, „ich meine es ernst. Ich habe eben ein paar Entscheidungen getroffen und dazu gehört auch, das Rauchen aufzugeben."
„Es geht nicht um uns", sagte der Ältere nach einer Pause, „sondern um meinen Enkel", und schilderte das Problem. Mit dem Themenwechsel schlug die Stimmung ins Gegenteil um. Ich wertete als Zeichen wachsenden Zutrauens, dass er, als der Ältere, und nicht sein Begleiter von nun ab das Gespräch führte.
„Mein Enkel hatte vor über einem halben Jahr einen Verkehrsunfall. Er hatte sich beide Beine kompliziert gebrochen. Am Rücken hatte er sich tiefe Schürfwunden zugezogen. Außerdem hatte er eine schwere Gehirnerschütterung. Es erfolgte sofort eine Notfallbehandlung in einem Krankenhaus. Nach drei Wochen kam er in einem anderen, berufsgenossenschaftlichen Krankenhaus wieder zu sich. Er hatte ab dem Nabel abwärts kein Gefühl mehr in seinem Körper. Seine Beine konnte nicht mehr bewegen. An die vorherigen drei Wochen hatte er keinerlei Erinnerung. Ein Krankenpfleger hat ihm auf seine Frage, wie er hierherkam, erklärt, er sei in dem Krankenhaus, in dem er vorher war, aus dem Bett gefallen und habe sich dabei eine Querschnittslähmung zugezogen. Nun geht es darum, abzuklären, was vorgefallen ist und ob mein Enkel Ansprüche gegen das Krankenhaus stellen kann."
Ich erklärte: „Dazu müsste er mich selber beauftragen."
„Er kann sich nicht bewegen", antwortete der Ältere, „Sie müssten zu uns kommen."
Ich schaute auf seine Hände, die er über seinem Holzstock mit einem runden Silberknauf verschränkt hatte und sah dort einen großen

Amethystring. Solche Ringe tragen bei den Roma nur sehr einflussreiche Persönlichkeiten.

„Ich müsste zunächst die Krankenakten lesen und abklären, wie es zu der Verletzung gekommen ist. Das ist ein erheblicher Aufwand. Kommt eine Rechtsschutzversicherung für die Kosten auf?", fragte ich routinemäßig, obwohl mir klar war, dass ein Zigeuner niemals eine Rechtsschutzversicherung abschließen würde. Denn mit einem Gadscho würde er nur in seltenen Ausnahmefällen vor Gericht ziehen und mit einem Zigeuner niemals. Unter ihnen gibt es eine eigene Gerichtsbarkeit, den Kris, ein Schieds- oder Ehrengericht mit eigenen Regeln und eigenen Strafen. Die schlimmste ist die Verbannung. Es gibt für einen Zigeuner nichts Unerträglicheres als die Vereinzelung, die verweigerte Zugehörigkeit.

„Nein", sagte der Ältere erwartungsgemäß, „er hat keine Versicherung, und Geld hat er auch keins."

„Dann mach ich es über Beratungs- oder Prozesskostenhilfe", erklärte ich.

Für den Fall der Mittellosigkeit springt der Staat ein. Allerdings sind die Gebühren dann sehr viel geringer. Ist man aber erfolgreich, zahlt der Gegner die vollen Gebühren.

Ich fragte: „Warum sind Sie nicht zu Dr. Rosenberger gegangen?"

Die Antwort war so einfach wie irrational: „Dr. Rosenberger ist ein Sinto, wir sind Roma. Deswegen gehen wir lieber direkt zu einem Nichtzigeuner."

Das war glatt gelogen. Sinti und Roma sind sich keineswegs feindlich oder skeptisch gesinnt. Sie haben denselben Ursprung, nur dass es sich um west- und osteuropäische Zigeuner handelt. Wahrscheinlich schuldeten sie Dr. Rosenberger Honorar oder es gab irgendwelche anderen persönlichen Unstimmigkeiten.

Wir verabredeten meinen Besuch für den Abend des darauffolgenden Tages. Sie nannten mir ihre Namen, Pustina Boran und Goran Boran, und ihre Anschriften. Sie wohnten in einer einsamen Gegend außerhalb der Stadt, allerdings nicht aus zigan-romantischen Gründen.

Mit Zigeunern will niemand etwas zu tun haben. Keiner will ihre Nähe.

2. Am Lagerfeuer

Sie lebten in einer sogenannten Kumpanija zusammen. Zu mehreren wohnten sie als aufeinander eingeschworene Gemeinschaft in einer aus kleinen Baracken bestehenden Siedlung am Rande des Gewerbegebietes, kurz vor den Müllhalden. Wenn der Wind ungünstig stand, war es vor Gestank dort kaum auszuhalten.

Es dämmerte. Ich hatte den Wagen in einiger Entfernung abgestellt, als ich die Hütten sah, denn das Gelände wurde immer unwegsamer. Ich befürchtete einen Achsenbruch oder den Wagenboden aufzureißen, wenn ich weiterfahren würde.

Ich ging eine kurze Strecke. Die größte der Baracken nahm Kontur an, daneben befand sich eine scheunenartige Garage, davor brannte ein Feuer. Dann kamen die Hunde. Ein Rudel von sechs oder sieben Tieren in verschiedenen Größen. Alle hatten glattes, kurzes und helles Fell, hochstehende Ohren und kräftige Gebisse. Die beiden größten rannten bedrohlich bellend auf mich zu, die anderen kläfften und hielten sich kurz hinter ihnen. Das ist der erste Test, dachte ich. Ich blieb stehen, stellte mich seitlich zu den Hunden, sodass ich nicht konfrontierend und kleiner wirkte, zog den Kopf zwischen die Schultern und steckte meine Hände in die Hosentaschen. Denn von den Händen geht jede Aktivität aus, sei es Bedrohung oder Abwehr. Meinen Blick lenkte ich über ihre Köpfe, sodass ich sie zwar in meiner Sicht behielt, aber nicht fixierte. Einer der beiden Großen stoppte kurz vor mir ab und sprang kläffend vor und zurück. Die anderen rannten im Kreis ungeordnet um mich herum, ab und zu streifte mich einer. Wenn ich nicht weitergehen und die anscheinend für Wachhunde noch tolerable Distanz zu dem Lager halten würde, würden sie mich nicht angreifen. Ich war seit Jahren mit Hunden vertraut. Trotzdem wurde mir die Situation unheimlich. Ich begann, den Text zu Schuberts „Lied der Mignon“ zu singen. Während ich die Verse des Weimarer Olympiers

„Nur wer die Sehnsucht kennt,
Weiß was ich leide!
Allein und abgetrennt
Von aller Freude,
Seh ich im Firmament
Nach jeder Seite“

laut und falsch schmetterte, zeigte sich die Meute beeindruckt. Sie hörten auf zu bellen. Der Größte setzte sich vor mich und drehte den Kopf schräg nach links und rechts. Wie alle Hunde war er musikalisch und fand meinen Gesang sicher erbärmlich.

Dann kam ein kleiner Junge von höchstens sechs Jahren auf mich zu. Er pfiff auf zwei Fingern, und die Hunde rannten zu ihm. Er winkte mir, ihm zu folgen, und ich ging im Abstand von circa fünf Metern hinter ihm und den Hunden her. Die Hunde liefen zwischen uns. Ab und zu drehte sich einer nach mir um.

Vor den Baracken saßen sie um ein Feuer. Etwa zwölf Personen, darunter die beiden Besucher und ein junger Mann im Rollstuhl. Pustina Boran stand auf und gab mir freundlich lächelnd die Hand. Seine Wangen waren vom abendlichen Wein etwas gerötet. Goran Boran, der älteste aus der Gruppe, blieb würdevoll sitzen. Ich schüttelte auch ihm die Hand. Die anderen begrüßte ich, indem ich allseits einen schönen Abend in die Runde wünschte. Sie murmelten gemeinsam ihren Gegengruß. Auf einem großen Rost brieten Gemüse und verschiedene Fleischstücke über einer schwelenden Glut. Die heiße Luft stieg flirrend um die Grilladen herum auf, ein würziger, angenehmer Duft verbreitete sich.

Goran bedeutete mir mit einer einladenden Geste, sich neben ihn zu setzen. Ich setzte mich auf eine Matte, die auf dem Boden lag. Er saß etwas höher als die anderen auf einem billigen, vergammelten Plastikstuhl. Eine junge Frau, die ungewöhnlich schön war und die eine verblüffende Ähnlichkeit mit der jungen Gina Lollobrigida hatte, brachte mir eine Schale mit Wasser, einen Teller und einen Pappbecher. Ich fragte, was für Fleisch sie grillten. Goran erklärte, es sei typisches Zigeuneressen. Sie seien nicht sehr festgelegt und würden alles essen, was sie fänden. Neben fettem Schweinefleisch äßen sie, wenn nichts anderes aufzutreiben sei, schon mal Ratten oder Hamster, auch in Lehm gebackene Schlangen schmeckten wunderbar. Er fragte, welches Fleischstück er mir reichen dürfe, und führte eine Zange in Richtung des Grills. Ich wollte nicht unhöflich sein, wollte aber unter keinen Umständen ein Stück Nagetier essen. Denn was gutes Essen anbelangt, neige ich nicht zu Experimenten. Also teilte ich ihm mit, dass solche Genüsse für mich sehr ungewohnt seien und lehnte ab. Zwei unmittelbar in der Nähe sitzende Männer und das schöne Mädchen hatten das Gespräch verfolgt. Sie lachte lauthals los, die beiden anderen stimmten ein.

„Ihr Gadsche seid schon komisch", sagte Goran grinsend, „ihr glaubt alles, was man euch erzählt. Selbst den größten Blödsinn. Wir würden niemals Ratten, Hamster oder Schlangen essen. Lieber würden wir verhungern. Sie müssen nicht alles glauben, was man über uns sagt. Die ständige wiederholte Geschichte, Igel seien für uns Delikatessen, ist eine verrückte Erfindung. Wahrscheinlich hat vor Urzeiten irgendein Rom sich damit über irgendeinen Gadscho lustig gemacht. Da wir oft unterwegs sind, müssen wir auf gesunde und saubere Nahrung achten. Keiner, der auf Fahrt ist, kann sich eine Krankheit leisten."

Ich schämte mich für meine Vorurteile, die er mir auf seine Weise aufgezeigt hatte. Niemand aus der Gruppe benahm sich mir gegenüber unfreundlich. Auch wenn sie schlitzohrig über mich spöttelten, gab es keine frostige Distanz, keine Abschätzungen, sondern wohlwollende, herzliche Zuwendung. Sie lachten nicht etwa über meine Dummheit, sondern über eine Situation, die sie witzig fanden. Nur das Verhalten einer uralten, zahnlosen Frau, die aussah wie die Hexe aus Märchenbüchern, war anders. Sie fixierte mich argwöhnisch mit ihren von unzähligen Falten umgebenen schwarzen Augen und wechselte kein Wort mit mir.

Goran erklärte mir, dass ich mit den Händen essen sollte. Das Fladenbrot, das er mir reichte, diente, wie in Indien oder Marokko, dazu, die Fleischstücke aufzunehmen, die Wasserschale zum Händewaschen. Dies fand er zu Recht hygienischer als den Gebrauch immer derselben Speisewerkzeuge, die seiner Meinung nach nie vollständig gereinigt werden können.

„Irgendein Dreck bleibt immer daran hängen. Es ist wie mit den Ge-

rüchten", sagte er. „Außerdem verbraucht das Säubern zu viel Wasser."
Ich fragte, ob er niemals ein Essbesteck benütze.
„Nein, niemals, vor allem nicht bei Spaghetti mit Tomatensoße. Die rollen wir ganz schnell um Daumen und Zeigefinger, indem wir sie durch die Luft wirbeln. Das Gematsche, wenn die Soße in alle Himmelsrichtungen spritzt, gefällt mir ganz besonders. Auch die Butter mit der flachen Hand aufs Brot zu streichen, macht uns großen Spaß."
Pustina und das hübsche Mädchen neben ihm lachten sich kaputt über seine Antwort. Es gefiel ihnen, dass mir das aufregend gewürzte Lammfleisch und die frischen, gerösteten, überscharfen Paprika und die Tomaten schmeckten. Der Rotwein, den wir aus den Pappbechern tranken, war ebenso vorzüglich wie das ungewöhnliche Fleisch. Meine Gastgeber freuten sich, als ich eine zweite Portion mit sichtlichem Behagen auf meinen Teller nachlegte. Wir sprachen angeregt über ihre Lebensgewohnheiten, ihre Fahrten, ihre Ausgrenzungen und die Schwierigkeiten, Arbeit zu finden. Goran erklärte mir, wie wichtig eine strenge Hygiene sei, wenn man auf engem Raum lebte und lange reiste. Da durfte man nicht krank werden; einer der krank war, gefährdete und behinderte alle anderen. Vielleicht aus diesem Grund haben die Zigeuner ein strikt dualistisches, äußerst kompliziertes Wertesystem entwickelt, in dem der Gegensatz von *zuzo* und *mahrime* eine zentrale Bedeutung hat. Diese Adjektive lassen sich nur unzureichend übersetzen. Im Groben bedeuten sie „rein" und „unrein". Alles Unreine ist strikt zu vermeiden. Wie und auf welche Weise dies geschieht, folgt einem unübersichtlichen System von unzähligen Regeln, Geboten und Verboten. Ist ein Gegenstand mahrime, darf er nicht mehr benutzt werden. Der Unterkörper, vor allem der der Frau, ist mahrime, der Oberkörper zuzo. Kleidungsstücke, die für den Unterleib bestimmt sind, sind getrennt und anders zu waschen als jene, die am Oberkörper getragen werden. Möglicherweise müssen sie weniger oft gewaschen werden, weil sie ohnehin mit den unreinen Körperteilen in Berührung kommen und hierdurch sofort mahrime werden. Dies erklärt, dass Zigeuner niemals einteilige Overalls und ihre Frauen keine einteiligen Kleider tragen. Sie bekämen Probleme, wie diese zu waschen wären, ohne die Reinlichkeitsgesetze zu verletzen. Auch dass die Zigeunerinnen ungeniert Einblicke in ihre sehr tief

dekolletierten Blusen gewähren, aber schamhaft ihre Beine unter langen Röcken verbergen, findet hier seinen Ursprung.

Wir sprachen über die jahrhundertealten Verfolgungen und Anfeindungen. Über die jüngsten Ausweisungen der Roma in Frankreich, die fehlgeschlagenen Versuche, sie sesshaft zu machen. Die kürzlich erfolgten Übergriffe in Ungarn durch rechtsnationale Parteien und die Vernichtung von einer geschätzten halben Million in den Schinderhütten der Nazis. Jeder aus den Familien hatte hier, beim Porajmos, dem großen Verschlingen, wie sie es in ihrer kraftvollen, bildhaften Sprache nannten, Vorfahren verloren. Die Vorurteile der Gadsche – was so viel bedeutet wie der Bauer, bei Bedarf aber auch der Fremde, der Sesshafte oder der Tölpel oder einfach nur der Nichtzigeuner – sind so alt wie die Rasse der Zigeuner.

Als ich schon einiges getrunken hatte, sprach ich das Mandat an, das mich hierher und unter sie geführt hatte. Der junge Mann im Rollstuhl hieß Chakka. Er erzählte mir seine Leidensgeschichte. Er war 24 Jahre alt. Nach einer Lehre als Kfz-Mechaniker, die er mit sehr gutem Ergebnis abgeschlossen hatte, fand er nirgends eine Anstellung, obwohl er ein begnadeter Schrauber war. Zwar wurde er auf fast jede Bewerbung zu einem Vorstellungsgespräch geladen, doch sein Äußeres verriet sofort den Zigeuner. Niemand wollte ihn einstellen. Also hielt er sich mit schlecht bezahlten Gelegenheitsjobs über Wasser und setzte außerdem die Fahrzeuge der Gruppe instand. Mindestens drei Mal im Jahr war er mit einigen von ihnen über Land gefahren. Meist zur Spargelernte im Frühling in den Westen. Ende Mai ging es nach Saintes-Maries-de-la-Mer zum großen Treffen zu Ehren der Schwarzen Sara, die nach altem Zigeunerglauben die Mutter Gottes und Maria Magdalena aus Seenot vor dem Ertrinken gerettet haben soll, und im Herbst zur Weinernte in den Süden. Manchmal hatte er Schrottautos in die Balkanstaaten überführt, in denen es keinen TÜV gibt. Neben der Automechanik galt seine Leidenschaft der Musik. Er spielte Geige und Gitarre. Seit seinem Unfall hatte er die Instrumente nicht mehr angerührt.

„Mir fällt nichts mehr ein. Außerdem kann ich nicht im Sitzen spielen. Ich muss dabei die Füße bewegen, sonst komme ich aus dem Takt." Auch mit den Fahrten, außer zum großen Treffen, war es vorbei. „Im Winter dieses Jahres hatte ich den Unfall. Wir hatten in einer Dorfkneipe Musik gemacht. Das war schon irgendwie seltsam. Den Leuten gefiel nicht, was wir spielten. Wir versuchten es mit alten, immer gern gehörten Schnuckenack-Reinhardt-Stücken, mit gefälligen Walzern, und schließlich improvisierte ich ziemlich wild eine fetzige Version von „Caravan". Ein paar Glatzköpfe mit Springerstiefeln buhten uns aus. Hinterher gab's Stress mit der Bezahlung. Wir hatten einen kleinen Vorschuss kassiert, verzichteten lieber auf den Rest und verdrückten uns. Ich fuhr mit dem Roller die Landstraße 34 zum Lager. Auf einmal kam mir ein Wagen entgegen. Er war schnell. Er wechselte auf meine Spur und fuhr frontal auf mich zu. Obwohl das alles in Sekundenbruchteilen passierte, kam es mir vor wie eine Ewigkeit. Es war, als wäre ich aus mir herausgetreten und würde mich wie ein Zuschauer bei dem Versuch beobachten, mein Leben zu retten. Den Fahrer und den Wagentyp konnte ich nicht erkennen. Er wurde auch nie ermittelt. Falls überhaupt in meinem Fall ermittelt wurde. Nur die dunkle Farbe des Wagens nahm ich wahr. Ich zog nach links, geriet in die Böschung, flog mitsamt Roller durch die Luft und schlug hart auf. Meine wertvolle Geige, auf die schon vor zweihundert Jahren meine Vorfahren gespielt hatten, krachte auf den Schotterrand und zersplitterte in tausend Stücke. Der Roller war Schrott. Beide Beine waren kompliziert gebrochen. Ich hatte am ganzen Körper Prellungen. Am Rücken fühlte ich warmes Blut. Ich wurde bewusstlos. Als ich wieder zu mir kam, waren die Sanitäter da. Sie hatten mich auf eine Bahre geschnallt und brachten mich unter Sirenengeheul in das Krankenhaus der Frommen Helenen. Dort operierte man mich nach zwei Tagen. Sie befestigten mit zahlreichen Nägeln, Schrauben und vielen Metallplatten meine zertrümmerten Knochen. Irgendwann muss ich kurz zu mir gekommen sein. Ich kann mich noch erinnern, dass mir der gekachelte Fußboden des Krankenhauszimmers entgegenkam. Als ich aus der Narkose erwachte, befand ich mich in einem berufsgenossenschaftlichen Krankenhaus in Duisburg. Ich hatte fürchterliche Kopfschmerzen und kein Gefühl in meinen Beinen. Ich konnte sie nicht mehr bewegen. Dies ist bis heute so. Ein Pfleger erklärte mir, dass ich ein paar Tage nach der Operation aus dem Bett gestürzt bin. Dabei hätte ich meine Wirbelsäule verletzt und sei seitdem vom 7. Wirbel abwärts gelähmt."

Zigeuner sind eloquent. Sie lieben Geschichten und das Gespräch. Deswegen können ihre Kinder schon sehr früh perfekt und in mehreren Sprachen sprechen, während manche von ihnen ihr Leben lang Analphabeten bleiben. Eine schriftliche Überlieferung, wie die Gadsche, kennen sie nicht. Sie haben eine ausgefeilte Sprache, aber keine Schrift. Alles wird unmittelbar mündlich tradiert, von Mensch zu Mensch, nicht von Papier zu Mensch. Möglicherweise sind deshalb ihre Beziehungen tiefer und warmherziger. Vielleicht hat Platon recht, wenn er Sokrates sagen lässt, dass die den Ägyptern vom Gott Theut geschenkte Schrift nicht die Weisheit selbst, sondern nur ihren Schein enthalte und wahre Weisheit nur durch die lebendige und beseelte Rede des wahrhaft Wissenden vermittelt werden könne. Deswegen sei mit der Entdeckung der Schrift das Zeitalter der Weisheit gestorben und das der Philosophen, der Freunde der Weisheit, geboren worden.

„Können Sie mir helfen?“, fragte er mich.

Ich erklärte ihm, dass es viel zu früh für Prognosen sei. Ich müsse zunächst die Krankenakten gründlich lesen, um herauszufinden, was genau passiert sei. Mir schien, dass sich die Miene der mich genau beobachtenden, runzeligen Alten kurz aufhellte. Goran nickte mir zu. Ich spürte allmählich die Wirkung des durch meine Adern in Richtung Hirn rollenden Alkohols. Goran war, als der Älteste, der Anführer der Gruppe. Die alte Frau war seine Schwester. Ihr Name war Ilona Luminitia, sie nannten sie Luminiz. Die Gruppe bestand im Sinne des komplizierten Genealogieverständnisses der Gadsche aus zwei Stämmen, nämlich dem Borans und seiner Abkömmlinge und dem seiner verwitweten Schwester und deren Abkömmlingen. Insgesamt waren es circa 20 Personen. Für die Zigeuner war es eine Familie, sie unterschieden nicht die Stämme. Schließlich war jeder mit jedem verwandt, und im Grunde gilt das für die gesamte Menschheit. Von Zeit zu Zeit gesellten sich Angehörige anderer Familien hinzu, um bei ihnen den Winter zu verbringen. Manchmal lösten sich einige ab, um eine eigene Kumpanija zu gründen, manche kehrten zeitweise oder für immer zurück. Streit untereinander schien es niemals zu geben. Jedenfalls drang von irgendwelchen Zwistigkeiten nichts nach außen.

Inzwischen stand der sich erbarmende Mond, den Horden von Wölfen,

Hunden und Dichtern angeheult haben, mit seiner Trostgebärde, rund, fett und leuchtend am Himmel und wachte über das Geschick all derer, die erlöst werden wollten, auch über Chakka, seinen Clan und mich. Die Plätze um das Feuer lichteten sich. Stillschweigend hatten sich das schöne Mädchen, Pustina, Goran und die anderen zurückgezogen. Auch mir drohten die Augen zuzufallen. Ich legte mich, um kurz in einem Sekundenschlaf auszuspannen, auf eine Isomatte, die neben meinem Stuhl lag. Plötzlich erhob sich Luminiz. Ihr Körper straffte sich. Sie begann, leise murmelnd in Romanes zu singen. Dann wurde ihre Stimme immer lauter und melodiöser. Während sie ihren Text und die Melodie improvisierte, veränderte sich ihr Gesicht. Ihre schwarzen Haare fielen über ihre zuckenden Schultern. Es war das Haar einer jungen Frau, ohne eine Spur grauer Farbe. Zeitloses schwarzes, schweres Haar. Die Runzeln und Falten aus ihrem Gesicht verschwanden, je lauter sie sang. Verzückt und verzaubert hörte ich ihrem Gesang zu. Er schien von den letzten Dingen zu handeln, um die es in dieser Welt geht und dem, was das Leben verdammens- oder lebenswert macht. Sie ähnelte mehr und mehr dem schönen Mädchen, die wahrscheinlich eine ihrer Ururenkelinnen war. Vor Seligkeit, Wohlbefinden und wohl auch wegen des schweren Weins fielen mir die Augen zu. Ich rollte mich, eingehüllt in ihre Töne, auf der Matte zusammen und fiel sanft in einen tiefen, traumlosen Schlummer. Als ich nach ein oder zwei Stunden erwachte, saß Luminiz neben mir und stocherte mit einem Stock in der Glut. Über mir lag eine wärmende Decke. Ich fühlte mich wohl und geborgen. Sie schaute mich an und lächelte. Offenbar hatte sie mir die Decke geholt.

„Du bist kein normaler Gadscho. Bist du sicher, dass da nicht ein Zigeuner unter deinen Vorfahren war?“, wollte sie wissen.

„Wie kann man sich über irgendwas sicher sein?“, entgegnete ich.

Ich bin Rheinländer. Denen sagt man Ähnliches nach wie den Zigeunern. Rechts und links des Ober- und Mittelrheins, wo der Wein wächst, soll man schon mal gerne fünfe gerade sein lassen, es mit der Pünktlichkeit nicht allzu genau nehmen, schlitzohrig sein und zu feiern verstehen. Auch hätten sie dort große Freude am Gespräch, an der komödienhaften Selbstinszenierung und dramatischen Gefühlsausbrüchen. Ebenso dürfte die bis an die Grenze zum Aberglauben gehende rheinische Religion mit dem Reliquienkult, der Verehrung unzähliger Heiliger und dem Gedanken, dass gegen kleine Auflagen auch größere Sünden vergeben werden, den Zigeunern nicht fremd sein.

„Meinst du, du kannst was für Chakka erreichen?", fragte sie. „Er hat furchtbar viel Unglück erlitten. Nicht nur der Unfall, wenige Wochen, nachdem er wieder zu Hause war, starb sein Cousin Tshurka an einem Herzversagen. Sie sind zusammen aufgewachsen, sie haben zusammen sprechen gelernt und sind gemeinsam durch dick und dünn gegangen. Sie waren unzertrennlich. Ich glaube, er fasst wegen Tshurkas Tod kein Instrument mehr an und hat das Lachen verlernt."

„Seien Sie versichert", wich ich ihrer Frage aus, „ich werde alles versuchen."

Sie erwiderte: „Wenn du mich weiter siezt, bin ich beleidigt. Es gehört sich nicht, eine Dame zu siezen, neben der man geschlafen hat, es sei denn, sie ist keine." Sie grinste. Ältere Damen flirten bisweilen auf sehr drastische Weise. „Du wirst ihm helfen", sagte sie und legte ihre Hand auf meine Stirn.

Ich zitierte Mephistopheles, ohne die Quelle zu nennen: „Was ich vermag, soll gern geschehen", nickte ihr nachdenklich zu, stand auf und ging nach Hause.

Mit welchen Teufeleien die Angelegenheit, auf die ich mich eingelassen hatte, gespickt war und noch garniert werden würde, war mir nicht im Entferntesten klar. Vielleicht hätte ich sonst die Finger davon gelassen.

3. Krankenakte

Am nächsten Morgen begann der harmlose Auftakt zu einem sehr ernsten Spiel, nachdem ich mit meinem alten Hund den morgendlichen, immer kürzer werdenden Spaziergang genossen hatte. Ich hatte keinen Kater, die Getränke waren gut gewesen, und obwohl ich auf dem Boden geschlafen hatte, machten meine Knochen keine Probleme. Ich schrieb an das Krankenhaus, zeigte Chakkas Vertretung an, teilte mit, dessen Ansprüche zu überprüfen und bat um Akteneinsicht.

Vor Ablauf der kurz gesetzten Frist traf die Akte ein. Sie bestand aus knapp 20 Seiten. Im Wesentlichen enthielt sie den Operationsbericht und einen ausführlichen Arztbericht an das berufsgenossenschaftliche Unfallkrankenhaus, in dem Chakka nach dem Sturz behandelt worden war. Beigefügt waren eine unterschriebene Erklärung, dass es sich um die vollständigen Krankenunterlagen handeln sollte, und eine Rechnung für die Kopien in Höhe von 19,28 Euro. Ich schrieb daraufhin an die Berufsgenossenschaft, deren Anschrift und Aktenzeichen ich dem Bericht entnommen hatte, und bat dort um Aufklärung. In eine berufsgenossenschaftliche Unfallklinik kommen unter anderem Patienten, die in einem Krankenhaus einen Unfall erlitten haben, für den die Berufsgenossenschaft einstandspflichtig ist. Denn ein Patient, der bei der Heilbehandlung verletzt wird, ist bei der Berufsgenossenschaft versichert. Diese trägt die Kosten der Behandlung. Bei Verletzungen, die zur Erwerbsminderung führen, zahlt sie sogar eine Rente. In einem weiteren Schreiben an die Krankenanstalt der Frommen Helenen gemeinnützige GmbH forderte ich nochmals Einsicht in die gesamte Krankenakte, die ich sehr nachdrücklich mit der Drohung einer Strafanzeige verband.

Drei Tage später wurde mir eine Kopie der Krankenakte von über 800 Seiten zum Verbleib bei mir übersandt. Üblicherweise kosten die Kopien von Krankenakten 0,50 Euro pro Kopie für die ersten 50 Blätter und dann 0,20 Euro pro Seite. Der Preis wäre also 175 Euro gewesen. Statt diesen zu erheben, übersandte das Krankenhaus einen Entschuldigungsbrief, der mich wohl besänftigen sollte. Mit gleicher Post traf die Antwort der Berufsgenossenschaft ein. Sie übersandte mir eine ärztliche

Stellungnahme des Krankenhauses der Frommen Helenen. Darin beschrieb deren ärztlicher Direktor Professor Dr. med. Dr. h.c. Riessacker, dass der bedauerliche Patient mit den behandelten Verletzungen eingeliefert worden und nach seiner unfallchirurgischen Versorgung im Delir aus dem Krankenhausbett gestürzt war.
Ich machte mich voller Spannung über die Krankenakte her. Wieder vermisste ich die Zigarette. Diesmal stärker als sonst. Ich fürchtete, mich ohne den blauen Dunst nicht konzentrieren zu können. Bisher hatte ich fast stündlich an Zigaretten gedacht. In den ersten drei Tagen hatte ich auch körperliche Symptome, wie Herzrasen, Schweißausbrüche und eine ekelhafte Nervosität gespürt. Dann war der körperliche Nikotinentzug plötzlich vorbei. Danach begann die eigentliche Entwöhnung. Mir half dabei die Lektüre eines Buches von dem inzwischen doch noch an Lungenkrebs gestorbenen, als Nichtraucherguru aber unsterblichen Allen Carr.
Er beschreibt in seinem Leitfaden, wie man endlich Nichtraucher wird. Ich werde dem Mann ewig dankbar sein. Er hat mir mit einfachen Mitteln, ohne Druck und ohne moralische Empörung, in aller Sachlichkeit nahegebracht, warum und wie man aufhörte zu rauchen.
Seine Botschaft, die sich leicht verinnerlichen lässt, ist denkbar simpel: Wenn man den Entschluss gefasst hat, mit der Pafferei aufzuhören, muss man sich klarmachen, warum. Einmal rationalisiert ist alles andere ein Kinderspiel, was allerdings der Raucher, solange er weiterraucht, aufgrund einer durchlittenen Gehirnwäsche niemals ahnt. Denn man raucht nicht, weil man will und weil es einem gefällt oder gar des Genusses wegen, sondern weil man den Nikotinspiegel auffrischt. Die Sucht des Rauchers, wie wahrscheinlich jedes Süchtigen, besteht darin, dass der Körper an eine bestimmte Dosis des Suchtstoffes gewöhnt ist. Wenn er abgebaut wird, entsteht Unbehagen. Wenn er zugeführt wird, endet dies. Carr benutzt das überzeugende Bild der zu engen Schuhe. Wenn man sie auszieht, fühlt man sich wohl und befreit. Aber niemand wird in zu engen Schuhen rumlaufen, weil das Gefühl so schön ist, wenn man sie wieder auszieht. Man würde sie vernünftigerweise gar nicht erst anziehen. Ebenso wird derjenige, der sich nicht in Nikotinabhängigkeit begibt, es niemals als wohlige Beruhigung erfahren, wenn sein Körper nach Auffrischung des Giftpegels kurzfristig kein neues Gift braucht.

Was der Raucher für den Ausdruck einer ihm eigenen Kultur und eines ihm eigenen Lebensstils hält, der vorgetäuschte Genuss, die eingebildete Gemütlichkeit des Rauchvorgangs, alles was er dem Tabak zu verdanken glaubt, ist eine Illusion, mit der er seine Nikotinabhängigkeit, die so hässlich ist wie jede andere Sucht auch, überdeckt. Hat man das einmal begriffen und steht man die vielleicht drei Tage sehr intensive und etwa drei Wochen langsam abklingende Entzugssituation durch, ist der Rest unvorstellbar einfach. Nach weiteren Monaten setzt der Ekel vor dem sinnlosen Gequarze ein.

Das hatte ich früher nie bemerkt. Doch jetzt roch ich plötzlich, dass von rauchenden Mandanten reingereichte Schriftstücke nach ekelhaftem, kaltem Rauch stinken.

Die früh einsetzende Gehirnwäsche enthält eine Projektion auf die eigene Erscheinung, die sich im Unbewussten festsetzt und wie ein psychisches Karzinom ausbreitet. Etwa wenn man so sein will wie der früh an Krebs dahingeraffte Humphrey Bogart oder der gesund auf die neunzig zugehende und außerhalb der Kamera wahrscheinlich nicht rauchende Clint Eastwood oder ähnliche Volkshelden maskuliner Überlegenheit.

Während fast alle meiner mitleidenden Rauchergenossen zu Beginn ihrer Raucherkarriere sich einem Gruppenzwang beugten und so sein wollten wie ihre Idole, orientierte ich mich als Einzelgänger an der weiblichen Eleganz der Bewegungen meiner Mutter, wenn sie lässig die Zigarette hielt und voller Genuss zum Mund führte, durch den sie den Rauch tief einzog und mit sichtlichem Vergnügen wieder entließ. Alles Schwachsinn, alles Lüge, eine kriminelle Verführung einer gnadenlosen, kapitalistischen Industrie, die gewissenlos Profit vor Menschleben setzte.

Während ich mich in die Akte vertiefte, wuchs meine Spannung. Darüber vergaß ich mein aufgesetztes Rauchbedürfnis.

Chakkas Krankenakte war relativ übersichtlich. Vorne befanden sich chronologisch die Tabellen mit den Blutwerten, den Kreislauf- und Herzmessungen sowie die weiteren wichtigen Werte während der gesamten stationären Behandlung. Den hinteren Teil der Akte bildete die in verschiedenen Handschriften chronologisch geführte Pflegedokumentation. Dazwischen waren die Operationsberichte und einzelne Anweisungen für die Pflege und kurze Arztberichte. Hieraus ergab sich folgender

Behandlungsverlauf: Nach der Einlieferung des Verletzten am 4.12.2013 um 19.30 Uhr erfolgte zunächst dessen notfallmäßige Untersuchung und Versorgung. Die Beine und vorsichtshalber der Kopf wurden geröntgt. Der Patient war ansprechbar, aber verwirrt. Am Kopf zeigte sich an der hinteren Schädeldecke ein kaum erkennbarer Haarriss. Das Gehirn war nicht verletzt. Die Diagnose lautete auf eine starke Gehirnerschütterung. Der Patient übergab sich mehrfach während der Untersuchung. Beide Beine waren gebrochen. Rechts ein Schienbeinbruch, links war der Tibiaschaft zersplittert. Auch der Bruch am rechten Bein war nicht glatt, sondern ein komplizierter Trümmerbruch. Im Arztjargon nennt man dies „disloziert". Dann wurde der Patient mit Schmerzmitteln versorgt und, allerdings unter Aufsicht des Pflegepersonals, für die zwei folgenden Tage sich selbst und seinen körpereigenen Heilkräften überlassen. Ich fragte mich, ob sie einen Gadscho auch zwei Tage hätten liegen lassen. Am 7.12.2013 um 4.00 Uhr morgens erfolgte die Operation. Sie dauerte drei Stunden. Nach dem Anästhesieprotokoll traten bereits nach einer Stunde erhebliche Komplikationen auf, weil das Anästhetikum in der falschen Annahme, der südländisch aussehende Patient trinke regelmäßig Alkohol, überdosiert war. Herzstillstand drohte.
Während ich las, sah ich die Szene plastisch vor mir. Ich verfüge nämlich über eine ungewöhnliche Fantasie, was manchmal zwar sehr lästig ist, oft aber vieles auch interessanter macht, als es tatsächlich ist. Zu viel Fantasie kann der forensisch tätige Jurist nicht haben. Sie verhindert ein Abgleiten in angepasste, herkömmliche Wahrnehmungsklischees und erhält die unvoreingenommene Offenheit, die notwendig ist, um zu erkennen, was wahrhaftig ist.

Aus Mangel an Fantasie kommt es beispielsweise vor, dass ein Anwalt Tage und Nächte über den tatsächlichen Inhalt einer komplexen Anspruchsvoraussetzung brütet, weil er nicht bemerkt hat, dass der Anspruch schon deswegen scheitert, weil der maßgebliche Vertrag nicht vom Kläger unterzeichnet wurde, sondern von dessen Ehefrau. Hätte er den Schriftzug unter dem Vertrag mit dem auf dem anwaltlichen Vollmachtformular verglichen, das gleichzeitig mit der Kopie des Vertrages überreicht wurde, wäre ihm die Verschiedenheit der Unterschriften aufgefallen. Die seinen Anspruch voraussetzende Rechtsinhaberschaft des Klägers wäre zusammengefallen, wie ein von einem Lufthauch weggeblasenes Kartenhaus. Stattdessen fuhr der Rechtsprüfende schweres Geschütz auf und vertrödelte wertvolle Zeit mit der Prüfung, ob, wie und wann die vertraglich vereinbarte Zahlung an einem Mangel des Vertragsgegenstandes scheitert oder ob Anfechtungsmöglichkeiten bestehen, und verlor womöglich als Folge seiner Fantasielosigkeit („so etwas kann ja gar nicht passieren“) überflüssigerweise einen Prozess.

Mir war, als ob ich die Geräusche im Operationsraum hören würde, das Klirren des Operationsbestecks, die regelmäßig arbeitende Pumpe der Beatmungsmaschine, das Piepsen des Herzfrequenzanzeigers, die kurzen und hektischen Anweisungen. Ich roch die Mischung von Blut, Medikamenten und Schweiß.

Nach drei Stunden war der Spuk zu Ende und der Patient versorgt. Fünf Metallplatten, zwei Tibianägel mit zahlreichen Schrauben wurden implantiert. Das Operationsteam war zufrieden. Nach zwanzig Minuten Pause wurde der nächste Patient hereingeschoben.

Laut Pflegebericht war Chakka gegen 14.00 Uhr, also sieben Stunden nach der Operation, unruhig, was immer das heißen sollte. Gegen 22.00 Uhr erwachte er erstmals aus der zu starken Narkose. Anschließend folgten die üblichen Eintragungen über Verdauung, Nahrungsaufnahme, Schlaf- und Wachzeiten, Schmerzen und deren medikamentöse Bekämpfung und Ähnliches. Drei Tage lang keine besonderen Vorkommnisse. Am vierten Tag der Eintrag: *P. zunehmend stark unruhig, halluziniert.* Unter dem 12.12.2013, dem fünften Tag nach der Operation: *P. hat sich verselbstständigt, ist aus dem Bett gestürzt.*

P. will nach Hause, randaliert stand in Kinderschrift unter 22.00 Uhr. In anderer Schrift folgte *22.30 P. deliriert. Nach Sturz zurück ins Bett gehoben. Dr. Fu ordnet Fixierung an. 22.35 Fixierung. Bettgitter angebracht und hochgestellt, P. wieder ruhig.* Unter dem entsprechenden Datum in der Behandlungsdokumentation fand sich das Fixierungsprotokoll. Dort waren die verschiedenen Rubriken „Bettseitenteile rechts, links, Dreipunktfixierung, Fünfpunktfixierung, sonstige Fixierung, am Bett, am Stuhl, Gurte straff, gelockert, linke Hand, rechte Hand, linker Fuß, rechter Fuß, Bauch/Körper" anzukreuzen. Bei „Bettseitenteil" fand sich das ärztliche Kreuz und zwar für „rechts" und „links". Unten hatte Dr. Fu unterschrieben. Die Dauer der Maßnahmen, die ebenfalls festgehalten werden soll, war kaum entzifferbar für den maßgeblichen Zeitraum ausgefüllt. Neben der Unterschrift des Arztes fand sich die Unterschrift eines Pflegers neben dem Vermerk, dass er die Bettgitter angebracht hatte. Die nächsten Eintragungen im Pflegebericht waren: *4.00 alles O.K., P. schläft tief und ruhig.* Mit diesem Eintrag brach der Pflegebericht ab und wurde durch die Protokolle der Intensivstation ersetzt, die ab 8.00 Uhr begannen. Für gut vier Stunden fehlten die Eintragungen. Der zweite Sturz, der zu den verheerenden Folgen geführt hatte, war nicht dokumentiert. Als nächstes war eine Verlegung vermerkt: *8 Uhr, P. auf Station 13 verlegt.* Station 13 war die Intensivstation. Dort blieb der Patient zunächst zwei Tage. Es wurden weitere Brüche festgehalten. Der vierte, fünfte, sechste und achte Halswirbel waren gebrochen. *Zwischen 6/7 HW Luxationsfraktur* hieß es in dem Arztbericht. Knochensplitter waren in den Rückenmarkskanal gedrungen und hatten dort die Rückenmarksfasern unwiederbringlich zerstört. Ab dem 7. Halswirbel abwärts war Chakka seitdem gelähmt. Das bedeutete, dass er beide Arme noch bewegen konnte. Am zweiten Tag seines Aufenthaltes in der Intensivstation wurde die Wirbelsäule operativ versteift. Hierzu wurden die betroffenen Wirbelsäulengelenke verödet, an die Dornfortsätze Spananlagerungen angebracht und die Zwischenräume mit Spongiosa aufgefüllt. Das unverständliche Medizinergebrabbel bedeutete nichts anders, als dass ein Draht in der Wirbelsäule und äußere Metallstücke für deren Stabilisierung sorgten. Drei Tage später drohte Chakka aufgrund der Lähmung zu ersticken. In einer Notoperation wurden ein Luftröhrenschnitt und die vorübergehende Anlage eines Tracheostomas nötig. Zwar bekam er die Atmungsprobleme in den Griff, musste aber seit dem Sturz die Schwierigkeiten der Bewegungseinschränkung und alle die unappetitlichen Probleme ertragen, die eine komplette Unterleibslähmung mit sich bringt.

Meine Argumentation war klar und einfach. Ich würde bestreiten, dass die Bettgitter angebracht wurden und behaupten, dass es nach dem ersten Sturzereignis um 22.30 Uhr einen zweiten Sturz gegeben haben musste. Denn nach der Pflegedokumentation war der Patient nach dem

Bettsturz um 22.35 Uhr wieder ruhig und schlief danach. Hätte er hier schon einen Wirbelbruch erlitten, wäre dies nicht der Fall gewesen. Sodann würde ich vorsorglich behaupten, dass selbst angelegte Bettgitter den zweiten Sturz nicht verhindert hätten, denn sie waren keine geeignete Sicherungsmaßnahme gewesen, da der Patient infolge der Unfallverletzung unruhig war, delirierte und jederzeit aus dem Bett hätte stürzen können, was ja schließlich auch geschah. Außerdem würde ich noch auf die verspätete Behandlung abstellen, da die beschädigte Wirbelsäule erst nach zwei Tagen versorgt wurde. Verklagen würde ich den Krankenhausträger, den Stationsarzt der Krankenstation und den für die Behandlung zuständigen Arzt der Intensivstation. Die Schmerzensgeldforderung hielt ich mit 1 Million Euro für angemessen, dazu sollte noch eine Rente von monatlich 500 Euro kommen. Um eine kleine Reserve zu haben, würde ich auf 1.050.000 Euro zuzüglich der Rente erhöhen.
Ich hielt meine juristischen Überlegungen in einem umfangreichen Brief an Chakka Boran fest und bat ihn, mir sein Einverständnis zu meinem Plan mitzuteilen.

Bereits am nächsten Tag rief er mich an und bat mich, loszulegen. In einem sehr knappen Schreiben teilte ich in wenigen kurzen Sätzen dem Krankenhaus die Höhe der Forderung mit und räumte eine Zahlungsfrist von einem Monat ein. Bis dahin sollten 1.050.000 Euro auf meinem Konto sein und die verbindliche Verpflichtung zu einer monatlichen Rentenzahlung von 500 Euro an Herrn Boran vorliegen. Noch während der Brief in der Post war, begann ich damit, die Klage zu verfassen. Denn ich war sicher, dass das Krankenhaus ohne Prozess keinen müden Heller bezahlen würde.
Pünktlich einen Tag vor der gesetzten Frist traf ein Schreiben der Haftpflichtversicherung des Krankenhauses ein. Diese teilte mir mit, das Anwaltsbüro Würgel & McBallister GmbH sei mit der Überprüfung beauftragt. Von dort würde ich Weiteres hören. Jeder kannte diese Kanzlei, die mit 300 beschäftigten Anwälten, darunter sechs Professoren, und fast jeder promoviert, an sechs Standorten, unter anderem in Hongkong, Rio, Tokio, Berlin und natürlich auch Köln, tätig war. Es war eine der größten Kanzleien in Deutschland.

Ich kenne diese Läden. Ich habe während meiner Referendarausbildung zwölf Monate in einer solchen Rechtsfabrik zugebracht. Die darin arbeitenden Anwälte sind hochspezialisiert, hochintelligent und hochmotiviert. Sie arbeiten bis zu 15 Stunden am Tag und in der Nacht, um in den inneren Kreis aufgenommen zu werden, und dann, um in ihm zu bleiben. Denn es gibt einen inneren, einen mittleren und einen äußeren Kreis in solchen Unternehmen. In Anlehnung an amerikanische Lawfirms werden dort Dienstgrade vergeben wie „Partner", die zum inneren Kreis gehören, „Associates" oder „Senior Associates", worunter Angestellte, also der mittlere Kreis zu verstehen sind, und „Legal Consultants" und „of Counsels" des äußeren Kreises, was nichts andres als Berater bedeutet. Nach der Zugehörigkeit zu der Gruppe richtet sich, in welcher Höhe der Einzelne an den gemeinsam erwirtschafteten Einkünften partizipiert.

Inzwischen amüsiert mich, wenn Menschen ihre Karriere an allererste Stelle setzen, der sie alles andere unterordnen und für die ihnen kein Opfer zu groß ist. Ein Berufsanfänger steigt mit mindestens 150.000 Euro pro Jahr Anfangsgehalt bei ihnen ein. Dafür sieht er immer wie aus dem Ei gepellt aus, hat hervorragende Examina und reichlich Auslandserfahrung, spricht fließend Englisch und darf den Partnern und Associates in wöchentlichen Sitzungen mündlich Rechenschaft über sein geleistetes Arbeitspensum und seine erzielten Umsätze geben. Das Honorar richtet sich in der Regel nach Stundensätzen. Pro Arbeitsstunde wird 1.000 Euro gerechnet. Fahrtzeiten gelten als Arbeitszeiten. In der Minute sind das aufgerundet 16,67 Euro, in der Sekunde aufgerundet 28 Cent, in der Zehntelsekunde 3 Cent. Es werden sorgfältig Listen geführt, in denen jedes Diktat, jedes Telefonat, jede Recherche, kurz jeder Arbeitsschritt für die Rechnungsstellung erfasst wird. Ich habe gerne mit solchen Gegnern zu tun. Während sie mich in aller Regel falsch einschätzen, weiß ich, wie sie sind.

Unbeeindruckt bereitete ich weiter meine Klage vor, die ich nach Ablauf der Frist mit einem Prozesskostenhilfeantrag einreichte. Voraussetzung für dessen Bewilligung ist, dass die Partei bedürftig und die Klage nicht mutwillig, also bereits auf den ersten Blick erfolglos war.

4. Political Correctness

Ausgerechnet Richter Wahnfried Röbbels war zuständig, wie ich dem Geschäftsverteilungsplan, nach dem sich der gesetzliche Richter bestimmt, zu meinem großen Leidwesen entnahm. Röbbels hasste mich und ich hasste ihn. Aufgefallen waren wir uns schon zu meinen Referendarzeiten. Neben der praktischen Unterweisung haben die Referendare in dieser Ausbildungsstufe an Arbeitsgemeinschaften teilzunehmen, in denen die Unterrichtung in den einzelnen Sachgebieten aus praktischer Sicht erfolgt. Die Leiter der Arbeitsgemeinschaften, die weitgehend frei den Unterrichtsstoff bestimmten, waren je nach Ausbildungsstation Richter, Staatsanwälte oder Landesbeamte. Einmal wurde ein Arbeitsgemeinschaftsleiter von Richter Röbbels vertreten. Der Kerl war mir sofort unsympathisch. Er hatte, wie er sich ausdrückte, für uns Referendare als „forensischen Leckerbissen“, an denen wir unseren „juristischen Geist wetzen können“ einen Fall mitgebracht, in dem er gerade das Urteil verfasst hatte. Er war groß, trug mit Würde einen kahlen Schädel über einem gut geschnittenen Gesicht, hatte zwei stechende helle Augen und einem schmallippigen Mund. Röbbels verkörperte damals das, was man einen reifen, gut aussehenden Mann nennt. Hochgewachsen, würdevoll in der Haltung und intelligent in der Diktion. Fachlich wurde er in Richterkreisen allgemein geschätzt. In der Anwaltschaft war er unbeliebt.

Er hatte den Unterrichtsvormittag von fünf Stunden kaum vorbereitet. Dies war auch nicht nötig, denn den Fall, den wir lösen sollten, hatte seine Kammer kürzlich entschieden. Es ging um die vermögensrechtliche Auseinandersetzung eines unverheirateten Paares nach dessen Trennung. Die Klägerin hatte 250.000 Euro in den Umbau des Hauses des Beklagten gesteckt, in der Hoffnung auf einen darin gemeinsam zu verbringenden Lebensabend. Nachdem sie dort sieben Jahre zusammengelebt hatten, hatte sich der Beklagte einer anderen, jüngeren und hübscheren Partnerin zugewandt. Die Klägerin beendete die Beziehung, nahm sich eine eigene Wohnung und verlangte die in falscher Erwartung investierten 250.000 Euro vom Beklagten zurück. Die höchstrichterliche

Rechtsprechung hatte den Fall so und in ähnlicher Konstellation mehrfach entschieden. Es kamen einige Anspruchsgrundlagen in Betracht, die nach Auffassung des Bundesgerichtshofs jedoch nicht durchgriffen. Röbbels dekliniert sie minutiös Stück für Stück mit uns durch. Wir prüften nacheinander Ansprüche aus widerrufener Schenkung, solche aus Vertrag und gesellschaftsrechtlicher Natur und lehnten sie ab. Problematischer war, ob sich aus dem Gesichtspunkt der ungerechtfertigten Bereicherung Ansprüche ergeben könnten. Hiernach besteht nämlich ein Rückforderungsrecht auf das Geleistete oder dessen Wert, wenn der mit der Leistung bezweckte Erfolg entfällt.
Das Problem interessierte mich. Ich vertrat mit guten Argumenten die Anspruchsposition der Klägerseite entgegen der Rechtsprechung, der auch Röbbels mit der Klageabweisung gefolgt war. Die Diskussion, an der zum Schluss nur noch er und ich beteiligt waren, wurde immer heftiger. Meine Argumente waren die besseren und als ihm keine mehr einfielen, griff er mich persönlich an.
„Sie halten sich wohl für klüger als den BGH!", schrie er mich an.
Ich brüllte zurück: „Sie sind wohl mehr der Rechtsprechung unterworfen als dem Gesetz!" Dabei zitierte ich leicht abgewandelt Artikel 97 des Grundgesetzes, wonach die Richter unabhängig und nur dem Gesetz unterworfen sind. Denn Röbbels hatte zuvor unter anderem damit argumentiert, es hätte doch wohl keinen Sinn, von der eingefahrenen, höchstrichterlichen Rechtsprechung abzuweichen, wenn das Urteil ohnehin von der Rechtsmittelinstanz aufgehoben würde.
Größer als zwischen uns konnten Gegensätze kaum sein. Mir ging es um das richtige, gerechte Ergebnis, ihm darum, dass sein Urteil nicht von der nächsten Instanz kassiert würde. Hier: unkritische Akzeptanz, dort: hinterfragende Kritik. Blinder Gehorsam gegen sehendes Aufbegehren. Rigider, kleinlicher Konservatismus gegen offenen, großzügigen Fortschrittsglauben. Auf den kleinsten unvereinbarten Nenner gebracht: Dummheit gegen Klugheit.
Unsere Auseinandersetzung hatte ein doppeltes Nachspiel. Er schrieb einen Beschwerdebrief über mein penetrantes, unmögliches Benehmen an den Präsidenten des Landgerichts, ich einen Aufsatz über die vermögensrechtliche Auseinandersetzung gescheiteter nichtehelicher

Lebensgemeinschaften, in dem ich der bisherigen Rechtsprechung widersprach. Die Beschwerde verlief im Sand, nachdem ich die gesamte Referendargruppe für mein ordnungsgemäßes Verhalten als Zeugen in einem kurzen Rechtfertigungsschreiben angeführt hatte. Der Bundesgerichtshof änderte nach einigen Jahren seine Rechtsprechung mit derselben Argumentation, die ich ins Feld geführt hatte, und zitierte dabei gründlich meinen Aufsatz.

Bei Richter Röbbels war ich endgültig unten durch.

Als ich schon einige Jahre als Anwalt praktiziert hatte, begegneten wir uns wieder. Ich hatte meine Mandanten, die Eheleute Strehlitzer, die zur Unterlassung einer Behauptung verklagt waren, in diesem Rechtsstreit vor dem Landgericht zu vertreten. Die Sache sollte vor Röbbels' Kammer verhandelt werden. Dieser beging einen Verfahrensverstoß nach dem anderen, sodass ich ihn schließlich als befangen ablehnte. Er weigerte sich mit den Worten: „Ich bin doch nicht Ihre Tippmamsell", meinen Antrag zu protokollieren. Ich brüllte zurück, dass wir schon feststellen würden, was er sei, und verließ ohne weitere Worte den Raum, während Röbbels mir noch irgendwas hinterherschrie. Im Büro verfasste ich sorgfältig einen Befangenheitsantrag, den sein hierfür zuständiger Kollege abwies. Die Beschwerde hiergegen hatte Erfolg. Der Senat des Oberlandesgerichts führte auf vier Seiten aus, dass die Verstöße von Röbbels nicht mehr auf allgemeinen Versehen beruhen dürften und der Befangenheitsantrag durchging. Dies bedeutete aber nach der Begründung des Beschlusses keineswegs, dass Röbbels auch tatsächlich befangen war. Denn worauf der Senat sehr ausdrücklich hinwies: er müsse keineswegs eine Befangenheit feststellen, es reiche ja schließlich deren „Besorgnis". So war die Formulierung des Gesetzes. Mehr konnte ich nicht erwarten, denn eine Krähe hackt der anderen kein Auge aus, wenn es sich vermeiden lässt.

Etwa vier Monate später passierte Schlimmeres. Nachdem die Strehlitzers ihren Prozess vor einer anderen Kammer des Landgerichts ohne viel Aufwand gewonnen hatten, wurden sie erneut verklagt. Diesmal ging es um viel Geld. Eine Verurteilung zur Zahlung hätte das Ende ihrer geschäftlichen Existenz bedeutet. In dem Verfahren kam es auf die Aussage zweier Zeugen an, die sich widersprachen. Keiner von beiden war glaubwürdiger, eine klassische Situation, die im Zivilprozess zwingend zu einem sogenannten „non liquid“ führt. Der Beweis ist nicht möglich, die Entscheidung fällt zulasten dessen aus, der den Nachweis zu führen hat. Dies war die Klägerin, die Strehlitzers hätten den Prozess unter allen Umständen gewinnen müssen. Nicht jedoch nach Röbbels' Urteil. Mit einer fadenscheinigen, nicht im Ansatz nachvollziehbaren Begründung glaubte er dem Zeugen, der zugunsten der Klägerin aussagte, während er die Aussage des anderen für falsch hielt. Die Folge war eine Verurteilung der Strehlitzers zur Zahlung von 300.000 Euro. Das kostete zudem irreparabel in Zahlen nicht zu bewertende Nerven. In der Berufung wurde das Urteil nach kurzer Verhandlung aufgehoben, die Klage wurde abgewiesen, die Zahlungspflicht entfiel im vollen Umfang.

„Jetzt bist du reif!“, dachte ich. Nach meiner Einschätzung hatte Röbbels sich einer leicht nachweisbaren Rechtsbeugung strafbar gemacht. Ich überlegte genüsslich, wie ich die Anzeige formulieren würde, und begann mit deren Diktat. Als ich fertig war, kamen mir Zweifel. Was drohte Röbbels im Fall seiner Verurteilung? Wäre dann sein Richteramt beendet? Wäre die Pension futsch? Hätte ich dann seine Existenz zerstört? Damals war ich jung, ob ich heute noch so handeln würde, weiß ich nicht. Ich unterließ die Anzeige, wechselte seitdem die Straßenseite, wenn Röbbels nahte und ignorierte ihn, wenn er mir im Gericht entgegenkam. Ich wollte ihn nicht auf dem Gewissen haben. Das war er mir nicht wert.

Ausgerechnet in die Zuständigkeit dieses Richters fiel Chakka Borans Klage. Ich reichte sie mit dem Prozesskostenhilfeantrag ein. Diesen wies Röbbels zurück und forderte einen Prozesskostenvorschuss für die Klage auf der Basis eines korrekten Streitwertes von 1.068.000 Euro in Höhe von 17.088 Euro.

Nur wenn Prozesskostenhilfe bewilligt wird, entfällt die Vorschusspflicht. Die Klage wird sonst nur nach dessen Zahlung bearbeitet.

Ich rief Goran Boran an und bat ihn zu einer Besprechung in meine Kanzlei.

Er brachte seine Schwester Luminiz mit. Als ich die Probleme mit Röbbels schilderte, grinsten mich beide an.

Luminiz murmelte: „Die Gadsche untereinander verfolgen sich doch gar nicht, dazu haben sie schließlich uns. Du passt anscheinend auch nicht ins Bild. Ich hab mir das schon gedacht, du bist keiner von denen, du gehörst zu unsere Leit."

Sie fanden es völlig egal, wer ihr Richter war. Sie rechneten immer mit Ablehnung. Ihr Misstrauen gegen die deutsche Justiz war durchaus begründet. Immerhin hatte der Bundesgerichtshof bis in die frühen 60iger Jahre den Zigeunern die Entschädigung wegen politischer Verfolgung im Dritten Reich nach dem Bundesentschädigungsgesetz versagt. Zur Begründung führte dieses höchste Bundesgericht in Zivilsachen aus, sie seien „Nicht aus Gründen der Rasse, sondern aus sicherheitspolitischen Gründen verfolgt worden" (Urteil vom 21.11.1958 – IV ZR 110/58). In einem weiteren Urteil (vom 7.1.1956 – IV ZR 273/55) hieß es, die Zigeuner „neigen, wie die Erfahrung zeigt, zur Kriminalität, besonders zu Diebstählen und Betrügereien, es fehlen ihnen vielfach die sittlichen Antriebe der Achtung vor fremden Eigentum, weil ihnen wie primitiven Urmenschen ein ungesunder Okkupationstrieb eigen ist." Diese Rechtsprechung änderte sich 1962. Im ersten Heft der Neuen Juristischen Wochenschrift des Jahres 2016 erschien nach über einem halben Jahrhundert als eine späte symbolische Entschuldigung ein Aufsatz, in dem ein BGH-Richter die ehemalige Rechtsprechung analysierte und anprangerte.

„Dann gehen wir eben in die nächste Instanz", warf Goran ein. „Hauptsache, die Gadsche blechen den Prozess", womit er die Bewilligung von Prozesskostenhilfe ansprach. Diese wurde auf meine mit zwei Sätzen begründete Beschwerde vom Oberlandesgericht wenige Tage später gewährt.

Mit derselben Post traf ein Schreiben der Anwaltskammer ein. Röbbels hatte eine Eingabe gegen mich eingereicht. Ich hätte standeswidrig dem Gebot der Sachlichkeit zuwidergehandelt, indem ich den von mir vertretenden Kläger Boran als Zigeuner bezeichnet hätte. Diese Bezeichnung sei diffamierend für einen Angehörigen der Sinti- und Roma-Völker und entspräche einer neonazistischen Geisteshaltung.

Tatsächlich steht Röbbels mit dieser Auffassung nicht allein. Eine ganze Reihe von anerkannten Ziganismusforschern und auch der Vorsitzende des Zentralrats deutscher Sinti und Roma lehnen die Bezeichnung „Zigeuner" als ehrenrührig ab. Man setzt sich in gewissen Kreisen durchaus dem Vorwurf der Volksverhetzung aus, wenn man diesen Begriff verwendet. Das Infame dabei ist, dass die Verfolger, die diesen Begriff in die Welt gesetzt haben, mittelbar sogar noch über die korrekte Bezeichnung der von ihnen Verfolgten bestimmen. So darf man Schwarze nicht mehr „Neger" nennen, weil sie unter dieser Bezeichnung über Jahrhunderte gequält wurden. Wahrscheinlich wird man demnächst auch verbieten, von „Juden" zu sprechen, weil sie unter dieser Bezeichnung von den Nazis verfolgt und beschimpft wurde.

Trotz zahlreicher Aufschriften wie „Zigeunerbaron", „Präsident der Zigeuner", „Zigeunerprinzessin" usw. auf den prächtigen Zigeunergräbern, die der Stolz etlicher deutscher Friedhöfe sind, trotz der Bezeichnung „Zigeunermusik" für eine besondere CD-Reihe, trotz der von ihnen selbst gewählten Bezeichnung „Zigeunerfestival" wird die Bezeichnung „Zigeuner" von einigen moralischen Avantgardisten, die die Deutungshoheit für sich gepachtet haben, mit einem Bann belegt. Viele dieser hauptberuflichen Ziganismusspezialisten sind noch nie bei ihren von Fürsorge für die Sinti und Roma geprägten Bemühungen einem leibhaftigen Zigeuner begegnet. Zigeuner denken nicht in Begriffen wie Staatsangehörigkeit, allenfalls in dem der Nation. Aber auch dafür ist ihr Interesse begrenzt. Wahrscheinlich sind sie deswegen das einzige Volk dieser Erde, das nie einen Krieg geführt hat und nie in einen Krieg verwickelt war. Sie bleiben privat, die Familie ersetzt ihnen ihre Staatsangehörigkeit und ist mehr als ihre Nation. Hier allerdings sind die Bande ungewöhnlich stark. Anstatt sich in kleinkarierten Sprachklischees zu ergehen, wäre den Verwaltern der Political Correctness sicher ein feuchtfröhlicher Abend am Feuer in einer Zigeunersiedlung für ihr Verständnis zuträglicher.

Die Zigeuner, die ich kennengelernt habe, lachen sich halb krank, wenn sie hören, die Gadsche seien der Meinung, man dürfe sie nicht mehr so nennen, wie sie heißen. Pustina fand es besonders lustig, er bog sich und schlug sich lachend auf die Schenkel, dass man in einer deutschen Mensa das Zigeunerschnitzel auf dem Speiseplan in Schweineschnitzel mit Sauce Zingara umbenannt hatte. „Dabei sind die italienischen die angeblich Schlimmsten", sagte er unter prustendem Gelächter.

Die Anwaltskammer machte diesen albernen Unfug jedenfalls nicht mit und stellte einen standeswidrigen Verstoß durch die Verwendung der Bezeichnung „Zigeuner“ nicht fest. Ich fühlte mich in den Zweifeln an Röbbels’ Lernfähigkeit bestätigt und freute mich über seine Dummheit. Er stellte die Klage nach Aufhebung der Vorschussforderung der Frommen Helenen gGmbH zu.

5. In Bugbauten

Die Klageerwiderung hatte Professor Dr. Höllarm, eines der Gründungsmitglieder der Lawfirm Würgel & McBallister GmbH, unterzeichnet. Der hervorragend gegliederte und stilistisch restlos überzeugende Schriftsatz war sicher von mehreren der hoffnungsvollsten Legal Consultans der Kanzlei verfasst. An Rhetorik, Feinfühligkeit und juristischer Brillanz war er unübertrefflich. Nach sehr mitfühlenden, aber sachlichen Mitleidsbekundungen wurde der Anspruch knallhart und auf höchst erhebliche Weise zurückgewiesen. Selbstverständlich sollten die Bettgitter hochgestellt gewesen sein. Ebenso selbstverständlich waren keine wirkungsvolleren Maßnahmen, etwa ein Gurt oder gar eine Fesselung, erforderlich, denn die körperliche Integrität des Patienten ginge vor. Es folgten seitenlange, mit Rechtsprechungs- und Literaturhinweisen versehene Erläuterungen, was da wie und warum und vor allem mit welchem Ergebnis abzuwägen gewesen sei. Ich konnte den langatmigen, aufgeblasenen Schwachsinn aus gut sozialisierten, engstirnigen Juristenhirnen kaum ertragen, weil ich die Folge der Fehlbehandlung vor mir sah: Den jungen, traurigen Zigeuner, der mit seiner Beweglichkeit alle Lebensfreude eingebüßt und nie wieder eine Violine angerührt hatte, seitdem er vorsätzlich verletzt und grob fahrlässig fehlbehandelt worden war.

Dann wurde die Erwiderung höchst sachlich und beschränkte sich auf die medizinisch-wissenschaftliche Ausführung, warum die nach dem Sturz ergriffenen Maßnahmen de lege artis waren und die untätig verstrichenen 48 Stunden keinen Einfluss auf den Eintritt der Querschnittslähmung hatten. Aus allen möglichen in einer mir unverständlichen medizinischen Fachsprache vorgebrachten Gründen wäre es nach dem Sturz immer zu den Folgen gekommen, die Chakka Boran erlitten hatte und an denen er noch litt. Sehr bedauerlich, sehr tragisch, aber auch sehr wahr. Und deshalb war nach Professor Dr. Höllarms Auffassung die Klage abzuweisen.

Röbbels setzte mir, in Hinblick auf unser gestörtes Verhältnis, eine ungewöhnlich kurze Frist zur Stellungnahme und bestimmte einen Termin zur mündlichen Verhandlung am 28.5.2014. Röbbels würde um eine

umfangreiche Beweiserhebung nicht herumkommen. Er würde klären müssen, ob die Bettgitter hochgestellt waren, ob diese Maßnahme hinreichend war und ob eine sofortige Behandlung nach dem Sturz den Querschnitt verhindert hätte. Bei der Beweiswürdigung würde er die Krankenakte berücksichtigen. Er würde prüfen müssen, ob sie Unstimmigkeiten enthielt, wie die Beweislasten verteilt waren und ob Fehler oder Widersprüchlichkeiten in der ärztlichen Dokumentation die Beweislast verändert hätten.
Kurz darauf traf ein Fax der Kanzlei Würgel & McBallister GmbH ein. Professor Dr. Höllarm lud mich zu einem Treffen in seine Kanzlei ein. Er bat mich, kurz vor der mündlichen Verhandlung am 26.5.2013 zu erscheinen. Pater Dr. phil. Dr. rer. nat. Adolphe als Vertreter des Krankenhausträgers käme ebenfalls, außerdem sei der Verwaltungsdirektor der Klinik, Dipl.-Kfm. Boehring, dabei. Selbstverständlich sei auch mein Mandant willkommen, hieß es mit heuchlerischer Verbindlichkeit in der Einladung, die mehr den Charakter einer amtlichen Vorladung hatte.

Ich besprach mit Luminiz, Goran und Chakka, was uns ungefähr erwarten würde. Der Zweck des Treffens war klar. Die Klinik würde versuchen, die Angelegenheit außergerichtlich aus der Welt zu schaffen. Solche Meetings laufen stets nach demselben Schema ab. Zunächst würden sie versuchen, uns einzuschüchtern. Sie würden uns erklären, warum unsere Klage nicht den geringsten Erfolg haben würde, und uns, ohne dabei unhöflich zu werden, in Grund und Boden stampfen. Dann würden sie die fadenscheinigen Argumente vorbringen, warum sie die Angelegenheit ohne Prozess beenden wollen. Auch hier ist das Argumentationsmuster immer gleich. Zunächst werden karitative Aspekte ins Feld geführt, nämlich der bedauernswerte Zustand des armen Klägers, dem abgeholfen werden müsse. Danach folgte für gewöhnlich die Überlegung, wie viel Mühe und Nerven sich alle sparen würden, wenn sie das Kriegsbeil begrüben. Diese Argumente werden üblicherweise von allen bejaht. Denn sie rühren an elementare Grundeigenschaften fast jedes Lebewesens: die Empathiefähigkeit und die Bequemlichkeit. Dann kommt der große Moment, an dem sie einen Betrag nennen, der ohne

Rechtsverbindlichkeit gegen Klagerücknahme zu zahlen ist. Als letzter Akt der friedlichen Konfliktlösung kann im Anschluss daran je nach Bildungsgrad und sozialem Status der Beteiligten eine wüste, kleinkarierte, nicht enden wollende Feilscherei beginnen, die oft komische Züge trägt und bei der es leicht persönlich wird.

„Was meinst du, wie viel wird das sein?“, fragte Goran Boran.

Seit meinem nächtlichen Besuch im Lager duzten mich alle. Ich hatte damit zunächst Schwierigkeiten und blieb bei Goran aufgrund meines Respekts vor seinem Alter beim Sie, bis er sich dies verbat und auf einer Anrede bestand, die er als die vertrauensvollere erachtete.

„Das kann man schlecht schätzen. Sie wollen dir natürlich einerseits einen Anreiz bieten, daher darf der Betrag nicht zu klein sein. Er soll ihnen aber andererseits auch nicht wehtun. Ich nehme an, vielleicht 15.000 – 25.000 Euro, wenn's hoch kommt – wahrscheinlich weniger, keinesfalls mehr“, erklärte ich ihm.

„So viel?“, fragte Chakka erstaunt.

Sie hatten kein Verhältnis zum Geld, das war eine der Hauptunterschiede zu den Gadsche.

„Was würdest du machen?“, fragte Goran.

Ich antwortete: „Das Geld wäre sicher, bei einem Prozess weiß man nie. Aber ich bin ein Spieler. Ich würde immer die Chance nutzen, mehr gewinnen zu können, als mich mit weniger abspeisen zu lassen. Sonst würde ich bis an den Rest meiner Tage denken, ich hätte mich falsch entschieden und die verpasste Gelegenheit bereuen. Das wäre mir, wenn ich schließlich verlieren würde, 50.000 Euro wert.“

„Mir auch“, sagten Goran und Chakka gleichzeitig. „Wir gehen trotzdem dahin. Ich will auf keinen Fall den Gadsche die Möglichkeit geben, mir Unhöflichkeit vorzuwerfen. Chakka und Luminiz kommen gleichfalls mit.“

Pustina war mit den anderen unterwegs. Sie waren irgendwo in der Voreifel oder in Brandenburg zur Spargelernte und würden erst viel später zurück sein. Dann würde es wieder tage- und nächtelang den guten Rotwein geben, den vor allem Luminiz vermisste. Wir sagten zu und begaben uns, wie gewünscht oder befohlen, zu dem bestimmten Termin in die Kanzlei Würgel & McBallister GmbH.

Der Bau, in dem diese untergebracht war, erinnerte mich entfernt an die geniale Bruder-Klaus-Kapelle in Mechernich-Wachendorf des berühmten Schweizer Architekten Peter Zumthor. Ich wusste zunächst nicht warum. Dann kam mir die Erleuchtung, worauf meine Assoziation beruhte. Beides sind Monumentalbauten mit dem absoluten Ausdruck verschiedener Entitäten: Geist und Materie. Bei der vergleichsweise kleinen Bruder-Klaus-Kapelle erzielte der Bau seine monumentale Wirkung durch die einsame Lage auf dem Acker der Bauernfamilie des Hermann-Josef Scheidtweiler und seine minimalistische Archaik. Jede Wand des fünfeckigen Baus hat andere Maße.
Anders kam die Monumentalität des Baus, in dem wir uns befanden, zustande. Hier wirkte die Masse, die gewichtige Größe, die endlosen Glasfassaden. Dabei stellten sich allein quantitative Werte zur Schau. An nichts war gespart, mit dem Pfunde gewuchert worden. Die Konstruktion war einfach. Mehrere parallel stehende kubische basiliske Gebäude, von denen zwei die schmalere Vorderfront in einem Winkel von 140 Grad neigten, sodass die Vorderseite die Form eines Schiffsbugs hat (daher die Bezeichnung „Bugbauten“ im Volksmund), während die Hinterseite sich nach innen in einem ebensolchen Winkel einbuchtete. Hierdurch waren die oberen Stockwerke vorne weit nach außen geneigt, von innen wirkt das obere wie freistehend über dem nahen Stadtwald. Zu allem Überfluss war vorne, wie das vordere Buggitter der Titanic, ein kleiner, etwa bis zu 2 Meter in die rechte und linke Seite umlaufender, in den Seitenstreben verkröpfter Balkon angebracht. Zwischen den beiden Kreuzfahrtschiffe imitierenden Bauten lag ein breiteres Gebäude, dessen Vorder- und Rückwand in konkaven Bogen verliefen, was ihm das Aussehen eines Panzers oder eines von Colani entworfenen Klos gab. Die Gebäude waren durch futuristisch wirkende, begehbare gläserne Röhren miteinander verbunden.
Die architektonische Idee war ebenso genial einfach wie die Zumthors. Aber bei der Kapelle der Bauern war sie Ausdruck einer erhabenen Demut, wie sie die Pyramiden, die Tempel oder Stonehenge bei aller Größe haben, während der Bugbau das Gegenteil hiervon war. Dessen naive Geistlosigkeit drückte eine Monumentalität aus, die nur von gewichtiger Potenz und Macht gespeist war. Diese Mischung ist schlecht. Das

Primitive wirkt hier nicht bescheiden und archaisch, sondern protzig und modisch. Kein Gedanke an Bescheidenheit, wie er einem beim Besuch der Bruder-Klaus-Kapelle in den Sinn kommt, sondern Ausdruck reinen Hochmuts. Ein postmoderner Neogründerzeitbau, in dem Menschen arbeiteten, deren Geist dem der Bauwerke entsprach.
Neben der Rechtsfabrik beherbergte der Gebäudekomplex unter anderem noch eine Steuerberatungsgesellschaft, ein Marketingunternehmen und eine Unternehmensberatung, sozusagen die Quintessenz der spätkapitalistischen Untergangszivilisation. Allen diesen Firmen war gemeinsam, dass sie mehr oder weniger von der Lüge lebten. Diese bestand in einem zur Schau gestellten absoluten Totalitarismus, dem die dahinter stehenden Individuen niemals genügen konnten. Denn der Mensch ist kein Gott, und der Turm zu Babel musste fallen, so wie das Goldene Kalb zerstört werden musste und ein Tausendjähriges Reich glücklicherweise bereits nach zwölf Jahren zerbarst und zersplitterte. So werden ebenfalls in einigen hundert Jahren die entvölkerten Bugbauten vom Urwald des städtischen Grüngürtels überwuchert, bevor ihre für die Ewigkeit errichteten Betonmauern zu Staub zerbröseln und nur noch ihre Stahlcarcasse als Mahnmale der Überheblichkeit inmitten des menschenleeren Urwalds stehen. Aber so weit ist es längst noch nicht, der Untergang des Abendlandes zieht sich länger hin, als Spengler prophezeit hat.
Jetzt saßen wir, Luminiz, Goran und ich auf bequemen, mit schwarzem Leder bezogenen Bauhaussesseln und Chakka in seinem Rollstuhl in einem aufwendig verglasten Wartezimmer. Auf der rechten Seite hatten wir eine schöne Aussicht auf den Stadtwald, auf der linken Seite schauten wir in einen langen, mit plüschigem, kaltblauem Velours ausgelegten endlosen Flur, von dem aus die Zimmer der Associates abgingen. Am Ende des Ganges waren die größeren der Senior Associates. Die Büros der Gründungspartner und Partner befanden sich in dem auskragenden Teil des Gebäudes, der wie freischwebend über dem Parkgelände lag. Wir warteten auf eine im schwarzen engen Kostüm und hohen Stilettoabsätzen katzenhaft schleichende, hochgewachsene Blondine, die uns hier hereingeleitet hatte und abholen würde, sobald man für uns Zeit erübrigen konnte.

Wir hatten uns der Würde des Ereignisses entsprechend gekleidet. Luminiz hatte ihre rabenschwarz glänzenden Haare streng nach hinten gebunden. Sie sah aus wie eine ältere, erfahrene Flamencotänzerin. Zu ihrer schwarzen engen Jacke und einem langen und ebenso engen Rock, der über die Knöchel reichte, trug sie eine weiße Bluse aus Brabanter Spitze und endlich einmal ihr Gebiss, das sie nur zu besonderen Angelegenheiten einsetzte. Allein das ließ sie mindestens fünfzehn Jahre jünger aussehen. Ihre Lippen hatte sie dunkelrot geschminkt. Sie überzeugte als ehemals sehr schöne und immer noch interessante, charaktervolle Fünfzigjährige, obwohl sie das siebte Jahrzehnt längst überschritten haben musste. Abermals, wie schon am nächtlichen Feuer, erstaunte mich ihre chamäleoneske Verwandlungsfähigkeit.
Goran steckte würdevoll in einem dunklen Zweireiher mit breiten grauen Streifen und einem einfarbigen Hemd, dessen Kragen eine bunte Krawatte mit aufgedruckten Rosen zusammenhielt. Seine schwarzen Schuhe glänzten wie Luminitias Haare.
Chakka trug ein weißes Hemd mit offenem Kragen, über seinem unbeweglichen Unterleib lag eine flauschige Webpelzdecke, ein perfektes Fellimitat.
Ich selbst trug einen unauffälligen, aber maßgeschneiderten und deshalb höchst bequemen grauen Anzug zu einer dezent gestreiften Krawatte. Für mich gibt es viele Anlässe, zu denen man korrekt bürgerlich gekleidet sein muss. Dabei lege ich nur noch Wert darauf, nicht aufzufallen und bequem gekleidet zu sein. Den Willen zur jugendlichen Provokation durch Äußerlichkeiten habe ich brav mit dem ersten juristischen Staatsexamen abgelegt. Heute greife ich für notwendige Provokationen zu anderen Methoden.
Man ließ uns fünfundzwanzig Minuten warten. Die vorausgehende, mit ihren Hüften provokant wackelnde Blondine führte uns schnellen Schritts zum Aufzug. Für einen Zigeuner ist es eine unverzeihliche Respektlosigkeit, wenn eine Frau, und zudem mit solchen Bewegungen, vor ihm geht. Goran blieb deswegen einige Meter zurück, und Ilona Luminitia schob zwischen ihm und der Blondine den als Querschnittsgelähmten nicht mehr von solchen Schlüsselreizen betroffenen Chakka hinter ihr her.

„Mahrime", flüsterte sie mir zu und murmelte irgendwelche apotropäische Zauberformeln vor sich hin. Der breite Rollstuhl verstellte mir leider die Sicht.
Es ging im kaum schnurrenden Aufzug mehrere Stockwerke nach oben und von dort in den herausragenden Gebäudeteil. Dort saßen an einem gelackten Kirschholztisch Professor Dr. Höllarm, Pater Dr. Dr. Adolphe und Dipl.-Kfm. Boehring. Wir stellten uns gegenseitig vor, schüttelten uns die Hände. Adolphe und Boehring übergaben mir ihre Visitenkarten mit Prägedruck, ich hatte meine mal wieder vergessen. Als Goran dem doppelt promovierten Pater die Hand drückte, gab es ein knirschendes Geräusch. Seinen Zigeunerring mit dem Amethyst trug er ebenso am Ringfinger seiner rechten Hand wie der Pater seinen Rosenkranzring. Das erklärte das markerschütternde Knirschen, was sich bei ihrem Händeschütteln hören ließ und das ich, abergläubisch wie ein Zigeuner, als gutes Omen nahm. Dipl.-Kfm. Boehring gelang es, auf Luminiz' Handrücken einen Handkuss zu platzieren, weil sie, hiervon überrascht, nicht schnell genug ihre Hand wegzog. Denn derartige Intimitäten sind bei den keuschen Zigeunern nur eng vertrauten Paaren gestattet. Küsse in der Öffentlichkeit sind für sie undenkbar, selbst wenn sie sich auf die Hände beschränken. Dafür ist ihre Sprache, wenn es um sexuelle Themen geht, ungewöhnlich zotig und direkt. Je strenger die Praxis, umso freier die Theorie.
Die Blondine blieb noch, um uns mit den angebotenen Getränken zu versorgen. Meine Begleiter wollten nichts, ich bat um einen Kaffee aus der bereitstehenden Thermoskanne. Da ihre aufgeklebten, lackierten Nägel zu lang waren, konnte sie den Deckel der Kanne nicht richtig greifen, etwas von dem Kaffee floss in die Untertasse. Über dieses unbedeutende Malheur gingen sie und ich schweigend hinweg.
Das Gespräch begann. Professor Dr. Höllarm erklärte Chakka zunächst, wie bedauerlich er dessen Sturz fand und wie leid ihm sein Zustand täte. Chakka erwiderte tonlos mit einer Frage: „Wieso das denn? Sie kennen mich doch gar nicht. Sie wollen doch nur, dass ich keinen Cent kriege. Tut Ihnen das dann auch leid?"
Der Anwalt errötete leicht und wandte sich an Goran mit den Worten: „Wir befinden uns alle in keiner angenehmen Situation. Ihre Rechtspo-

sition ist allerdings außerordentlich schwierig. Ihr Anwalt wird Ihnen sicher erklärt haben, dass Sie der Prozess viel Geld kosten kann. Sie haben kaum Chancen, mit heiler Haut aus der Angelegenheit herauszukommen."

Ich spürte, wie er zu einer machtvollen Tirade ansetzen wollte, um meinen Mandanten und mich in Grund und Boden zu stampfen.

Luminiz unterbrach ihn: „Seine Haut wird niemals wieder heil werden. Woher wissen Sie, was uns unser Anwalt erzählt hat? Haben Sie auch eine Kristallkugel?"

Goran fuhr fort: „Unser Anwalt braucht uns gar nichts zu erklären. Wir sind als einfache Zigeuner viel zu dumm, um das komplizierte Recht der Gadsche zu begreifen."

Luminiz und Chakka lachten.

Der Kollege Höllarm lenkte seinen leicht angewiderten Blick auf mich.

Ich sagte einfach und schnörkellos: „Wie viel?"

Er schob mir ein beschriebenes Blatt zu, das die Überschrift „Abfindungsvergleich" trug. Dazu sagte er: „Dies ist unser nicht verhandelbarer Vorschlag."

Dort fand sich ein umfangreicher Verzicht aller Ansprüche, der höchst komplex formuliert war und die Frommen Helenen für immer und ewig, also mindestens bis zum Jüngsten Gericht, allen Zahlungsverpflichtungen gegenüber Chakka enthob. Hierfür sollte dieser 15.000 Euro bekommen.

Ich nahm einen Schluck Kaffee. Dabei tropfte etwas Kaffee auf das ehrwürdige Schriftstück, weil die Blondine zum fehlerfreien Einschenken zu lange Krallen hatte. Ich freute mich über den hässlichen Flecken, sagte laut den Betrag und erklärte ihnen, wir seien nicht bereit, diesen Vergleich zu schließen.

Professor Dr. Höllarm fragte: „Warum nicht?"

Ich verdeutlichte ihm, dass seine Partei zu einem etwa 100-fach höheren Betrag verurteilt würde und dazu noch eine Rente bis an Chakkas Lebensende käme, wenn ich mit ihm fertig wäre.

Dipl.-Kfm. Boehring sagte, die Frommen Helenen würden noch 5.000 Euro drauflegen. Das war genau die Mitte der Beträge, die ich vorher genannt hatte.

Luminiz wisperte mir zur: „Deine Kristallkugel ist besser“, und grinste mich mit ihrem strahlend weißen Gebiss an.
Ich winkte ab: „Wir danken für das Gespräch.“
Wir standen auf und verabschiedeten uns. Luminiz zog ihre Hand blitzschnell aus der des Dipl.-Kfm. Boehring zurück, weil sie keine Wiederholung der aufgehauchten Aufdringlichkeit wünschte.
Im Aufzug lachten wir uns erst einmal krank, bis wir unten ankamen. Goran kommentierte: „Das waren ja besonders lustige Gadsche, die sind ebenso verrückt wie ihr Gebäude. Das hast du gut gemacht, Dok. Vor allem das mit dem Kaffee.“
Seitdem nannte er mich Dok. Dabei sprach er das K weich aus wie ein G. Ich mag Hunde und habe nichts dagegen, wenn man mich so benennt.
„Diese Leute sind nicht zu unterschätzen“, musste Luminiz zugeben. „Ein Mensch kann ein Anwalt werden, umgekehrt geht nicht“, zitierte sie aus ihrem Repertoire angeblicher Roma- Sprichwörter.
„Und als was siehst du mich?“, fragte ich.
„Du bist kein Anwalt, du hast dich nur als einer verkleidet und spielst einen Rechtsanwalt.“ Vielleicht ist das mein Problem. Neuerdings überkommt mich ein leichter Ekel, wenn ich einen Gerichtssaal betrete.
Damit waren die Vergleichsverhandlungen gescheitert. Der Haupttermin sollte in zwei Tagen stattfinden. Ich fertigte schnell noch einen Erwiderungsschriftsatz, in dem ich in Kürze die rechtliche Problematik und die Dinge, um die es ging, zusammenfasste. Röbbels sollte keine Möglichkeit erhalten, sich bei weiteren Fehlhandlungen auf ein Versehen zu berufen und sich damit herausreden zu können. Deshalb schrieb ich ihm den notwendigen Beweisbeschluss in meinem nächsten Schriftsatz vor.

6. Hebungen und Senkungen, Blähungen

„Bitte erheben Sie sich!“, befahl Röbbels, als er den Gerichtssaal 313 des Kölner Landgerichts betrat. Er trug bereits seinen Talar. So angezogen war er zuvor mit bedeutsamer Haltung, umwallt von schwarzem, wogendem Stoff, und mit gewichtiger Miene über die Flure geeilt. Jetzt knöpfte er ihn, der vorher elegant im Laufen seine große, hagere Gestalt umweht hatte, sorgfältig zu. Er sah aus, als sei er einer Lithografie entsprungen. Die Szenerie wirkte wie eine von Daumier oder Hogarth auf Stein gezeichnete Gerichtsszene. Klein und eingeschüchtert wie Hudibras, der einem von Hogarth genial illustrierten Text des zu Unrecht vergessenen englischen Dichters Samuel Butlers entstammte, saß Chakka unbeweglich in seinem Rollstuhl neben mir. Auf den Besucherbänken saßen Luminiz, Goran, Pustina und das schöne, junge Mädchen, das mir bei meinem Besuch bei ihnen am Feuer aufgefallen war.

Goran und Pustina waren sofort aufgesprungen, als die Protokollantin, eine etwa 35-jährige übergewichtige Frau, den Raum betrat. Während sie sich setzte, nahmen sie beide ebenfalls Platz. Als der Richter in den Raum stürmte, blieben sie sitzen. Es war erstaunlich, dass sie der im Vergleich zum Richter unbedeutenden Protokollführerin, nicht aber diesem, Respekt bekundeten. Später erfuhr ich, dass dieses Verhalten keine Frage von Respekt oder Respektlosigkeit war, sondern von mahrime und zuso. Da der Unterkörper der Frau mahrime ist, darf der Kopf eines Mannes sich niemals auf oder gar unterhalb deren Höhe befinden. Daher springen Zigeuner sofort von ihren Sitzen, wenn eine Frau den Raum betritt. Was die Gadsche als Zeichen der Höflichkeit und Ehrerbietung gegenüber dem schönen Geschlecht sehen, ist bei den Zigeunern Ausdruck ihrer Verachtung und eine Schutzmaßnahme. Hier offenbaren sich die grundsätzlichen Unterschiede, selbst in den einfachsten Äußerungen, die eine Verständigung kaum möglich machen und zu tiefen Missverständnissen führen können.

Außerdem saß da noch Tim Schulz, der Gerichtsreporter von Blitz, eines reißerischen Boulevardblatts, den alle nur Tintin nannten, weil er eine verblüffende Ähnlichkeit mit Hergés gleichnamiger Comicfigur hat. Wir kannten uns seit Langem und winkten uns über die Bänke einen Gruß zu. Tintin hatte mehrfach über Fälle berichtet, in denen ich mandatiert war. Dabei hatte er stets brav und werbewirksam meinen Namen mit akademischem Grad erwähnt, mein meistens ruppig-saloppes Statement zitiert und einmal sogar ein unscharfes, nicht gerade günstiges Foto von meinen Mandanten und mir in seinen Artikel gesetzt. In der städtischen Provinz fotografiert der schreibende Journalist noch selbst.
Wir erhoben uns, einige schneller als andere.
„Das gilt auch für Sie!“, herrschte Röbbels Chakka an.
„Ich kann nicht“, entgegnete Chakka leise und traurig.
„Der Kläger ist querschnittsgelähmt und bewegungsunfähig. Das müsste Ihnen nach Lektüre der Klageschrift bekannt sein“, kommentierte ich sein Verhalten, ohne ihn anzusehen, um damit meinen ganzen Abscheu ihm gegenüber auszudrücken.
Er murmelte eine Entschuldigung in Chakkas Richtung. Zu mir sagte er: „Von Ihnen brauche ich keine Belehrung.“
Ich antwortete: „Da habe ich erhebliche Zweifel.“
Röbbels wurde wütend. Eine Ader an seiner Stirn schwoll an. Ich hoffte, sie zum Platzen bringen zu können, wenn ich ihn weiter provozierte. „Was soll das denn heißen?“, schrie er mir entgegen.
Ich schrie zurück, dass selbst er mich wohl kaum missverstanden haben könnte.
Röbbels mochte keine Anwälte, er fand sie störend und lästig bei seiner Rechtsfindung. Wenn es nach ihm ginge, würden sie abgeschafft. Er behandelte sie grundsätzlich herablassend. Nur mit Anwälten aus Großkanzleien ging er anders um. Ihnen gegenüber überschlug er sich vor Höflichkeit und Respekt. Geradezu unerträglich tanzte er um sie herum, wenn er ihnen auf dem Gang begegnete, während er Einzelanwälte wie mich kaum wahrnahm.
Da sprang Professor Dr. Höllarm ein. „Herr Kollege“, sagte er in der ihm eigenen, bedächtigen Art, „ich bitte Sie höflich, sich doch zu mäßigen, damit wir endlich in die Sache einsteigen können.“

In der kurzen Pause, die hierdurch entstand, beruhigte sich Röbbels wieder. Meine Hoffnung, dass er einen Schlaganfall oder Herzinfarkt erleiden würde, zerschlug sich.
Im folgenden Moment der angespannten gedehnten Stille ließ Chakka lautstark einen langen befreienden Furz. Auf Röbbels so erschrockenen wie wütenden Blick hin zuckte er mit den Achseln, hielt seine geöffneten Hände beschwichtigend vor sich und rechtfertigte sich: „Entschuldigen Sie, aber ich kann das nach dem Unfall nicht mehr kontrollieren."
Ich drehte mich zu den Zuschauerbänken und sah Gorans Mundwinkel zucken. Er konnte sich, ebenso wie Luminiz, die ihr Kinn auf ihre den Mund verdeckende Hand stützte, nur mit Mühe beherrschen, nicht loszuprusten. Ich hüstelte vornehm, um meinen eigenen Lachreiz zu überspielen.
„Nehmen Sie Platz!", fuhr Röbbels fort. Nun begann die Erörterung. Diese bestand in einem nicht enden wollenden Monolog des Richters. Lehrbuchartig, wie ein Referendar in der Zivilrechtsstage, trug er mit kleinkarierter Detailverliebtheit bis in die feinsten Verästelungen vor, was später komprimiert in dem sogenannten Tatbestand des Urteils stehen würde. Zunächst kommen die unstreitigen Tatsachen, also das, worin der Vortrag von Kläger und Beklagten übereinstimmen. Darauf folgt der bestrittene Vortrag des Klägers, soweit er für die Entscheidung relevant ist, danach die Anträge der Parteien, sodann der Vortrag des Beklagten, soweit er erheblich ist, also dem Klageanspruch entgegensteht.
Das Problem jedes Rechtsstreits lässt sich nach meiner 19-jährigen Erfahrung auf ein bis höchstens zwei Fragen reduzieren. Diese waren hier erstens: Hätte Chakka angesichts seine Zustands fixiert werden müssen und wurden die entsprechenden Maßnahmen unterlassen? Zweitens: Hätten eine sofortige Operation oder sonstige ärztliche Maßnahmen den Eintritt einer Querschnittslähmung verhindert? Der restliche Stoff, den Professor Dr. Höllarm und ich vortrugen, war mehr oder weniger sinnloses Brimborium, lautes Narrenklappergerassel und Singen im Walde, eben das übliche Anwaltsgequake und -geplärre, das wir beide gut beherrschten.
Dann gab Röbbels eine rechtliche Würdigung ab, nämlich dass es auf die eben beiden erwähnten Tatsachen ankäme. Daraufhin fragte er lust-

los, ob die Parteien eine Einigungsmöglichkeit sähen. Denn nach unserer Zivilprozessordnung hat der streitigen Verhandlung ein Güteversuch vorauszugehen. Kuscheljustiz passt nicht zu Zigeunern. Im Kris, ihrer eigenen Gerichtsbarkeit, geht es weitaus ruppiger zu. Auf die zivilprozessualkonforme Frage erklärte Professor Dr. Höllarm, die Beklagte habe 20.000 Euro angeboten, die der Kläger abgelehnt habe.
Röbbels zog die linke Augenbraue hoch und fragte in meine Richtung: „Warum das denn?"
Ich antwortete, dass das Angebot der Sach- und Rechtslage keineswegs angemessen sei. Röbbels sah mich böse an und bemerkte dann schnippisch: „Wenn Sie meinen."
Professor Dr. Höllarm grinste mich höhnisch an. Damals ahnten wir nicht, welche Eigendynamik dieses Verfahren entwickeln sollte, obwohl wir beide genug Erfahrung hatten, um uns durch nichts mehr überraschen zu lassen. Überraschungen gibt es jedoch einem hohen Erfahrungswert zufolge immer.
Röbbels verkündete einen Beweisbeschluss. Eine seiner persönlichen Eigenheiten war, den Beweisbeschluss unmittelbar im Anschluss an die Erörterung zu verkünden und nicht etwa, wie jeder andere Richter am Kölner Landgericht, in einem späteren Verkündungstermin. Den Beweisbeschluss hatte er bereits ausformuliert. Er las ihn von einem maschinenbeschriebenen Blatt ab. Dabei hatte er sich bemüht, von den einfachen Formulierungen in meinem Schriftsatz abzuweichen. Hierdurch geriet der Beschluss etwas manieriert. Bei der Universitätsklinik für Unfallchirurgie sollte ein Gutachten über die beiden entscheidungserheblichen Fragen eingeholt werden. Dabei setzte Röbbels fest, dass Chakka einen Auslagenvorschuss in Höhe von 2.500 Euro binnen zwei Wochen zu leisten hätte. Dann schloss er die Hauptverhandlung.
Ich bat, noch etwas sagen zu dürfen.
Er wehrte ab: „Die mündliche Verhandlung ist geschlossen, wenn Sie noch etwas vorzubringen haben, können Sie dies schriftlich tun."
Ich erwiderte: „Sie haben einen Auslagenvorschuss verlangt. Der Kläger hat Prozesskostenhilfe."
Denn unter dieser Voraussetzung entfällt der Vorschuss für den Sachverständigen.

Röbbels errötete nochmals und eröffnete die mündliche Verhandlung wieder. Professor Dr. Höllarm und ich verzichteten auf Ladung und Einhaltung der Ladungsfristen, damit die Verhandlung unverzüglich weitergeführt werden konnte. Röbbels korrigierte seinen Beschluss dahingehend, dass der Kostenvorschuss für den Sachverständigen entfiel. Ich stöhnte, dieses ins formelhafte abgeglittene Prozessgebaren als juristische Perversion kommentierend, laut und unwillig auf. Die Zigeuner auf den Zuhörerbänken kicherten verhalten. Dann zog ich meinen schwarzen Kittel aus, löste die Sperre von Chakkas Rollstuhl und fuhr ihn hinaus. Als wir den Raum verließen, wandte ich mich um, um Röbbels einen zackigen Abschiedsgruß zuzunicken. Aber er war schon durch den für ihn bestimmten Ausgang grußlos entwichen.
„Was für ein grenzenloser Idiot!“, sagte Goran draußen aus tiefstem Herzen zu mir. „Das Beste in der Sitzung war Chakkas Furz, der noch nicht mal beabsichtigt war.“
Ich pflichtete ihm bei, ohne in diesem Moment den tieferen Witz seiner Bemerkung zu erfassen.
„Arschloch!“, schimpfte Luminiz.
Chakka brachte es auf den Punkt: „Nä, wat ene Quatsch.“
Zigeuner sind Genies des gesprochenen Wortes. Schon in mittelalterlichen Chroniken wird ihre Sprachbegabung betont. Sie lernen in Kürze die Sprache der Gadsche, bei denen sie sich aufhalten. Besonders die Dialektform beherrschen sie schnell, denn deren Gebrauch schafft Vertrauen.
„Ich werde einen Fluch über ihn verhängen“, raunte Luminiz. „Kannst du mir irgendeinen Gegenstand besorgen, den er benutzt hat?“, fragte sie mich. „Irgendwas, einen Kamm, einen Löffel, irgendwas in der Art, sonst funktioniert der Fluch nicht. Am besten wäre natürlich ein Stück Fingernagel oder ein Haar von ihm, aber da kommst du wohl nicht dran.“
Ilona Luminitia war eine Drabarni. So nennt man die Kräuterfrauen, die über geheime Heilkenntnisse und manche Zauberkräfte verfügen. Die Bezeichnung kommt von Drab, das „Kraut“, aber auch „magische Pflanze“ oder den von den Zigeunern besonders geliebten Tabak bedeutet.

Ich versprach ihr, mich darum zu kümmern.
Tintin kam zu uns. „Hallo, alte Feindschaft rostet nicht." Er wusste von meinen Auseinandersetzungen mit Röbbels. Ebenso, dass Röbbels mit den meisten Anwälten Probleme hatte. „Ich werde über die Sache berichten. Worum es geht, ist mir schon klar, willst du irgendwas dazu sagen?"
Ich gab einen markigen Satz von mir, dass die Verhältnisse in deutschen Krankenhäusern immer schlimmer wurden und man als Patient schon froh sein musste, wenn man die Behandlung dort lebend überstand.
Er schoss ein Foto von Chakka und mir. Dann verabschiedeten wir uns alle voneinander.
Der Bericht erschien in der übernächsten Ausgabe, der vom Freitag, die besonders viele Leser hatte. „Traurig ist das Zigeunerleben", war die Schlagzeile, Tintin beschrieb im üblichen Stil seines Blattes den Sachverhalt. „Gar nicht lustig war der tiefe Bettsturz des lebensfrohen, jungen Rom, der auf seine Operation wartete. In Sekunden hat sich sein Leben um 180 Grad gewendet. So hart können Krankenhausböden und das Schicksal sein. Der junge, unglückliche Zigeuner wird nie wieder auf seiner Geige spielen. Ihm schossen während der Verhandlung Tränen in die Augen."
So ging es über eine halbe Seite. Ich wurde namentlich mit meinem akademischen Grad erwähnt und meine Kritik am Krankenhauswesen fast wörtlich zitiert. Auf dem dazugehörigen Foto war Chakka mit seiner Leidensmiene zu sehen. Luminiz und Goran standen als würdiges Zigeunerfürstenpaar dahinter. Gorans gestreifter Anzug machte sich besonders gut auf dem Foto, während ich, unfotogen wie meistens, irre in die Kamera starrte. Immerhin, reklameträchtig war die Story.
Neben dem Artikel war eine barbusige, lächelnde Schönheit abgebildete. Ihr Bild war weniger unscharf als unser Konterfei. Wie der Unterschrift unter ihrem Foto zu entnehmen war, hieß sie Jaqueline und verbrachte die Herbstmonate lieber in Arenal als im feuchtkalten Wanne-Eickel. „Nicht mit mir", wurde sie wörtlich zitiert. „Ich gehe raus aus dieser Klimazone. Statt unter kahlen Bäumen sitze ich unter Palmen. Am Ballermann findet jeder sein Glück." Sicher war mancher Leser erfreut über solche Informationen.

Weniger nett war ein Zigeunerwitz, der sich ein paar Seiten vorher in derselben Zeitung fand: „Ein Gast in einem Restaurant bestellt ein Zigeunerschnitzel. Der Ober fragt: Wie wünschen Sie Ihr Fleisch, sinti oder roma?"

In Neonazikreisen wird man über solche Witze wiehernd lachen, der dort herrschende Humor ist eine höchst aggressive Angelegenheit. Unter Zigeunern lacht man nie aggressiv und destruktiv über andere. Hier herrscht homerisches, buddhistisches, weltweises Lachen. Selbst wenn sie sich über einen Gadscho wie mich lustig machten, klang Wohlwollen für das Fremdartige und Zuwendung mit.

Ich überlegte, ob ich ein Stück von meinem Fingernagel abschneiden und dieses Luminiz als von Röbbels' Finger stammend präsentieren sollte. Dann würde ich aber nicht nur ihr Vertrauen missbrauchen, sondern auch ihre magischen Fähigkeiten missachten. Jedes für sich genommen war untragbar, erst recht in Kumulation. Ich musste mir etwas anderes einfallen lassen.

7 . Kantinengespräch

Während ich auf das Gutachten in meinem derzeit interessantesten Fall wartete, bearbeitete ich die üblichen anderen.
Zwei Ehescheidungen, von denen eine glattlief, während bei der anderen mein Mandant betrunken frühmorgens zum Scheidungstermin erschien und sich dem Scheidungsantrag widersetzte, indem er auf die Frage der Richterin, ob er auch geschieden werden wollte, verwaschen in die Richtung seiner fast Ex-Ehefrau lallte: „Schatz, ich lieb dich noch immer." Trotzdem wurde er geschieden, ungeachtet seiner temporären Prozessunfähigkeit, die keiner erwähnte. Ich rechnete über Prozesskostenhilfe ab. Die monatlichen Unkosten waren damit gedeckt.
Vor der Zivilkammer stand außerdem das Verfahren eines Verwaltungsangestellten an, der sich ein Bett für 12.000 Euro gekauft hatte. Das Bett knarrte, die Doppelmatratze bildete Kuhlen. Der Möbellieferant verweigerte die Rücknahme. Ich sollte die Rückzahlung des Preises und die Rücknahme des wahrscheinlich verzogenen Bettes durchsetzen, die 17. Zivilkammer sollte richten. Das Möbelhaus wandte unter anderem eine Benutzungsgebühr für 40 Nächte ein, die mein Mandant und seine Verlobte in dem Bett zugebracht hatten.
Schließlich hatte ich noch die Ehefrau eines ehemaligen, zwischenzeitlich leider verarmten Millionärs zu vertreten, dessen Gläubiger ihm wertvolle Mobilien pfändeten, die er seiner Frau während der Ehe geschenkt und rechtzeitig übereignet hatte, bevor die potenziellen Gläubiger des damals noch solventen Millionärs auf diese zugreifen würden. Im Einzelnen handelte es sich um einen Satz Kristallgläser, die Fritz Heckert in der legendären Felsenmühle am Rand des Riesengebirges entworfen hatte, um zwei von Mücke-Melcher gestaltete Bauhaussessel und ein Ölgemälde. Während die Gläser für die bevorstehende öffentliche Versteigerung auf 5.000 Euro angesetzt waren, sollten die Sessel jeweils 4.000 Euro einbringen. Das Gemälde eines unbekannten Meisters aus dem Umkreis Joos van Cleve – oder gar von ihm selbst? – war mit 850.000 Euro angesetzt. Es zeigte die Begegnung Elisabeths mit der Gottesmutter. Seine Farben leuchteten nach über 500 Jahren im-

mer noch. Entweder handelte es sich um eine Fälschung oder besondere Umstände seiner Aufbewahrung waren die Ursache für seinen guten Erhaltungszustand. Eine Expertise eines renommierten Professors bestätigte es als Schülerarbeit, warf aber Zweifel auf, in welchem Umfang die Hand des Meisters selbst eingegriffen hat. Es war zu einem Wert von 850.000 Euro versichert. Tatsächlich war es unersetzbar und unbezahlbar. Wahre Kunst ist durch ihren Preis nicht messbar. Ihr Wert bestimmt sich nach ganz anderen Maßstäben.

Der Gläubigeranwalt wandte ein, die Schenkung sei als Scheingeschäft unwirksam. Denn der Schuldner, der jetzt statt Millionen Euro nur noch Millionen Euro Schulden hatte, sank abends immer noch in die wertvollen Polstersessel und trank dort den abendlichen 25 Jahre alten Malt Whisky aus handgeschliffenen Kristallgläsern, während er sich andächtig in das über dem Kamin hängende Meisterwerk versenkte, denn er war ein sehr frommer Mann. Ich erwiderte freimütig, dass die Schenkung allein den Zweck hatte, die Möbel zukünftigen Gläubigern zu entziehen. Dies funktioniert aber nur, wenn die Schenkung wirksam ist. Daher konnte sie nicht nur zum Schein erklärt worden sein, sondern war ernsthaft gewollt, um zukünftige Gläubiger zu benachteiligen. Mit dieser Begründung musste uns das Landgericht recht geben. Der Richter zeigte deutlich seinen Widerwillen gegen das Urteil, das er zugunsten meiner Mandantin verkünden musste. Die Preziosen der Familie waren gerettet. Vielleicht einer der Fälle, in denen die falsche Moralvorstellung gegenüber der richtigen Rechtsanwendung zurückzutreten hat und sich Recht und Gerechtigkeit deckten. Denn den Hausrat vor dem Gläubigerzugriff zu schützen, ist nichts Ehrenrühriges, sondern höchst achtbar. Für Schenkungen zwischen Ehegatten besteht innerhalb einer Frist von zehn Jahren die Möglichkeit des Gläubigers, diese anzufechten und die Duldung der Zwangsvollstreckung in den geschenkten Gegenstand zu erzwingen. Diese Frist war längst überschritten.

Im Vergleich mit Professor Dr. Höllarm hatte ich eine bunte Klientel. Gut situierte Mittelständler, Ex-Millionäre und Arge-Kunden gaben sich die Klinke meiner Bürotür in die Hand. Anders bei ihm. Ein Hartz-IV-Empfänger würde sich wohl in aller Regel nicht über die Marmorstufen seiner Praxis trauen.

Während einer Pause zwischen zwei Terminen ging ich in die Kantine. Üblicherweise halte ich mich dort nicht auf. Mir gefallen weder das Publikum noch die angebotenen Gerichte und erst recht nicht der Service. Wie im Knast wird dem mit einem Tablett an der Theke vorbeiziehenden Gast das vorgefertigte Essen aus verschiedenen Nirosta-Behältern mit einer Schöpfkelle auf den Teller geklatscht. Ein unsinnlich und lustlos zubereitetes Mahl kann nicht schmecken.
Dafür ist die phänomenale Aussicht äußerst bekömmlich. Weit über die Stadt schaut man auf die verstreut liegenden romanischen Kirchen, die aus dem entfernten Blick von oben ihre wunderbaren, einfachen Proportionen und deren Ausgewogenheit offenbaren.
Im hinteren Bereich der Kantine sah ich Röbbels sitzen. Er hatte schon gegessen. Schweineschnitzel in Rahm mit Salzkartoffeln und roten Möhren. Eine derartige Kombination ließ entweder auf eine Resteverwertung oder einen sehr originellen Koch schließen. Aber vielleicht bin ich auch zu verwöhnt. Röbbels trank einen sein Mittagsmahl abschließenden Espresso aus dem Kaffeeautomaten. Er unterhielt sich angeregt mit zwei Kollegen. Wahrscheinlich zogen sie über irgendeinen als besonders renitent erlebten Anwalt her oder sie tauschten tiefsinnige juristische Ansichten zu irgendwelchen anstehenden Problemen aus. Ich schaute weg, weil das Städtepanorama ein weitaus angenehmerer Anblick war als das faltenzerknitterte Dreiergestirn der verbitterten alten Richter.
Dann betrat Dr. Marian Rosenberger die Kantine.

Man sieht ihm nicht an, dass er ein Sinto ist. Er erfüllt nicht nur das Klischee nicht, wie ein Zigeuner auszusehen hat, sondern auch nicht das des gut sozialisierten Juristen. Er dürfte auf die 70 zugehen. Sein kurz geschorenes, borstiges Haar ist schneeweiß. Er ist ein alter, erfahrener, mit allen Wassern gewaschener Fuchs. Dabei ist er äußerst korrekt und zuverlässig. Dr. Rosenberger hat stets ausgelatschte und nicht ganz saubere Schuhe, eine ausgebeulte Cordhose und eine abgewetzte, ehemals sehr teure Lederjacke an. Darunter trägt er immer eine weiße, breite Seidenkrawatte zu einem weißen, perfekt gebügelten und gestärkten Hemd, das er täglich wechselt. Er will nicht auffallen und entspricht damit exakt den Kleidungsvorschriften, wie sie in der Anordnung über die Amtstracht bei den Gerichten in der Ausführungsverordnung des Justizministers vom 8.8.2008 (3152 Z. 5), JMBl. NRW S. 193 normiert ist. Dort findet sich unter anderem die Bestimmung, dass Rechtsanwälte eine Amtstracht zu tragen haben. Diese besteht aus einer Robe, zu der Männer ein weißes Hemd mit einem weißen Lang- oder Querbinder tragen. In einer Anlage zu der AV vom 5.2.1963 steht eine genaue Beschreibung der Robe. Hier werden der Stoff und der Schnitt bezeichnet. Das Material der Robe darf schwarzer feiner Kammgarnstoff, Kaschmir oder Lasting sein. Auf zwei Seiten führt das Merkblatt minutiös die Beschaffenheit der Robe aus. Hier heißt es unter anderem: „Die vorderen Kanten der Robe werden durch eine Reihe von vier oder fünf verdeckten Knöpfen geschlossen. Die Kanten greifen nicht übereinander, sondern stoßen nur aneinander. Zu diesem Zweck ist an das rechte Vorderteil ein etwa 3 cm breiter Untertritt angeschnitten, der oben wie die Halsausschnittlinie und unten einige Zentimeter unterhalb des unteren Knopfes schussmäßig nach der vorderen Mitte verläuft (s. Anlage b Abb. 2).“ Auch der darunter liegenden Kleidung bleibt eine genaue Beschreibung nicht erspart: „Die darunter getragene Kleidung bleibt verdeckt, Wäschekragen und der weiße Langbinder sind gut sichtbar.“ Die Rückenfalte scheint mir in der Beschreibung des Merkblattes besonders gut gelungen: „Das im Stoffbruch geschnittene Rückenteil erhält in seiner Rückenmitte eine Quetschfalte, bei der beiderseitig die Falte 2 cm tief liegt. Weiter sind auf jeder Rückenhälfte noch zwei einfache sog. tief liegende Falten abgenäht. Diese Falten liegen je 1,5 cm von der hinteren Mitte bzw. der ersten Falte entfernt und werden etwa 1,5 bis 2 cm tief gelegt (s. Anlage b Abb. 4). Diese vier tief liegenden und die Quetschfalten sind unter dem Besatz zugesteppt; sie springen unterhalb des Besatzes auf und geben dadurch dem Rückenteil den weiten Fall.“ Dieses Meisterstück juristischer Formulierungskunst setzt sich noch über eine halbe Seite mit derselben akkuraten Brillanz fort. Der Durchmesser des Ärmelausschnitts, die Lage der Seitennaht, die Breite des Besatzes, kurzum alles, was der Schneider wissen muss, damit die Robe zur Optimierung der Rechtsfindung geschneidert werden kann. Weniger Rücksicht hat der Verordnungsgeber auf den Bügler genommen. Denn die Quetsch- und die je tief liegenden Falten mit deren Zusteppung

sind wahre Bügelhindernisse. Eine derart akribische Vorschrift, die jede filigrane Einzelheit bedenkt und alle Möglichkeiten bis in die letzten Tiefen erfasst, kann nur einem oder mehreren gut geschulten und gut sozialisierten Juristenhirnen entspringen. Die dieser Disziplin immanente Kleinkariertheit findet bisweilen in solchen Artefakten ihren unmissverständlichen Ausdruck.
Dr. Rosenberger, obgleich nonkonformistisch, beachtete derartige, zur Selbstdarstellung der forensischen Klasse geschaffene Regelungen peinlich genau. Als Zigeuner unter Gadsche wollte er keinesfalls eine Angriffsfläche bieten, wenn sich diese ohne Aufwand vermeiden ließ, auch wenn die anwaltliche Berufsordnung die Robenpflicht aufgeweicht hat. Mehr Wert auf das weiße Hemd als auf den Zustand von Hose und Schuhen zu legen, kann aber auch einen anderen Grund haben. Die Hose ist ohnehin mahrime, da sie mit der unteren Körperpartie in Berührung kommt. Was soll man sie da noch ständig waschen?

Der Kollege Dr. Marian Rosenberger setzte sich zu mir. Wir kannten uns aus verschiedenen Prozessen, in denen wir uns zwar heftige Schlachten geliefert, aber persönlich gut verstanden hatten. Er war mir schon zu Beginn meiner Anwaltstätigkeit durch seine unkonventionelle Art aufgefallen. Er duzte sich mit allen Justizangestellten. Wenn er irgendwo auftauchte, grüßte ihn jeder Justizwachtmeister freundlich mit seinem Vornamen. Er wünschte mir einen Guten Tag, wir sprachen über dies und das, bis er ziemlich schnell zur Sache kam. Er habe aus der Presse erfahren, dass ich Chakka Boran vertrete. Dieser habe zunächst ihn beauftragen wollen, er habe das Mandat abgelehnt, weil er einen Interessenkonflikt befürchtete, den er nicht näher ausführte. Schließlich müsste er bei den Gadsche besonders aufpassen. Obwohl ich wusste, dass dies nicht die ganze Wahrheit sein konnte, fragte ich trotz großer Neugier nicht nach. Manchmal behält bei mir gutes Benehmen die Oberhand über meinen Wissensdurst.
Außerdem würde Rosenberger selber nicht mehr zu Verhandlungen gehen, die von Röbbels geführt würden. Er würde dann seinen Mitarbeiter schicken. Er sei mit dem an starken Ressentiments leidenden Richter mehrfach aneinandergeraten, könne und wolle ihn nicht mehr ertragen.

„Man kann es auch direkter ausdrücken“, antwortete ich. „Dieses dreckige Schwein ist das größte Arschloch, was hier rumläuft!“
Dr. Rosenberger grinste. „Als ich ihn vor Kurzem allein ohne Zeugen auf dem Gang getroffen habe, habe ich ihm ungefähr das gesagt. Er hat vor Wut gefaucht wie das verdammte Wiesel.“
Bei den Zigeunern ist dieses Tier unbeliebt. Es soll Unglück bringen. Der Zigeuner hasst den Wind, den er in seiner kraftvollen bilderreichen Sprache das Niesen des Teufels nennt. Das Fauchen des Wiesels, wenn es in Wut gerät oder in die Enge gedrängt wird, erinnert ihn an das Heulen des verhassten Windes.
„Gut, dass ich Sie treffe“, fuhr Dr. Rosenberger fort. „Ich möchte Sie nämlich warnen. Nach dem Bericht im Blitz ist bekannt, dass Sie einen Rom vertreten. Sie müssen vorsichtig sein. Besorgen Sie sich eine Waffe, falls Sie keine haben. Sie sollten auf körperliche Übergriffe gefasst sein und mit allem rechnen. Wer sich mit uns einlässt, ist nicht mehr sicher.“
Ich hielt seine Befürchtungen dummerweise für übertrieben, dankte ihm aber trotzdem. Röbbels ging mit seinem Tablett mit dem benutzten Geschirr zu dem fahrbaren Ablageständer und übersah uns demonstrativ. Er schob das Tablett in den Ständer und verließ die Kantine
Nachdem Dr. Rosenberger gegangen war, trank ich meinen Kaffee aus und wartete, bis niemand mehr in der Nähe des Ständers war, auf dem Röbbels das Tablett gestellt hatte. Ich schlenderte lässig mit meinem Tablett zu dem Ständer, vergewisserte mich, dass mir niemand zusah, stellte mit der linken Hand das Tablett über das von Röbbels, während ich mit der rechten seine benutzte Espressotasse nahm und geschickt in meiner Jackentasche verschwinden ließ. Ich ging zum Aufzug und fuhr in den zweiten Stock zu meinem nächsten Termin.

8. Fakten und Gutachten

Bis das schriftliche Gutachten schließlich eintraf, vergingen fast vier Monate. Der ärztliche Direktor Professor Dr. med. Köcherle der zunächst beauftragten Universitätsklinik für Unfallchirurgie war grundsätzlich nicht mehr bereit, zu den gesetzlich festgelegten Sachverständigengebühren Begutachtungen vorzunehmen. Die Gebühren wären im Vergleich zu den Honoraren der beteiligten Anwälte unverhältnismäßig niedrig und daher unrealistisch. Aus Gründen der Gleichbehandlung sei die Klinik zur Erstellung eines Gutachtens nur gegen Honorierung zu den gleichen Stundensätzen bereit, wie sie ein Rechtsanwalt forderte. Falls die Beauftragung zu diesen Bedingungen erfolgen könnte, würde die Klinik tätig. Bis zur Entscheidung des Gerichts sollte die mehrere Kilo schwere Akte, die das Gericht übersandt hatte, der Einfachheit halber in der Klinik verbleiben. Röbbels, dem solche Argumentationen nicht fremd waren, schrieb zurück, er habe gegen einen Stundensatz von 100 Euro keine Bedenken und bat nochmals um Erstellung des Gutachtens. Daraufhin sandte die Klinik die Akte zurück. Den Gutachterauftrag lehnte sie mit der Begründung ab, die Universitätsklinik für Unfallchirurgie verfüge über keine Erfahrungen, wie Halswirbelverletzungen zu behandeln seien. Beigefügt war eine Rechnung für das umfangreiche Aktenstudium. Ich fand ein derartig überhebliches Verhalten erstaunlich und kann nur jedem von einer Querschnittslähmung Betroffenen wünschen, nicht in dieser Klinik versorgt zu werden.

Als Nächstes beauftragte Röbbels die Universitätsklinik für Chirurgie. Von deren ärztlichen Direktor Professor Dr. med. Höring erhielt er die Mitteilung, dass die Behandlung von Halswirbelkörperfrakturen nicht in das Aufgabengebiet der Universitätsklinik für Chirurgie falle und ob der Auftrag an die Universitätsklinik für Neurochirurgie weitergeleitet werden könne. Röbbels erließ einen entsprechenden Beschluss, in dem die zuvor beauftragten Sachverständigen ausgewechselt wurden, nachdem er sich das Einverständnis des Klägers und der Beklagten eingeholt hatte. Nach diesem überflüssigen Geplänkel, das immerhin drei Monate gedauert und in dem sich die angesprochene Ärzteschaft ungewöhnlich erfindungsreich bei der Ablehnung wenig lukrativer Gutachtenaufträge gezeigt hatte, hatte Professor Dr. med. Dengele vom Uniklinikum für Neurochirurgie zugesagt, alsbald das erfragte Gutachten zu erstellen.

Ich las zunächst das Ergebnis, das auf der letzten Seite stand. Die Sturzfolgen seien schicksalshaft und den Beklagten nicht anzulasten. Der Kläger habe wegen der Unfallverletzungen kurzfristig seine Einsichtsfähigkeit verloren und sei deshalb bei dem Versuch, über das Bettgitter zu klettern, unglücklich gestürzt. Ich erschrak und spürte, wie mein Blutdruck in die Höhe schoss. Plötzlich hatte ich, wie seit Tagen nicht mehr, ein starkes Verlangen nach einer Zigarette. Ich griff in die immer noch für Besucher bereitstehende Zigarettendose und fischte mir eine Filterlose heraus. Während ich diese zwischen Ring- und Mittelfinger platzierte, rieselte vorne der aufgrund langer Lagerung vertrocknete Tabak heraus. Ich zerbröselte die Zigarette in meiner Hand und schmiss den Rest in den Papierkorb. Dann las ich schnell und oberflächlich das Gutachten. Dabei beruhigte ich mich. Denn schon beim oberflächlichen Lesen zeigten sich schwerwiegende Fehler, die das Gutachten mit hoher Sicherheit angreifbar machten. Professor Dr. med. Dengele hatte zunächst auf sieben Seiten den Sachverhalt referiert. Dabei paraphrasierte er im Wesentlichen die ärztlichen Berichte in chronologischer Reihenfolge. Ihm war aufgefallen, dass die Krankenakte nur einen Sturz erwähnte, nämlich den, der sich am 12.12.2013 um 22.30 Uhr ereignet hatte. Da dieser Sturz nach der Pflegedokumentation bis auf die Tatsache, dass Bettgitter angeordnet wurden, folgenlos blieb, musste es danach einen zweiten Sturz gegeben haben. Der Gutachter monierte, dass dieser nicht in der Pflegedokumentation erwähnt und die Krankenakte insoweit unvollständig war und eine Lücke aufwies. Weder der zweite Sturz noch das Verhalten oder der Zustand des Patienten vor dem zweiten Sturz ließen sich der Krankenakte entnehmen.

Dann kam er zu den Gutachterfragen. Er führte aus, dass die Querschnittslähmung zwar Folge des Sturzes war, dieser auch durch geeignete Maßnahmen hätte verhindert werden können, aber dem Pflegepersonal und dem Aufsicht führenden Arzt sei kein Verschulden anzulasten, wenn die getroffene Maßnahme aus deren Sicht hinreichend gewesen sein musste. Um festzustellen, welche Maßnahmen zu treffen waren, habe es einer Abwägung des Patienteninteresses bedurft. Das geschützte Interesse des Patienten sei seine Gesundheit, das beeinträchtigte Interesse sei seine Freiheit und sein Selbstbestimmungsrecht. Wenn der Schutz seiner Gesundheit sein Recht auf Freiheit und Selbstbestimmung erkennbar überwogen hätte, wäre das Anlegen von Bettgittern nicht hinreichend gewesen. Es hätte dann sichererer Maßnahmen bedurft, wie etwa das Anlegen eines Gurtes, den der Patient nicht selbst hätte lösen können, oder gar eine zusätzliche Fesselung der Arme. Bei der Abwägung hätten die Gesamtumstände berücksichtigt werden müssen. Dabei sei der vorausgegangene Sturz, die langen Zeiten, in denen der Patient sich ruhig verhielt und sein Zustand nach dem vorausgegangenen Sturz zu beachten. Ob Pflegepersonal und verantwortlicher Arzt aufgrund dessen hätten erkennen können, dass der Schutz der Gesundheit des Patienten auch stärkere Eingriffe in dessen Freiheit notwendig gemacht hätte, ließe sich anhand der Dokumentation, insbesondere der fehlenden Eintragung nach dem ersten Sturz, nicht entnehmen. Der Gutachter sah sich außerstande, die maßgebliche Frage nach einer Pflichtverletzung der Beklagten zu beantworten. Er hielt deren Fehleinschätzung, die Bettgitter würden reichen, um einen weiteren Sturz zu verhindern, für plausibel und gelangte daher zu dem Ergebnis, dass dem Arzt und dem Pflegepersonal ein vorwerfbares Verhalten nicht anzulasten sei. Zum Schluss ergänzte er sein Gutachten noch, indem er auf die Gefährlichkeit von Bettgittern bei nicht einsichtsfähigen Patienten hinwies. Denn diese würden durch die Bettgitter geradezu aufgefordert, sie zu überklettern. In der Literatur wären daher Fälle bekannt, in denen sich unruhige Patienten beim Klettern über Bettgitter auf harten Krankenhausböden zu Tode gestürzt hätten.

In mir jauchzte und frohlockte es. Die Vermischung zwischen rechtlicher Würdigung und Sachverhaltsbeurteilung spielte mir zu. Richtig hatte der Gutachter die Unvollständigkeit der Krankenakte erkannt. Ich hielt dagegen nicht für richtig, dass er nicht klären konnte, ob das Personal und der Arzt das bloße Anlegen von Bettgittern als hinreichend erachten durfte. Dies genügte schon, um den Prozess zu gewinnen. Der Schluss auf eine fehlende Pflichtverletzung war zwar das Ergebnis des Gutachtens, aber auf der Grundlage einer unvollständigen Krankendokumentation. Ist nämlich die Krankendokumentation, wie Professor Dr. med. Dengele festgestellt hatte, unvollständig oder widersprüchlich, kehrt sich die Beweislast um. Dann ist es nicht mehr Aufgabe des Patienten, die Pflichtverletzung des Arztes und des Pflegepersonals zu beweisen, sondern deren Sache, die ordnungsgemäße Behandlung nachzuweisen. So verhielt es sich hier. Nicht Chakka musste beweisen, dass seine Schädiger fehlerhaft gehandelt hatten, sondern das Krankenhaus musste sich entlasten. Dies war nach den Feststellungen der Krankendokumentation nicht möglich. Denn diese erwähnte zwar den folgenlosen ersten Sturz, nicht aber den folgenschweren zweiten. Die zweite Frage, ob eine Versorgung des Querschnitts nach weniger als 24 Stunden die eingetretene Folge verhindert hätte, verneinte der Sachverständige. Sobald die Nervenzellen im Rückenmarkskanal zerstört wären, sei keine medizinische Methode denkbar, die die hierdurch eintretende Lähmung verhindere.

Damit war die Sache an sich klar. Ich begann mit einer handschriftlichen Grobskizze und suchte die maßgeblichen Urteile heraus, die ich in meinem Schriftsatz zitieren wollte. Ich wusste, ich würde das Ergebnis des Sachverständigengutachtens in der Luft zerfetzen und den Gutachter derartig in die Enge treiben, dass er wünschte, mir nie begegnet zu sein. Gegen Abend war mein Schriftsatz fertig. Ich legte darin die Einwendungen gegen die gutachterlichen Feststellungen dar, in dem ich herausarbeitete, warum der Sachverständige unzutreffend ein fehlendes Verschulden annahm. Ich führte aus, dass aufgrund der vorangegangenen Probleme des Patienten, insbesondere des ersten Sturzes und seiner motorischen Unruhe, stärkere Maßnahmen als das Anlegen von Bettgittern erforderlich gewesen wären und dieses der verantwortliche Arzt und das Pflegepersonal hätte erkennen müssen. Den Trumpf der Beweislastumkehr, auf den alles ankam, spielte ich wie eine Nebensächlichkeit in einem Satz aus. Das Verfahren würde ab jetzt ein Kinderspiel sein, ich konnte nicht mehr verlieren. Obgleich ich über genug Erfahrung verfügte, um zu wissen, dass jeder Prozess eine eigene Dynamik entwickelte und man sich bis zur Entscheidung niemals seiner Sache sicher sein durfte, schätzte ich unsere Rechtsposition als unangreifbar ein. Selbst wenn Röbbels, egal, mit welchen fadenscheinigen Argumenten, die Kla-

ge abweisen würde – spätestens in der Berufungsinstanz wäre der Sieg gewiss, glaubte ich in meiner trügerischen Sicherheit.
Ich ging zu meinem Mandanten. Anzumelden brauchte ich mich nicht. Er war fast jederzeit anzutreffen. Das Lager verließ er nicht mehr, seit er auf einen Rollstuhl angewiesen war. Dort präsentierte ich ihm das Gutachten und seiner Großtante die Espressotasse, aus der Röbbels von wenigen Tagen getrunken hatte. Den Arman, die Verfluchung, wollte sie in der nächsten Vollmondnacht, am 4. Montag des Monats, aussprechen, also in drei Wochen. Sie lud mich ein, daran teilzunehmen. Der nächste Gerichtstermin war in vier Wochen. Ich empfand die Einladung als eine große Ehre und sagte zu. Auf meine Erklärung, wie ich in den Besitz der Tasse gekommen war, grinste sie mich mit ihrem zahnlosen Mund an und beteuerte: „Ich zweifele immer mehr, dass du ein Gadscho bist. Komm schon, sag die Wahrheit. Irgendwann mal hat sich eine von deinen Ururgroßmüttern mit einem feurigen Zigeuner eingelassen. So was soll's ja schon öfter gegeben haben."
„Nein", widersprach ich, „soweit ich weiß, bin ich Rheinländer und stamme von solchen ab."
„Eben", antwortete sie.

9. Verfluchung

Die anonymen Anrufe begannen. Meistens nach Büroschluss klingelte das Telefon. Auf dem Display war keine Nummer erkennbar. Nach wenigen Schweigesekunden rief der Anrufer laut und mit verzerrter Stimme: „Zigan, verrecke!“, manchmal auch: „Dreckiger Zigeunerfreund!“, und legte auf. Ich erhielt etwa zehn solcher Anrufe, die mich nicht weiter beunruhigten. Plötzlich hörten die Anrufe auf. Hunde die bellen, beißen nicht, dachte ich irrtümlich und erinnerte mich an meinen ersten Besuch bei Chakka und den seinen, der mit einer Mutprobe begann.

In der Vollmondnacht von Montag auf Dienstag traf ich mich mit Luminiz vor ihrer barackenartigen Behausung. Wir saßen etwa eine Stunde schweigend im Freien vor dem Feuer, auf dem sie ein undefinierbares Kräutergebräu unter unverständlichem halb gesungenem, halb gesprochenem Gemurmel auf Romanes kochte. Sie erklärte mir, sie würde einen Trank aus Drab brauen, den sie für den Arman brauche, sonst würde der Fluch nicht wirken. Sie fragte mich, ob ich auch etwas davon wolle. Allerdings wäre die Welt dann eine andere. Der Drab würde den Schleier der Maya lüften, wir würden hinter die Dinge sehen, durch keine Illusion mehr getäuscht werden und alles erschiene, wie es wirklich sei. Als ich sie ungläubig und etwas ängstlich ansah, sagte sie, dass mir ein Tässchen wohl nicht schaden würde. Letztlich bliebe ja doch alles beim Alten und wer mit sich im Einklang sei, habe nichts zu befürchten. Falls es zu Problemen käme, hätte sie auch noch andere Kräuter, die im Notfall als Gegenmittel helfen würden. Ich wurde neugierig. Sie murmelte weiter ihre merkwürdigen Sprechgesänge. Schließlich goss sie den Sud durch ein Sieb in eine Porzellankaffeekanne, die mit bunten Blumen bedruckt war, und von dort in zwei Tonkrüge. Sie trank ihren Becher in einem Zug aus und rülpste kraftvoll. In meinem war etwa die Hälfte von ihrer Menge, die ich in kleinen Schlucken trank. Das Getränk schmeckte aromatisch, ich glaubte Zimt, Steinpilze, Safran und weiße Trüffel herauszuschmecken. Wir starrten weiter ins Feuer. Der Himmel war klar, die Luft zwar spätsommerlich, aber nicht kalt und der

Mond hatte seine perfekte Rundung erreicht.
Luminiz kauerte am Boden. Wieder erstaunte mich ihre Verwandlungsfähigkeit. Ich ahnte noch nicht, zu welchen Steigerungen sie fähig war. Zwar trug sie nicht ihr Gebiss, aber ihr Gesicht war faltenlos, glatt und klar, wie das einer jungen Frau. Ihre Augen funkelten. Erneut sah ich in ihrem Gesicht die Züge des schönen, jungen Mädchens, das mir schon bei dem ersten Besuch aufgefallen war. Die offenen Haare der Drabarni waren ungewöhnlich dicht und von einer glänzenden Schwärze, wie ich sie noch nie gesehen hatte. Ich wollte sie fragen, wieso ihre Haare heute derartig intensiv schwarz glänzten, brachte aber keinen Ton heraus, weil ich meine plötzlich stark schmerzenden Kiefergelenke nicht mehr bewegen konnte. Luminiz lächelte mir zu, nickte und hielt den Zeigefinger ihrer rechten Hand senkrecht vor ihren Mund, um mir zu signalisieren, dass ich nicht zu sprechen versuchen sollte. Nun schüttete sie die Kräuter, die sie aus dem Sud aufgefangen hatte, mit dem Rest der Flüssigkeit in die Espressotasse, die Röbbels benutzt hatte und stellte sie in die schwelende Glut. Dann sagte sie: „Ich muss mal scheißen", und erhob sich, um hinter ihrer Wellblechhütte in die Büsche zu gehen.
Das war nicht ungewöhnlich. Zigeuner ziehen es vor, ihre Notdurft im Freien zu verrichten, auch haben die Wohnwagen keine Toiletten. Vielleicht ein Residuum aus der Zeit der Fahrten. Da alles, was mit dem Unterleib und der Verdauung zusammenhängt, unrein ist, ist es ihnen unangenehm, eine Toilette in der Wohnung zu haben. Deshalb hatte auch Gorans Kumpanija als Erstes die Toiletten in den Baracken abgebaut und die Abflüsse zubetoniert. Stattdessen hatten sie hinter den Behausungen einige Löcher ausgegraben, um die sie Sperrholzsichtblenden aufgestellt hatten. Dieses Problem der ziganen Wohnkultur ist übrigens ein Umstand, der ihre Sesshaftmachung erschwert.
Als ich allein am Feuer saß und auf Luminitia wartete, flog plötzlich ein Rabe auf den Platz, auf dem die Drabarni gesessen hatte. Er stand auf seinen Krallen und krächzte laut in Richtung der Espressotasse. Sein Gefieder war pechschwarz und außergewöhnlich glänzend. Raben sind besondere Vögel. Sie können hilfreich sein. So saßen zwei von ihnen namens Hugin und Munin auf Odins Schultern und erklärten ihm, was auf der Welt vor sich ging. Sechs werden im Tower of London gehalten.

Wenn sie diesen Wohnsitz verlassen, so besagt die Legende, soll das British Empire untergehen. Der Dichter Peter Gan besaß einen Raben, den er Ralph nannte, bis das Göttliche ihm den Namen Aak gab. In Poes berühmtesten Gedicht überbringt er als Nachtprophet aus dem Jenseits das verstörende Nevermore. In der Genesis schickte Noah als Erstes einen Raben aus, als die große Flut zurückging. Der Prophet Elia wurde auf Gebot des Herrn während seiner Emigration von einem Raben gespeist. Ein solcher brachte auch dem heiligen Augustinus während seiner Eremitage täglich einen Brotlaib, und als er Besuch von dem heiligen, über Jahrzehnte von Dämonenvisionen heimgesuchten Antonius empfing, zu beider Sättigung sogar zwei, wie der Grünewald genannte Meister Nithart auf dem linken Flügel des geöffneten Isenheimer Altares zeigt. Auch bei den Auguren in der Antike leisteten sie gute Dienste. Sie können auch furchtbar sein, wenn sie als Galgenvögel die Eingeweide der Kadaver von Mensch und Tier zerfleischen oder in Begleitung der schwarzen Todesgöttin Kali ihr schreckenerregendes Krächzen ausstoßen. Vielleicht ist diese Göttin, die ebenso schwarz wie die heilige Sarah ist, aufgrund ihrer indischen Herkunft bei den Sinti und Roma so populär. Denn nach einer nicht bewiesenen Theorie, die sich auf die Ähnlichkeit der Sprachen Romanes und Hindi stützt, sollen die Zigeuner aus Indien stammen.

Schreckenerregend krächzte auch dieser Rabe, der sich nun auf Luminiz' Platz niedergelassen hatte. Dabei bewegte er seinen Kopf nach Rabenart von oben nach unten, sodass es aussah, als würde er der Espressotasse in der Glut zunicken. Das Geräusch wurde unerträglich, bis ich schließlich Laute in einer Sprache vernahm, die ich nicht verstand. Dann verdunkelte sich der Mond. Der Sud in der Espressotasse war verkocht. Mit einem unbeschreiblich lauten Knall zerplatzte das überhitzte Porzellan. Nun vernahm ich seltsam hallende Töne, wie das monotone rhythmische Tuckern eines Automotors in einer endlosen, leeren Tiefgarage, unterbrochen von arrhythmischen, willkürlichen Fanfarenstößen, begleitet von einem Rauschen wie von einer kaputten, scheppernden Klimaanlage bei überhitzter Temperatur. In der Finsternis sah ich große undurchdringliche Blasen, zwischen denen ich mich zu bewegen schien. Wenn man sie berührte, gaben sie wie gefüllte Schläuche nach. Plötzlich hörte ich ein Knirschen und sah in ein undefinierbares Zerbrechen und Zer-

fließen. Die Luft roch nach Schwefel und Moschus. Sie biss beim Einatmen in der Nase. Es wurde heiß. Eine grünlich braune Masse ergoss sich aus einer zerberstenden Blase und waberte um meine Füße. Dabei hatte ich, ohne dies genau fassen oder näher beschreiben zu können, die tiefe und wahrhaftige Gewissheit, dass alles in dieser Welt in einem heiligen, von einer höheren Vernunft bestimmten Einklang steht, nichts grundlos geschieht und alles in Filiation zueinander an seinem richtigen Platz ist. Dieses Bewusstsein erfüllte mich mit einer nie gekannten Gelassenheit und mit einem großen Glücksgefühl.
Dann durchfuhr ein gleißender, gezackter Blitz den Himmel. Ich spürte „Luft von anderen Planeten“, wie ein von mir verehrter, inzwischen vergessener und verkannter Dichter einen ähnlichen Zustand besungen hatte:

„Ich löse mich in tönen. kreisend. webend.
Ungründigen danks und unbenamten lobes
Dem grossen atem wunschlos mich ergebend.“

Jetzt wusste ich, wovon er kündete.
Der Rabe flog plötzlich auf. Mir war klar, dass der Auslöser für alles, was ich gesehen hatte, der ohrenbetäubende Knall der zerplatzten Porzellantasse war. In dieser Sekunde hatte sich alles das abgespielt, was wie eine zeitlose Ewigkeit erschienen war. Die Wolke, die sich vor den Mond geschoben hatte, verschwand.
Luminiz schlurfte gebeugt zu ihrem Platz zurück. Mit den Worten: „So gut habe ich lange nicht mehr gekackt“, hockte sie sich ans Feuer. „Drab reinigt nicht nur die Seele und den Geist, sondern auch den Darm.“
Ich musste lachen. Die acht Stunden, die wir am Feuer gesessen hatten, waren mir wie acht Minuten vorgekommen. Die Welt war wie vorher. Luminiz war wieder die alte Zigeunerin mit ihrem zahnlosen Mund und ihrem von unzähligen Falten durchzogenen, ausdrucksstarken, schönen Gesicht und ihren unverwüstlichen, dicken, pechschwarzen Haaren, die nicht von einer einzigen grauen Strähne durchzogen waren.
„Na, wie war’s?“, fragte sie.
„Unbeschreiblich“, antwortete ich.

„Ich geh schlafen", sagte sie. „Das wird in zwei bis vier Wochen wirken. Ich habe ihm nur einen Denkzettel verpasst, damit er etwas bescheidener und besonnener wird. Er wird ganz schön daran zu knabbern haben, aber er wird sich erholen. Vielleicht nützt es ja was."

Als ich frühmorgens nach Hause kam, empfing mich freudig schwanzwedelnd mein alter Hund. Ich nenne ihn den Buntbepelzten oder einfach nur den Bunten, denn sein dichter, weicher Pelz ist vielfarbig, an manchen Stellen braun bis rötlich, an anderen schwarz und weiß. Sein Gesicht hat eine Maske, auf der Stirn trägt er eine weiße Raute, die Augen sind rotbraun umrandet. Während ich sein buntes Fell streichelte, sprühten Funken daraus hervor. Der Drab hatte mich also noch nicht ganz in den Alltag entlassen. Ich legte dem Bunten die Leine um, lud ihn in mein Auto und fuhr in den nahe gelegenen Stadtwald. Die Zeit unserer langen Märsche war längst vorüber. Der Bunte hatte seinen Zenit schon vor einiger Zeit überschritten. Er zog sich oft zurück und lebte sein lethargisch-kontemplatives Hundeleben neben mir her. Anstelle gemeinsamer halbtägiger Spaziergänge waren zwei kurze Gänge um den Block von jeweils fünfzehn Minuten getreten. Das reichte ihm meistens. Den Rest des Tages verschlief oder verdöste er. Während mein Herbst gerade begann, war er in seinem tiefsten Winter angekommen. Viel gemeinsame Zeit würde uns nicht mehr bleiben.
Ruhig und langsam schlenderten wir durch den allmählich in beginnenden Verwesungsfarben übergehenden, aber noch grün leuchtenden Laubwald. Wieder durchdrang mich die Erkenntnis, die Welt sei eine perfekte, durch nichts zu verbessernde Schöpfung. Eigentlich war es keine Erkenntnis, sondern ein Zustand, eine im Blut oder in den Genen sitzende Gewissheit ohne gedanklichen Grund, eine Weisheit, die durch Worte nicht mitteilbar ist. Im Gehen sah ich, wie der Wind leicht die Laubblätter der Bäume bewegte. Ich konnte die Bedeutung dieser geheimen Zeichensprache ebenso verstehen wie die Sprache des Musters im Lehm an den Rändern einer langsam austrocknenden Pfütze, die sich neben meinen Füßen befand und die kleine glucksende Löcher hinterließ. Die Welt ist voller solcher Attraktionen. Dann sah ich dem Bunten zu, der wohl Ähnliches erlebte. Voller Konzentration schnüffelte er hier

und dort, zog mit den Gerüchen die ihm wunderbaren, bedeutungsvollen Informationen ein, blieb ab und zu stehen, um sich zu vergewissern, von welchen Wundern die Morgenerde um ihn herum lachte, wie der vergessene Dichter gefragt hatte, oder einfach nur, um geeignete Plätze mit seinem Urin zu markieren. Ich erlebte konkret, was ich bisher nur abstrakt geahnt hatte, nämlich dass er in jedem Moment seines Daseins unmittelbar, ausschließlich und vollkommen in der Gegenwart ist, ohne sein Hier und Jetzt durch Gedanken an Zukunft oder Vergangenheit zu beeinträchtigen. Daher seine intensive Präsenz, seine Hingabe an den gegenwärtigen Augenblick und seine Fähigkeit, vollkommen zu entspannen, hinter der ich mit meinem historischen Bewusstsein, auf das ich unberechtigt so stolz war, weit zurückstand. Bei den Zigeunern war mir manchmal eine ähnliche Fähigkeit zur Gegenwart aufgefallen. Vielleicht wurde diese mit ihrer fehlenden Schrift und ihrer Unlust zu lesen bezahlt.

Als ich um 10 Uhr die Kanzlei betrat, war ich kein bisschen erschöpft, sondern hellwach und voller Tatendrang. Die durchwachte Nacht zeigte keine Spuren. Die Wirkung des Drabs war vorbei. Während des Rausches war mir in jeder Sekunde bewusst, dass meine Erlebnisse Folge seiner Einnahme war. Ich hatte währenddessen niemals die Kontrolle über mich verloren. Luminiz hatte nicht zu viel versprochen, als sie sagte, wir würden den Schleier der Maya heben. Wie weit, blieb mir selbst überlassen. Ich hob ihn nur leicht. Um 10.30 Uhr hatte ich einen Gerichtstermin, den ich ohne Probleme hinter mich brachte.

„Und heilig nüchtern hebt der taglauf an“,

hatte der vergessene Dichter das Ende eines ähnlichen Festes beschrieben.

Auf dem Gerichtsgang kam mir Röbbels entgegen. Es schien mir, als würde die Luft um seinen Oberkörper herum wie graues Aschegestöber flirren. Vielleicht wirkte der Arman schon, vielleicht visualisierte sich nur seine schlechte Aura. Meinen freundlichen Gruß erwiderte er nicht.

10. Chakka und Tshurka

„Was wirst du mit dem Geld machen?", fragte ich Chakka. Wir saßen im Wohnzimmer in einer kleinen Wellblechhütte, in der Chakka mit Pustina direkt neben Luminitias Behausung wohnte, und tranken einen würzigen Kräutertee aus getrocknetem Huflattich mit irgendeinem anderen aromatischen Kraut.

„Wir werden vielleicht nach Amerika gehen", antwortete er. „Wir würden gerne in L.A. oder in der Mojave-Wüste eine Tankstelle mit einer kleinen Werkstatt aufmachen und alle zusammen in einem großen, schönen Haus wohnen. Nicht so wie hier."

Für ihn war die zu erwartende Schmerzensgeldzahlung gemeinsamer Besitz der Kumpanija. Er hatte kein Verhältnis zu persönlichem Eigentum. Sein eigener Wohlstand interessierte ihn nur, wenn auch die anderen in gleichem Umfang daran teilnahmen.

Auf meine Frage, warum es denn gerade Amerika sein sollte, erklärte er mir, dass die Menschen dort die freiheitlichsten wären und über Generationen hinweg Erfahrungen mit Fremden hätten. „Das mit den Negern haben sie einigermaßen in den Griff gekriegt. Jetzt ist sogar ihr Präsident ein Schwarzer." Dabei glänzten seine Augen vor Überzeugung. Damals ahnten wir nicht, dass der durch die Welt gehende Rechtsruck für einen ganz anderen Präsidenten sorgen würde.

„Ja", antwortete ich, „nach Jahrhunderten der Sklaverei und jahrzehntelangen Rasseunruhen."

Tatsächlich gibt es Parallelen zwischen der Behandlung der Afroamerikaner in der Neuen und der Sinti- und Roma-Völker in der Alten Welt. Eine ist die Versklavung. Bereits im Mittelalter wurden über 29.000 Zigeuner aus Bulgarien in die Fürstentümer Moldau und Walachei, dem Herzstück des heutigen Rumäniens, verschleppt und dort als Sklaven gehalten. Im benachbarten Siebenbürgen gab es leibeigene Zigeuner, denen es teilweise noch schlimmer erging.

Die Sklaverei begann in Rumänien 1385 mit der Schenkung von Roma an Klosterkonvente. Der transatlantische Sklavenhandel begann Anfang des 16. Jahrhunderts und erlebte einen schwunghaften Auftrieb mit der Kolonialisierung. In Rumänien wurde die Zigeunersklaverei 1855/56 aufgehoben. In der Neuen Welt endete die Sklaverei 1865. Zu diesem Zeitpunkt gab es in Amerika etwa 4 Millionen Sklaven. Dagegen ist die Anzahl von 300.000 Sklaven im Jahr 1847 in Rumänien gering. Noch 1840 wurden in Bukarester Zeitungen Zigeunersklaven als Dutzendwaren zum Verkauf angeboten. Sklaven waren rechtlose Sachen, Gegenstand von Eigentumsrechten. Ihr Eigentümer konnte mit ihnen nach Gutdünken verfahren. Er konnte sie bis zur tödlichen Erschöpfung arbeiten lassen, sie foltern und verstümmeln, auf jede erdenkliche Art missbrauchen, sie zur Belustigung seiner Jagdgäste als Jagdwild verwenden, sie verkaufen, Eltern ihren Kindern entreißen, Ehegatten voneinander trennen, sie ohne Straferwartung töten oder sie wie Luxushaustiere pflegen. Aber auch in der westlichen europäischen Welt, in der sie nicht versklavt wurden, galten Zigeuner als vogelfrei. Noch 1835 soll nach dem Historiker Donald Kenrick in einer weidmännischen Treibjagd auf Roma in vier Bezirken des evangelischen Jütland eine Strecke von 260 erlegten Zigeunern gelegt worden sein. Dem voraus gingen jahrhundertelang wahre Fluten von Edikten, Pogromen und grundlosen Bestrafungen. Aber auch nach Ende der Sklaverei in Amerika und der westlichen Welt litten Schwarze und Zigeuner weiter. Die letzten Rassenunruhen in L.A. gab es 1992. Aufflammen können sie immer wieder, wie die damals jüngsten Ereignisse in Ferguson zeigten. Die Zigeuner werden immer noch vertrieben, gettoisiert und verachtet. In Amerika ist man auf die Überwindung der Sklaverei stolz, in Rumänien und der westlichen Welt wird sie schamhaft totgeschwiegen.

„Ob es euch in Amerika besser geht, wage ich stark zu bezweifeln“, warf ich ein.

„Ist ja nur so eine Idee, vielleicht gehen wir auch in den Süden, wo wenigstens das Wetter besser ist. Hier in der Nähe der Schutthalde in diesen schrecklichen Häusern bleiben wir jedenfalls nicht, wenn wir uns was Besseres leisten können.“

Während ich über die Ungerechtigkeit der Welt nachdachte, fiel mir eine Schwarz-Weiß-Fotografie auf, die in einem schwarzen Rahmen an der Wand des Wohnzimmers hing.

Chakka bemerkte, dass ich sie mir genau ansah, und sagte tonlos voller Trauer: „Das war Tshurka. Wir sind zusammen aufgewachsen. Er ist ein paar Wochen nach meinem Unfall gestorben." Seine Augen wurden feucht und als er weitersprach, weinte er.

Tshurka war der Sohn der früh verstorbenen Schwester seines Vaters Pustina. Er merkte kaum, dass er keine Mutter hatte. Anders als bei den Gadsche kümmern sich alle Frauen der Kumpanija gemeinsam um die Erziehung aller Kinder. Über sie und in ihrer Gegenwart gibt es grundsätzlich keinerlei Auseinandersetzung. Die Zwistigkeiten zwischen Schwiegertöchtern und Schwiegermüttern über die Erziehung des Kindes und Enkelkindes sind unter Roma vollkommen undenkbar. Allein der Respekt vor der älteren Frau verhindert jegliche Zwistigkeiten. Allenfalls die gleichaltrigen Frauen geraten in seltenen Fällen untereinander in Streit. Tshurka wuchs behütet und glücklich unter seinen Geschwistern, Cousins und Cousinen auf. Zwischen ihm und Chakka bestand seit der Geburt der beiden, die knapp zwei Wochen auseinanderlag, eine tiefe Zuneigung.

„Wie idyllisch, Johannes und Jesus", dachte ich und in meiner Vorstellung stieg Leonardos Anna selbdritt mit dem Jesus- und Johannesknaben auf, und zwar der unvergleichlich zart gezeichnete Londoner Karton, in der Johannes noch nicht zum Lamm geworden war wie später auf der Pariser Tafel, wobei die Madonna allerdings Ilona Luminitias Züge als junges Mädchen trug. Sie lernten nicht nur zusammen laufen, sondern auch schreiben, lesen und rechnen. Nicht nur äußerlich bestand eine starke Ähnlichkeit. Beide begriffen schnell und waren handwerklich sehr geschickt. Chakka war einige Zentimeter kleiner, dafür wog Tshurka ein paar Kilo mehr. Während Chakkas Begabung mehr im Lesen und Schreiben lag, war Tshurka ein begnadeter Kopfrechner. Auf dem Foto sah man einen wohlgenährten jungen Mann am Anfang seiner Zwanziger, mit langen schwarzen Haaren, die zu einem Pferdeschwanz gebunden waren. Er war vielleicht gerade noch schlank, aber merklich kräftiger als der dünne Chakka. Trotz seiner kurz geschorenen Haare fiel dessen starke Ähnlichkeit mit Tshurka auf. Ihre Physiognomien hatten sich vielleicht aufgrund des langjährigen Zusammenlebens auf engem Raum angeähnelt.

„Er hat immer gerne und mehr als ich gegessen", erinnerte sich Chakka. „Tshurka war der glücklichste Mensch, ihm gelang alles. Er heiratete mit 17 Jahren Tiranijana, das schönste Mädchen, das ich je gesehen habe. Sie ist dir sicher am Lagerfeuer aufgefallen. Sie übertrifft mit ihrer Schönheit jede Hollywooddiva. Aber zum Schluss haben ihm die Ursitory doch kein gutes Ende beschert."

Ich hatte über die Ursitory gelesen. Es sind drei Engel oder Feen, die am dritten Tag nach der Geburt eines Kindes vom Himmel herabsteigen, um sein Schicksal zu beschließen. Es müssen drei Personen, nämlich das Kind, dessen Mutter und die Drabarni anwesend sein, um die Stimme der Ursitory hören zu können. Noch heute weichen in manchen Stämmen die Mutter und die Drabarni am dritten Tag nach der Geburt 24 Stunden nicht von der Wiege des Kindes. Sie entsprechen etwa den uns bekannten Parzen. Matéo Maximoff, einer der wenigen bekannten Zigeunerdichter, hat um sie den meisterhaften Roman „Die Ursitory" verfasst, der gute Aufschlüsse über die Denk- und Lebensweise der Roma liefert.

„Wir konnten uns alles sagen, wir hatten keine Geheimnisse voreinander. Ich habe ihn stets für seine Schachspielkunst und seine mathematischen Kenntnisse bewundert, er mich für meine Musik. Er war nämlich leider völlig unmusikalisch und konnte keinen Ton spielen. Während ich auf meiner Geige immer virtuoser wurde, wurde er im Schachspiel zunehmend geistreicher. Manchmal spielte er in irgendwelchen Schachklubs gegen zehn Gegner gleichzeitig und gewann jedes Spiel. Sein Hobby war die Mathematik. Er war unglaublich. Wir hatten gemeinsam eine Kraftfahrzeugmechanikerlehre gemacht. Wenn wir zusammen an einem Auto rumbastelten, waren wir unschlagbar. Es gab niemals Streit zwischen uns. Könnte er mich jetzt so sehen, sein Herz würde bluten."

Chakka konnte nicht mehr weitersprechen, dicke Tränen liefen über sein Gesicht. Er tat mir unendlich leid. Sein Weinen steckte mich an. Chakka nahm einen tiefen Zug aus seiner Zigarette. Obwohl ich deren Geruch inzwischen scheußlich fand, hatte ich seit Langem wieder einmal das starke Bedürfnis, auch eine zu rauchen. Gerade in dem Mo-

ment, in dem ich nach dem Tabak greifen wollte, betrat Luminiz die Hütte. Sie nickte mir zu. Ich ließ den Tabak, wo er war, und fragte sie, was sie von Chakkas Amerikaplänen hielt, um statt von der traurigen Gegenwart über die hoffnungsvolle Zukunft zu sprechen.
„Gute Idee", bemerkte sie. „Zwischen den vielen Negern und Juden fallen ein paar Zigeuner vielleicht gar nicht mehr auf." Der alte, bewährte Witz der verfolgten Völker hilft über viele Klippen. Wir lachten trotz unserer Tränen. „In der Wiege des Kapitalismus fühlen wir uns sicher zu Hause. Du weißt doch, Marketing gehört zu unserem Geschäft."
Sie erzählte mir die Geschichte von dem armen Zigeuner, der im kalten Winter bekleidet mit seinem durchlöcherten Hemd am Straßenrand stand, während ein reicher Landjunker in seiner Kutsche in einem dicken, warmen Pelzmantel vorbeifuhr. „Er kam gerade von einem Frühschoppen, war angetrunken und guter Laune. Deshalb wünschte er dem Zigeuner einen Guten Morgen und fluchte: ‚Verdammt kalt!'
‚Mir ist angenehm warm', antwortete der Zigeuner.
‚Wie kann das sein, mit deinem durchlöcherten Hemd? Bist du krank?', fragte der Gadscho.
‚Ich friere sogar in meinem Pelzmantel.'
‚Kein Wunder', lachte der Zigeuner. ‚Du frierst, weil die Kälte unter deinen Pelzmantel kriecht und dort nicht mehr herauskann. Wenn die Kälte unter mein Hemd geht, entweicht sie sofort wieder durch die Löcher und mir ist warm.'
Der Landjunker überlegte, kratzte sich am Kopf und forderte: ‚Wir tauschen. Ich geb dir meinen Mantel gegen dein Hemd.'
‚Nein', lehnte der Zigeuner ab, ‚so ein Hemd krieg ich nie mehr! Was soll ich mit dem Mantel, in dem ich ja doch nur friere?'
Es ging eine Weile hin und her, bis der Gadscho ihm schließlich außerdem noch zehn Goldstücke anbot.
‚Nein', winkte der Zigeuner ab, ‚das ist viel zu wenig.'
Der Landjunker erhöhte sein Angebot und nach heftigem Handeln war er bei 50 Goldstücken angelangt. Der Zigeuner willigte letztendlich – schweren Herzens, wie er sagte – ein."
Chakka ergänzte die Geschichte: „Leider wurde ihm der Mantel später von irgendwelchen Gadsche weggenommen, weil er nach deren Ansicht

zu gut für einen Zigeuner war und nur gestohlen sein konnte. Aber der Zigeuner war damit fast über den ganzen Winter gekommen."

Draußen, als ich allein mit Luminiz vor der Tür stand, wurde sie wieder ernst. „Mit einer halben Million und einer Rente dazu kann man schon eine Menge anfangen. Ich glaube nicht, dass wir nach Amerika gehen. Vielleicht kaufen wir uns ein paar von diesen fantastischen ausgebauten Vans, die es heute gibt, und fahren durch Spanien oder Italien." Luminiz' Augen strahlten bei dieser Vorstellung. „Hier bleiben wir sicher nicht."

„Du wirst mir fehlen", sagte ich.

Sie zuckte die Achseln. „Du mir auch. So ist es nun mal. Man trifft sich, man freut sich, man geht ein Stück gemeinsamen Weges, dann geht man auseinander. So ist das Leben. Nichts ist ewig. Was bleibt ist die Romanipon, die Kumpanija und der Drab. Es ist wichtig, dass die Gadsche anständig dafür bezahlen, dass Chakka im Rollstuhl sitzt."

„Was ich vermag, soll gern geschehen", antwortete ich zum zweiten Mal, ohne zu wissen, was ich da eigentlich von mir gab und wie nah ich meinem eigenen Teufel war, während ich zum Abschied ihre Hand schüttelte.

11. Neue Fakten und Gutachten

Herbst. Mitte Oktober fand die Hauptverhandlung statt. Vor dem Sitzungssaal saßen der Anwalt des Klinikums und der Sachverständige Professor Dr. med. Dengele und unterhielten sich angeregt. Als Professor Dr. Höllarm mich bemerkte, grüßte er mich mit einem ausgesucht höflichen Lächeln. Er strahlte wie immer gute Laune, äußerste Konzentration, Beherrschtheit und unerschütterliche Selbstsicherheit aus. Ich freute mich darauf, ihm gleich im Gerichtssaal die Rechtslage in zwei bis drei Sätzen zu erläutern. So wie an diesem Tag war ich noch nie von meinem künftigen Erfolg überzeugt und würde es auch nie wieder sein. Bei dieser Sachlage konnte ich den Prozess nicht verlieren. Obwohl Röbbels sicher nichts lieber täte, als die Klage abzuweisen, und obwohl der Gutachter in seinem Gutachten nichts unversucht gelassen hatte, um die Position des Klägers zu schwächen, hatte ich nichts zu befürchten. Der Sachverständige hatte sich festgelegt. Für ihn war klar, dass es einen zweiten Sturz gegeben hatte, der die Querschnittslähmung verursacht hatte. Ich würde den Gutachter hierzu befragen, er würde seine Erkenntnis wiederholen, die dadurch zur unumstößlichen Wahrheit wurde. Ebenso zur Gewissheit würde, dass weder bewiesen, noch widerlegt war, ob dem Sicherungsbedürfnis des Patienten allein durch die hochgestellten Bettgitter hinreichend genügt worden war. Diese Beweisfrage würde offen bleiben und deshalb zum Nachteil desjenigen gereichen, der sie beweisen musste. Meine letzte Frage nach der Qualität der Krankendokumentation würde er ebenso vorhersehbar beantworten wie die vorigen. Er würde bestätigen, was ohnehin jedem klar war, nämlich, dass die Krankenakte eine erhebliche Lücke aufwies und den zweiten Sturz ebenso unerwähnt ließ wie das, was nach dem ersten sonst geschehen war. Damit wäre der Sachverständige, der wahrscheinlich immer noch glaubte, seinen Kollegen einen guten Dienst erwiesen zu haben, erledigt. Ich würde möglichst tonlos und ohne aufzutrumpfen darauf hinweisen, dass die Beweislast aufgrund der Dokumentationslücke bei den Frommen Helenen lag. Dann ging es nur noch um die Höhe des Anspruchs, von der Röbbels wegen der höchstrichterlich entschiedenen

Präzedenzfälle nicht abweichen würde. Während ich mir stehend den Talar überwarf, genoss ich die in mir aufsteigende Euphorie, die lustvoll bis in die Spitzen meiner Eingeweide pulsierte.

Ich war allein, ebenso stand Höllarm ohne flankierende Partei mir in einem Abstand von circa zehn Metern auf der Beklagtenbank gegenüber. Röbbels begrüßte uns und bat uns, Platz zu nehmen. Er begann, der Protokollführerin das Protokoll der mündlichen Verhandlung zu diktieren, das diese lautlos auf ihren Laptop schrieb. Röbbels überreichte mir verschiedene Schriftstücke.

„Dem Klägervertreter wurde das Schreiben des ärztlichen Direktors und der Schriftsatz der Beklagten vom 10.10.2014 nebst Anlagen in doppelter Ausfertigung übergeben", diktierte Röbbels und grinste mich an, als er mir die Schriftstücke überreichte. Dann machte er eine kurze Pause, in der ich die Schreiben überflog. In dem ersten bat der medizinische Direktor um Terminverlegung oder um Entbindung von seinem persönlichen Erscheinen, weil die Bitte an ihn gerichtet worden war, beim internationalen Kongress der deutschen Gesellschaft für Chirurgie einen Vorsitz zu übernehmen. Die damit verbundenen Verpflichtungen würden ihm ein Erscheinen vor dem Landgericht unmöglich machen. Röbbels hatte hierfür volles Verständnis und entband den mit wichtigeren Dingen befassten ärztlichen Direktor von der Verpflichtung, persönlich in einem Prozess zu erscheinen, in dem es um nicht mehr als den finanziellen Ausgleich für die Verletzungen eines schwer geschädigten, jugendlichen Zigeuners ging.

Der zweite Schriftsatz versetzte mich in Angst und Schrecken. Ich fiel aus meiner Euphorie in ein tiefes Loch. Das Blatt zitterte in meinen Fingern. In dem Schriftsatz war ausgeführt, dass eine Seite der Pflegedokumentation aus der Krankenakte, die mir übersandt worden war und die ich dem Gericht weitergeleitet hatte, fehlte. Ihre Kopie sei versehentlich unterblieben. Dies sei später aufgrund meines Schriftsatzes aufgefallen, die Dokumentation sei lückenlos. Die entsprechende Seite war beigefügt.

4.30 Patient schläft tief und fest. 5.00 immer noch ruhig. 6.00 P. träumt unruhig. 7.30 Uhr Patient neben Bett auf dem Boden vorgefunden. Hat sich verselbstständigt, ist beim Versuch, die Bettgitter zu überklettern, ge-

stürzt. Notfallmaßnahme. 7.40 Uhr Verlegung auf Station 13. Hinter den Eintragungen befand sich dasselbe Kürzel AB als Paraphe, das mir aus der Krankendokumentation bis 4.00 Uhr bekannt war. Ich hatte seinerzeit überlegt, ob ich den Pfleger mitverklagen sollte, die Idee aber fallen gelassen, weil ich kein Verschulden erkennen konnte.

Nach nicht einmal einer Minute hatte ich die Schriftsätze gelesen und meine Welt hatte sich um 180 Grad gedreht. Das Blut hämmerte in meinem Kopf. Ich fühlte ein Würgen und fürchtete, mich übergeben zu müssen. Aus antizipiertem Siegestaumel stürzte ich in die tiefste Verzweiflung. Wahrscheinlich war mein Kopf knallrot und mein Blutdruck stand kurz vor der Explosion. Ich weiß nicht mehr, wie ich die weiteren 30 Minuten, die die Verhandlung dauerte, überstand.

Ich stellte dem Sachverständigen keine Fragen. Er kam zu dem erwartungsgemäßen Ergebnis, dass die Querschnittslähmung Folge des Sturzes war und dass nach der nun vorgelegten vollständigen und in sich schlüssigen und widerspruchsfreien Krankendokumentation kein Zweifel an der Pflichtmäßigkeit des aufsichtführenden Arztes bestand. Dieser hatte alles beachtet und alles veranlasst, was notwendig war. Die Verletzung war schicksalshaft und zeigte wieder einmal, dass das Anlegen von Bettgittern typischerweise oft uneinsichtige Patienten verleitet, diese zu überklettern. Bei dieser Sachlage wären allerdings stärkere Einschränkungen, wie etwa eine Fesselung bei der gebotenen ex ante Betrachtung nicht angemessen. Hätte der Arzt diese veranlasst, hätte er sich strafbar gemacht.

Meine Argumentation brach zusammen. Keine Chance mehr für Chakka auf eine Entschädigung. Nicht in dieser und auch nicht in einer weiteren Instanz. Keine Werkstatt in L.A., keine luxuriösen Vans für unbeschwerte Reisen der Kumpanija in südliche, sonnige Gefilde, keine Rente für eine sorglose Zukunft. Röbbels schloss die Verhandlung, seine Fröhlichkeit und sein Grinsen in meine Richtung vereinten sich mit der des Dr. Höllarms. Ich verließ geschlagen und vernichtet den Gerichtssaal. Röbbels hatte einen Verkündungstermin in zwei Wochen bestimmt. Was er verkünden würde, war klar. Ich überlegte, wie ich dies Chakka, Goran, Pustina und vor allem Ilona Luminitia erklären sollte, während ich müde und abgekämpft zu meinem Büro fuhr.

Auf der Rückfahrt beruhigte ich mich langsam. Als ich hinter meinem Schreibtisch saß, überlegte ich nüchtern, was zu tun sei. „Eine Chance hat man immer", hatte mir ein alter erfahrener Anwalt, bei dem ich vor dem Assessor-Examen die Anwaltsstation durchlief, eingebläut, als er mir einen scheinbar aussichtslosen Fall zur Bearbeitung gab. „Man muss sie nur erkennen und nutzen."

Ich überlegte, welche Chancen es gab und woher sie kommen konnten. Ich nahm mir die Pflegedokumentation und das ergänzende Blatt vor, das mir Röbbels vor nicht einmal einer Stunde überreicht hatte. Die Schrift war ab den Eintragungen um 22.00 Uhr identisch. Am Ende der Eintragungen fand sich die Paraphe. Im Übernahmebericht, als Chakka nach seinem zweiten verheerenden Sturz von der Pflege- auf die Intensivstation überstellt wurde, war der Pfleger namentlich erwähnt. Anton Borstel war sein Name. Die Chance bestand darin, mit ihm persönlich zu sprechen und vielleicht die Wahrheit über den zweiten Sturz zu erfahren. Vielleicht war der Patient keineswegs nach dem ersten Sturz so ruhig, wie Borstel notiert hatte. Vielleicht konnte ich ihm irgendetwas entlocken, was die klägerische Position wieder stärkte. Ich musste also zunächst einmal herausfinden, wo er wohnte.

Ich rief unter falschen Namen, allerdings mit akademischem Grad, weil dieser unter Krankenhauspersonal immer Eindruck macht, in der Klinik an und ließ mich mit der Pflegestation verbinden. Resolut meldet sich eine Schwester Marianne, die wissen wollte, warum ich Herrn Borstel zu sprechen wünschte.

„Mein Name ist Dr. Müller von der Aktion Medizin für die Dritte Welt. Herr Borstel hat an unserer Lotterie teilgenommen, deren Erlös rumänischen Waisenhäusern zugutekommt. Er hat den Hauptpreis von 125.000 Euro gewonnen. Er hat allerdings lediglich die Anschrift seines Arbeitgebers hinterlassen, wahrscheinlich hat er ein Zimmer in Ihrem Krankenhaus. Unser Schreiben ist aber zurückgekommen. Könnten Sie mir seine aktuelle Anschrift mitteilen?"

Sie erklärte mir, dass Borstel seit über einem halben Jahr nicht mehr in der Klinik arbeite. Sie müsse seine Anschrift in der Personalabteilung erfragen, ich sollte in zwei Stunden wieder anrufen. Während ich wartete, ging ich die Krankenakte zum zwanzigsten Mal durch. Plötzlich

bemerkte ich, dass ich trotz meiner enormen Anspannung nicht an eine Zigarette gedacht hatte. Es gehörte nicht mehr zum Repertoire meines Bewusstseins, mich in Stresssituationen mit einer Zigarette beruhigen zu müssen. Den wichtigsten Teil des Entzugs hatte ich hinter mir. Ich wählte erneut die Nummer. Schwester Marianne hob sofort ab. Sie nannte mir das Austrittsdatum und die neue Anschrift des Pflegers. Er war nach Berlin zur Charité gegangen, er hatte Karriere gemacht.
Über die Auskunft versuchte ich, seine Telefonnummer ausfindig zu machen. Er war unter diesem Namen nicht eingetragen. Ich fragte die anderen Verbindungen ab, die unter seiner Anschrift verzeichnet waren, und erhielt drei Namen und drei Telefonnummern. Unter der ersten nahm niemand ab. Bei der zweiten gelang die Verbindung. Ein wahrscheinlich junger Mann meldete sich mit „Hallo“.
Ich vermutete, dass die modische Unsitte, sich nicht mit Namen zu melden, der Angst entstammt, aus der Anonymität heraustreten zu müssen und sich verletzbar zu machen, also in der Erkenntnis der eigenen Wehrlosigkeit ihren Ursprung hat oder aus überlegener Rechthaberei geschieht, weil derjenige, der einen anruft, ja schließlich schon wissen wird, wer sich meldet und keines Hinweises bedarf. Aus welchen Motiven auch immer sich diese Unhöflichkeit als Mode durchsetzt, daran gewöhnen werde und will ich mich nie.
Ich nannte einen fiktiven Namen, fragte nach, ob er mir helfen könnte.
„Kommt drauf an“, war seine Antwort.
Ich erklärte ihm, dass sein Nachbar, Herr Borstel, eine halbe Million in der Lotterie „Menschen für Menschen“ gewonnen hätte, ich ihn aber nicht erreichen könne.
„Willst du mich verarschen?“, schrie er in den Hörer, bevor er wütend auflegte.
Zu dick aufgetragen, dachte ich, das nächste Mal bin ich vorsichtiger.
Eine freundliche Frauenstimme ertönte und nannte einen Namen. Anfang dreißig, schlank, blond, blauäugig, aufrechter Charakter, zart und zäh, rollte meine Vorstellung ab. Ihr eine Persönlichkeit zu geben, verhalf mir zum Einstieg in einen vertrauensvollen Dialog.
Ich meldete ich mich mit meinem richtigen Namen und meinem akademischen Grad, so dass sie mich für einen Arzt halten konnte, „von

Ärzte ohne Grenzen“, log ich überzeugend weiter. „Vielleicht können Sie mir behilflich sein. Ich versuche, Herrn Borstel zu erreichen. Er war interessiert an einem Auslandseinsatz bei uns und jetzt besteht Bedarf im Sudan.“

Es entstand eine Pause. Die aufrechte Blondine schluckte.

„Ja, wissen Sie denn nicht“, stammelte sie und nach einer weiteren Pause, „Herr Borstel ist vor zwei Monaten verstorben.“

„Nein!“, entfuhr es mir und mein Schrecken war nicht gelogen. „Das kann nicht wahr sein!“ „Doch“, beteuerte sie verzweifelt, „Lungenkrebs. Zwei Wochen nach der Diagnose war er tot. Er hat geraucht wie ein Schlot.“

Ich konnte kaum weitersprechen, dankte ihr und legte auf. Meine letzte Hoffnung zerplatzte wie eine Seifenblase.

12. Untergang des Abendlands und vertauschte Rollen

Unerträgliche Situationen lassen sich manchmal mit außergewöhnlichen Genüssen bekämpfen. Sherlock Holmes griff zu Opiaten. Alkoholismus und jede Form übertriebenen Gebrauchs von Narkotika finden so ihre Begründung. Auch ich versuchte, der Hoffnungslosigkeit in Chakkas Prozess mit einer der besten Flaschen meines Kellers, dem Geschenk eines dankbaren Mandanten, entgegenzuwirken. Der Neuenahrer Sonnenberg Spätburgunder, Jahrgang 2004, des legendären Ahrwinzers Stodden nahm die Last für einige Stunden von mir. Jeder Schluck war eine Offenbarung. Während ich einsam trank, verschönte sich die Welt in ein göttliches Universum voller unendlicher Aromen. Zudem bescherten mir die lust- und liebevoll gekelterten Trauben einen tiefen, traumlosen Schlaf.

Der samstägliche Morgen war ohne Kater. Ich wachte auf, weil mein Hund als Morgengruß über mein Gesicht leckte und die ersten Sonnenstrahlen, begleitet von einem geradezu obszön fröhlichen Vogelgezwitscher, ihren hellen Schein machtvoll in meine Augen warfen. Wir brachen schnell auf. Der Buntbepelzte hatte einen seiner immer seltener werdenden guten Tage. Am Rheinufer, unserem gewohnten Weg, wurde er jedoch zunehmend langsamer. Nach etwa einem Kilometer Schlenderschritt, bei dem er oft stehen blieb, um hingebungsvoll Informationen zu erschnüffeln, die mir mit meinen vergleichsweise beschränkten Riechnerven verschlossen blieben, brauchte er eine Pause. Ich setzte mich auf eine Bank und dachte darüber nach, wie der Prozessverlauf eine derart unabsehbare Wendung nehmen konnte und wie ich dies Luminiz und den anderen erklären sollte. Aber war nicht nahezu jede Entwicklung unvorhersehbar? Ist die Natur selbst denn nicht ein unablässiges immer weiter fortschreitendes Experiment? Und gilt nicht auch Gleiches für den menschlich bestimmten Fortschritt? Wie sind zwei Weltkriege im Abstand von 21 Jahren möglich, wie der Zusammenbruch des Kommunismus, wie die Beherrschung der nahöstlichen Welt durch den Islam, wie der Aufstieg des Christentums gegenüber dem Mithraskult, wie der Abriss der Pariser Hallen und wie die Umgestaltung des St. James im obersten Stock von Fortnum and Mason in den Diamond Jubilee Tea Salon? Wie lange wird Venedig noch existieren, wann wird die Landesprache in Deutschland Chinesisch sein und wann wird es in Bagdad und Islamabad eine Woche ohne Selbstmordattentate geben? Wieso sollte sich in all der Unbeständigkeit und Ungewissheit eine Tradition von Bestand entwickeln und wie sollten die Werte und Inhalte einer geistigen Überlieferung überdauern?

Das Rechtssystem hat sich in den 29 Jahren, in dem ich mich einschließlich der Studienzeit mit ihm beschäftige, ebenso wie das Milieu, in dem es sich abspielt, stark verändert. Anstelle würdevoller Richterpersönlichkeiten, denen sich die Rechtssuchenden mit gutem Grund anvertrauten, sind meistenteils kleinkarierte, rechthaberische und austauschbare Stereotypen getreten, die im Leben zu kurz gekommen waren und ihr einziges Vergnügen darin finden, mit dem geringstmöglichen Aufwand den Stab über ihre Mitmenschen zu brechen. In den meisten Urteilen ist anstelle tief greifender, teleologischer Gesetzesanwendung eine formal unangreifbare oberflächliche Urteilsbegründung getreten. Kein formalistischer Trick ist ihnen zu billig, um möglichst einfach und schnell zu einem nicht angreifbaren Urteil zu gelangen. Rein äußerlich erlauben sich solche Kreaturen schon einmal einen Hinweis auf ihre Außergewöhnlichkeit, wie etwa mit einem Ohrring am männlichen Ohr oder einer weißen Fliege statt des weißen Langbinders. Am übelsten sind die, denen die Karriere versagt ist und die in irgendwelchen abgelegenen Kuhdörfern im ländlichen Bereich ihr richterliches Dasein ehrgeizlos in einem kleinen, unbeobachteten Dezernat fristen.
Unter der Anwaltschaft sieht es nicht besser aus. Hier ist kein Winkelzug zu dreckig, um die Interessen der zahlenden Klientel durchzusetzen. Freispruch oder Verurteilung um jeden Preis. An die Stelle des souverän und verantwortlich handelnden Rechtsvertreters ist ein plärrendes, rechthaberisches, gelacktes Unikum getreten, das mit kleinkarierten, lautstark vorgebrachten Argumenten auftrumpft und dessen oberster Grundsatz darin besteht, mehr zu scheinen als zu sein. Äußerlich ist

das Auftreten stereotyp, aber korrekt. Die Schuhe müssen glänzen, der Anzug muss so unauffällig wie teuer sein. Die Krawatte darf schon mal etwas auffälliger sein, wenn man ihr ihren hohen Preis ansieht.
Ich fürchte, dass die düstere spenglerische Prognose vom bevorstehenden Ende der in eine blutleere Zivilisation übergegangenen Kultur zutrifft und der Untergang des Abendlandes bevorsteht.

Während dieser Überlegungen liefen Jogger an uns vorbei. Zuerst ein alter, hagerer und zu groß gewachsener alter Mann, dessen Gesicht fast vollständig von einer Pudelmütze verdeckt war und der einen schwarzen, hautengen Catsuit trug, der aussah wie die Kostümierung eines Teilnehmers an einer sadomasochistischen Swingerclub-Party und der seinen eingefallenen Hintern eng umspannte und schonungslos abzeichnete. Dem folgte eine Gruppe mehrerer gelangweilter grüner Witwen, die mit hautengen Leggings und knappen nabelfreien Trikottops mit wehenden Pferdeschwänzen wohltrainierte Körperlichkeit zur Schau stellten. Sie beobachten aus den Augenwinkeln, wie ihre Präsentation auf mich wirkte, während sie irgendwelche lebenswichtigen Informationen über ihre Headsets durch den Äther schickten oder miteinander rennend schnatterten. Danach kam ein höchstens 40 Jahre alter Mann in Trainingshosen und einem engen Rippenunterhemd, der sich im staksigen Laufschritt bewegte und sich dabei mit zwei Skistöcken abstützte. Eine absonderlich absurde Szenerie wie auf den früheren Landschafts- und Straßenszenen des älteren Bruegel, verpflanzt in ein zwar friedlicheres, aber nicht weniger grausames Jahrhundert.
Außer mir schien es keinen normalen Spaziergänger zu geben. Anstelle der in stilvollem gemäßigtem Gang im Gespräch austauschenden Peripatetiker rasten mir mehrere nass geschwitzte, keuchende und ihren Rotz ausspuckende, schweißstinkende Mittdreißiger entgegen. Einer stellte sich an einen Baum, um dort sein Wasser abzuschlagen, während er seinen Auswurf ins Gras spie.
Das heftige, dopaminproduzierende Gerenne soll der Gesundheit dienen. Stattdessen führt es zu Sehnen- und Muskelüberdehnung, Herzvergrößerung und Würdeverlust. Die rüttelnde Laufbewegung fördert die Verdauung. Das erklärt, warum hier am Rheinufer humane Exkremen-

te statt wie früher canide Hinterlassenschaften am Wegesrand liegen. Denn diese werden von verantwortungsvollen Hundebesitzern mittels in Blechbehältern zu diesem Zweck bereitgestellten Plastiktüten in die städtischen Abfalleimer entsorgt.
Der Buntbepelzte schaute mir aus seiner liegenden Position lange in die Augen. Ich entnahm seinem Blick eine mit meiner übereinstimmenden verzweifelte Verständnislosigkeit.
Es war Zeit, Luminiz, Chakka und die anderen zu informieren. Der Buntbepelzte stand langsam und behäbig auf, als ich mich von der Bank erhob. Er war erschöpft von den vielen Eindrücken, die er im Alter sichtlich langsamer, aber intensiver verarbeitete. Wir waren früher stundenlang unterwegs gewesen. Er hatte Vögel, vor allem die ihm verhassten Raben, Enten und Nagetiere gejagt. Oft erwischte er eine Maus, die er stolz im Maul trug und dann entweder desinteressiert ausspuckte oder genussvoll knackend verzehrte. Wahrscheinlich entwickeln Mäuse unterschiedliche Aromen, oder sein hundlicher Sättigungsgrad bestimmte den Verzehr. Er lebte seit über 14 Jahren mit mir zusammen. Ich musste mich schmerzlich an den Abschied gewöhnen. Mehr als dass er den nächsten Winter erleben würde, war nicht zu erwarten.

Voller düsterer Gedanken brachte ich ihn nach Hause und ging dann zum Lager der Kumpanija, wo ich gegen 10 Uhr eintraf. Das Lager wirkte seltsam unbelebt. Vor den Hütten wogen sich bebend dünne Rauchschwaden aus dem verkohlten, gestrigen Feuer, dessen Glut sehr langsam erstarb.
Es war wohl noch zu früh. Der Tag der Kumpanija begann später als der der Gadsche und dauerte dafür länger. „Der Vogel fängt den frühen Wurm“, hatte Luminiz mir einmal ein angeblich altes, wahrscheinlich aber selbst erfundenes Roma-Sprichwort zitiert. Goran hatte angemerkt: „Morgenstund ist aller Laster Anfang.“ Ich aber wollte mich meiner quälenden Informationspflicht möglichst schnell entziehen.
Aus Chakkas Hütte trat gerade die schöne Tiranijana mit einem Korb voller Wäsche, mit der sie, ohne mich zu bemerken, zum Waschplatz neben den Duschen und Latrinen ging. Ich näherte mich der Hütte und schaute durchs Fenster. Dabei verhielt ich mich möglichst leise. Falls

Chakka noch schlief, wollte ich ihn nicht wecken.
Ich traute meinen Augen nicht, als ich ihn vor einem kleinen Spiegel aufrecht stehen sah. Er stand mit dem Rücken zu mir. Er trug kein Hemd, sein gebräunter Oberkörper hatte keinerlei Narben. Er stand aufrecht und rasierte sich mit einem elektrischen Rasierapparat. Im Spiegel begegneten sich kurz unsere Blicke. Ich wich erschreckt zurück. Ich nehme an, dass er mich gesehen hat, sicher bin ich mir jedoch bis heute nicht. Ich war völlig verblüfft. Schnell lief ich zu meinem in der Nähe geparkten Wagen und fuhr zurück in meine Wohnung, wo der Bunte ein kurzes affirmatives Begrüßungsbellen von sich gab, um dann in seinen oberflächlichen Schlaf zurückzufallen.
Chakka konnte also gehen. Er hatte nicht die geringsten Anzeichen von Querschnittslähmungen. Ich suchte nach einer Erklärung. Zwar sind besondere Ausnahmefälle unerwarteter Heilung denkbar, etwa wenn sich in geringerem Umfang zerstörtes, zerrissenes Gewebe regenerierte. Der Heilungsprozess ist langwierig und dauert über Jahre. Die vollständige Bewegungsfähigkeit wird dabei nicht mehr erreicht. Einen knappen Moment erwog ich, ob Luminiz' Zauberkraft vielleicht weitaus stärker war als alle medizinischen Weisheiten zusammengenommen.
Dann fand ich die Lösung: Chakka war nicht Chakka, sondern Tshurka! Die Krankendokumentation war Chakkas Krankengeschichte und die Röntgenaufnahmen bildeten seine Verletzungen ab. Chakka also hatte den Unfall erlitten.
Folgendes musste passiert sein: Wenige Wochen nach der Rückkehr aus dem Krankenhaus starb er an einem Herzversagen. Dem Amtsarzt gegenüber hatten sie die Leiche als Tshurka Boran vorgestellt. Der tote Chakka wurde als Tshurka verbrannt. Dabei war es die Asche Chakkas, die die Kumpanija unter Wehklagen und Luminiz' Trauergesang in alle Himmelsrichtungen verstreut hatte. Für die Gadsche nahm Tshurka die Identität Chakkas an. Er schor sich seine langen Haare, hungerte sich schätzungsweise acht Kilo ab und setzte sich in dem immer bereitstehenden Rollstuhl, sobald ein Gadscho in der Nähe zu vermuten war. Der Grund für seine Verwandlung lag auf der Hand: die Höhe des Schmerzensgeldes. Zwar ist seit der gesetzlichen Reform in den 90er-Jahren der Schmerzensgeldanspruch übertragbar und vererblich, was bis dahin die

geltende Gesetzeslage durch § 847 Abs. 1 Satz 2 BGB ausschloss, außer wenn der Anspruch eingeklagt oder anerkannt war. Die Höhe des Schmerzensgeldanspruchs besteht aber auch nach mehreren Reformen und dem Wortlaut des heute einschlägigen § 253 Abs. 2 BGB in einer „billigen Entschädigung in Geld". Mit dem Adjektiv „billig" ist dabei nicht etwa „wertlos oder kostengünstig" gemeint, sondern nach seiner alten, aus dem Mittelhochdeutschen stammenden, ursprünglichen Bedeutung „angemessen, passend". Denn zumindest wenn es um Sprache geht, folgt die Jurisdiktion den alten Überlieferungen und hält sich lieber an exaktes Mittelhochdeutsch, wie es im 11. Jahrhundert zu Zeiten der Hochkultur gesprochen wurde, als an das unklare Neudeutsch, das die Endphase unser Zivilisation im einundzwanzigsten Jahrhundert geprägt hat. Eine zynische Rechtsprechung bestimmt mehr oder weniger konsequent die Angemessenheit des Geldbetrages unter anderem nach der Zeitdauer der erlittenen Schmerzen und Nachteile. Tritt der Tod sofort durch die Verletzung ein, gibt es überhaupt kein Schmerzensgeld. Denn der Tod selber löst keinen Schmerzensgeldanspruch aus, weil er hoffentlich das Ende aller Schmerzen ist, aber auch das Ende aller Lust, obwohl keiner weiß, wie groß die Schmerzen sind, wenn der Lebensfaden reißt und der letzte Atem ausgehaucht wird. Es gibt Urteile, die bei einem Todeseintritt nach 6 Wochen 7.000 Euro, nach 7 ½ Wochen 10.000 Euro für angemessen halten, nach ½ Jahr 20.000 Euro und nach fast 10 Monaten 25.000 Euro. Höllarm und die Frommen Helenen hatten also auf Grundlage des tatsächlichen Sachverhaltes mit ihrem Angebot gar nicht so schlecht gelegen und so ziemlich das angeboten, was nach jener Rechtsprechung angemessen war. Denn Chakka war nach circa 25 Wochen verstorben.

Jetzt löste sich eine der Unstimmigkeiten, die mir seit Beginn dieses Mandats seltsam vorgekommen waren. Ich hatte mich immer gefragt, warum mein Mandant das Geigenspiel völlig aufgegeben hatte. Die Trauer um seinen Kumpan hätte sein Geigenspiel nicht gehemmt, sondern ihn veranlassen müssen, sie in Musik zu sublimieren. Eine Begabung lässt sich nicht von Trauer unterdrücken, sondern verstärkt die Würde der Trauersituation, weil sie für den Schmerz höhere Ausdrucksformen findet. Tshurka spielte auf keiner Geige mehr, weil er nicht Geige spielen konnte. Auch wusste ich jetzt, warum Dr. Rosenberger ihn nicht vertrat. Er kannte die Kumpanija. Er hatte manche von ihnen vertreten und war jahrelang bei ihnen ein und aus gegangen. Er kannte Chakka und Tshurka genau. Den Rollentausch hatte er sofort durchschaut. Hätte er eine Klage mit einer Forderung in der Höhe erhoben wie ich, hätte er sich leicht nachweisbar strafbar gemacht. Das Risiko wäre zu hoch gewesen.

Auch ich müsste jetzt konsequenterweise das Mandat niederlegen. Wenn ich den Anspruch verfolgen würde, würde ich mich aller Wahrscheinlichkeit nach zumindest der Beihilfe zum versuchten Prozessbetrug schuldig machen. Da ich die Klage ohnehin verlieren würde, würde ein Schaden nicht entstehen. Andererseits fand ich die Einschränkung des Schmerzensgeldes aufgrund eines frühen Todes des Verletzten schon immer empörend ungerecht und handele grundsätzlich nach meinen Überzeugungen. Rechtspositivismus hin und her, letztlich muss das Ergebnis gerecht sein, und wenn die geltenden Gesetze dies nicht erreichen, sucht der redliche Anwalt eben nach anderen, sinnvollen Möglichkeiten, um den letztlich hinter den Gesetzen stehenden Geist zu verwirklichen. Denn Gerechtigkeit steht nun einmal über platten Moralvorstellungen. Der unter Juristen mit überheblichem Grinsen gern zitierte Satz Lichtenbergs: „Um sicher Recht zu tun braucht man sehr wenig vom Recht zu wissen. Allein um mit Sicherheit Unrecht tun zu können, muss man die Rechte studieren“, bekommt eine besondere Bedeutung, wenn Unrecht und Ungerechtigkeit nicht gleichzusetzen sind. Hätten beim Porajmos mehr Juristen so gedacht, hätte manche Gräueltat verhindert werden können. Mein Mandant würde für mich weiter der querschnittsgelähmte Chakka bleiben, falls er meine Täuschung nicht aufklären würde. Würde er dies, müsste ich allerdings meine Position nochmals gründlich überdenken. Doch wenn wir ohnehin keine Berufung erwägen würden, konnte ich das Mandat immer noch zu einem geeigneten Zeitpunkt niederlegen.

13. Indirekte Dialoge

Als ich gegen Mittag ins Lager kam, saß Tshurka, den ich im Folgenden der Einfachheit halber auch weiter als Chakka bezeichne, im Rollstuhl vor seiner Hütte. Er markierte mir gegenüber weiter seine Schwerbehinderung. Neben ihm saß Luminiz in ihrem Plastikstuhl. Wahrscheinlich hatte er sich mit ihr, Goran und Pustina beraten. Falls seine Täuschung auffliegen würde, was fast unmöglich war, konnte man mir nichts nachweisen. Es wäre nicht zu widerlegen, dass ich ebenso wie alle anderen darauf hereingefallen war. Meinen morgendlichen Besuch im Lager sprachen wir nicht an. So verständigten wir uns stillschweigend darauf, dass er nicht stattgefunden hatte. Ob ich wusste, dass Chakka mich gesehen hatte, blieb ebenso unausgesprochen und unbeantwortet, wie die Frage, ob mich die Fortführung des Verfahrens in einen Gewissenskonflikt brächte. Ich fand sein Benehmen sehr rücksichtsvoll. Nachdem ich einen Guten Morgen gewünscht hatte, erzählte ich ohne Umschweife den Prozessverlauf. Ich las den letzten Schriftsatz der Gegenseite und die überraschend aufgetauchte Seite der Pflegedokumentation vor und berichtete von meinen ergebnislosen Telefonaten. Ich erläuterte, dass aufgrund des Gutachtens und der jetzt vervollständigten Krankendokumentation kein Zweifel bestand, dass die Klage verloren wäre.

„Die fehlende Seite der Krankenakte wurde nachgefertigt, speziell für den Prozess. Wir gehen in die nächste Instanz!“, begehrte Chakka auf. Er hatte so etwas befürchtet und mit Goran und Pustina beschlossen, jede mögliche Chance zu nutzen.

„Nicht schlecht, die Gadsche“, murmelte Luminiz vor sich hin. „Aber sehr überzeugend ist das Sachverständigengutachten nicht. Dir wird schon was einfallen.“

Nach der letzten großen Reform des Prozessrechts mit Beginn des Jahres 2002 ist unter anderem die Überprüfung der Beweiswürdigung der ersten Instanz nur sehr eingeschränkt möglich. Es bedarf schwerer Fehler in der Urteilsbegründung der ersten Instanz, um in der zweiten Instanz eine Beweiswürdigung zu korrigieren. Bei einem Gutachten müssten

sich Zweifel an der Richtigkeit ergeben, es müsste widersprüchlich oder unvollständig sein. Ob das Berufungsgericht hierzu neigt, steht in seinem Ermessen. Die Wahrscheinlichkeit, ein Sachverständigengutachten in der zweiten Instanz erfolgreich angreifen zu können, ist gering. Auch das mir vorgelegte Gutachten war vollständig und widerspruchsfrei. Denkgesetze der Logik hatte es nicht verletzt. Ein Ansatzpunkt war allenfalls, dass der Sachverständige Professor Dr. Dengele den Sachverhalt nicht nur tatsächlich, sondern zugleich rechtlich gewertet hatte, indem er den Rechtfertigungsgrund für die Fesselung des Patienten prüfte und verwarf. Die Beantwortung solcher Rechtsfragen obliegt dem Gericht. Allerdings schien mir die Grenze zwischen Rechts- und Tatsachenfeststellung in unserem Fall fließend. Das Risiko einer Berufung war extrem hoch. Die Kosten des Berufungsrechtsstreits allein für einen Anwalt und das Gericht würden, wenn ich auf mein Honorar verzichten würde, immer noch bei circa 20.000 Euro liegen. Die entsprechenden Kosten der ersten Instanz lägen bei circa 16.000 Euro.
„Ist egal“, winkte Luminiz ab. „Wo soll man denn bei uns was vollstrecken?“
Ich schlug einen anderen Weg vor. Ich wollte versuchen, wenigstens den ersten Vergleichsvorschlag durchzusetzen, der uns in den Bugbauten unterbreitet worden war. Nachdem ich gründlich die Argumente nochmals vorgetragen und abgewogen hatte, sagte Chakka: „20.000 ist besser als nix.“ Ich sollte versuchen, die Sache in dieser Höhe außergerichtlich zu erledigen.

Frühestmöglich, am nächsten Montag, rief ich in der Kanzlei Würgel & McBallister GmbH an.
„Herr Professor Dr. Höllarm ist nicht zu sprechen. Sie können ihn erst am späten Nachmittag wieder erreichen“, erklärte mir eine samtige, weiche Stimme, die wahrscheinlich die der Blondine war, die uns durch die Bugbauten geführt hatte und deren Fingernägel zu lang waren, um fehlerfrei Kaffee aus der Kanne in die Tasse zu gießen.
Bis zum späten Nachmittag wuchs meine Anspannung immer mehr. Ich saß auf heißen Kohlen, als ich endlich mit zittrigen Fingern die Telefontasten drückte. Abermals wies mich die Blonde ab. Der Professor sei auf

einem Außentermin. Ich sollte es doch bitte morgen erneut versuchen. Ich bat um Rückruf. Als dieser am Nachmittag des darauffolgenden Tages immer noch nicht erfolgt war, griff ich wieder zum Hörer.

„Herr Professor Dr. Höllarm ist leider bisher nicht dazu gekommen, Sie zurückzurufen. Vielleicht kann ich etwas ausrichten?“, fragte sie scheinheilig mit ihrer anregend melodisch klingenden Stimme.

Ich erklärte ihr mein Anliegen. Meine Mandanten hätten wohl etwas zu schnell den seinerzeit unterbreiteten Vorschlag abgelehnt. Entgegen meinem Rat wären sie allerdings jetzt so weit, auf diesen einzugehen, weil die Belastung mit einem Prozess doch höher sei als erwartet. Die Blondine sagte mir baldigen Rückruf zu. Gegen Abend rief sie mich an. Herr Professor Dr. Höllarm habe leider bislang keine Zeit gefunden. Sie könne mir aber auch weiterhelfen. Für einen Vergleich sei nach dem Ergebnis der Beweisaufnahme kein Raum mehr. Meine Mandantschaft hätte sich früher entscheiden müssen. Jetzt sei ein Vergleich aus Beklagtensicht nicht mehr vertretbar.

Ich bat, den Kollegen Professor Dr. Höllarm persönlich sprechen zu dürfen. Wortreich wollte ich ihm die Vorzüge eines Vergleichs für seine Auftraggeberinnen vor Augen führen. Ich würde ihm unwiderstehlich klarmachen, welcher Prestigegewinn, welches gute Werk der Nächstenliebe, welcher Gewinn fürs Seelenheil ein solches großmütiges, christliches Zugeständnis in der jetzigen Situation wäre.

Sie bat mich, in der Leitung zu bleiben. Durch den Hörer drang jazzartige Auftragsmusik, die in ihrer klebrigen, nichtssagenden Kitschigkeit für einen sensiblen Hörer wie mich kaum zu ertragen war und die keinen anderen Inhalt hatte, als ein „chilliges Relaxen“ zu untermalen, wie es neudeutsch heißt. Dann meldete sie sich wieder und erklärte mir, der Kollege sähe keinen Gesprächsbedarf, in der Sache sei alles gesagt.

Das Gespräch und meine Mission waren beendet. Ich fühlte mich hundeelend. Röbbels würde den Triumph über meinen Mandanten und mich mit der Frommen Helenen gGmbH und Professor Dr. Höllarm teilen. Immerhin würde die vollständige Klageabweisung der objektiven Rechtslage ungleich mehr entsprechen als das Gegenteil. Denn tatsächlich war die Klage nach der geltenden Rechtslage, ob gerecht oder nicht, allenfalls in Höhe von 15.000 bis 20.000 Euro begründet und nicht in

Millionenhöhe zuzüglich einer lebenslangen Rente von 500 Euro monatlich. Bei einer „richtigen" Entscheidung würde Chakka, falls ihm nicht wegen des geringen Obsiegens ohnehin alle Kosten auferlegt würden, zumindest einen weitaus höheren Teil der Kosten tragen müssen. Von den 20.000 Euro würde nichts übrig bleiben. Vielleicht könnte mich dieser Umstand nach der ersten Aufregung und Demütigung beruhigen.

Danach telefonierte ich mit Pustina auf seinem Handy und kündigte meinen Besuch für den Abend an. Nachdem ich den Rollentausch entdeckt hatte, kam ich nicht mehr ohne Ankündigung ins Lager. So waren die Vorkehrungen für Chakka, um den Schein seiner Schwerbehinderung zu wahren, einfacher zu treffen. Gegenseitige Rücksichtnahme und gegenseitiger Respekt sind die Grundpfeiler eines Mandats und jeder guten Beziehung. Abgesehen davon ist gutes Benehmen auch außerhalb geschäftlicher Verbindungen an sich eine Selbstverständlichkeit zum Nutzen aller Beteiligten.

Chakka und Luminiz erwarteten mich vor Chakkas Wellblechhütte. Chakka saß brav simulierend in seinem Rollstuhl. Luminiz rauchte pechschwarzen Drab aus einer Kurzpfeife. Hingebungsvoll sog sie das Gift in ihre Lunge und blies es vordringlich aus der Nase in einem breiten, gelben Strom wieder nach außen. Es stank im Umkreis von mindestens zehn Metern erbärmlich nach dem zu starken Tobak. Wahrscheinlich hatte sie ihn selbst angebaut und nach geheimer Rezeptur fermentiert.

Ich berichtete von meinen Versuchen. „Er wollte nicht einmal mit mir reden. Die Blonde mit den langen Fingernägeln hat mir ausgerichtet, dass eine Zahlung jetzt nicht mehr in Betracht kommt. Wir hätten Gelegenheit genug gehabt, das generöse Angebot anzunehmen."

„Aus der Traum von Amerika, Italien oder Spanien", seufzte Chakka traurig.

„Unfug!", antwortete Luminiz. Ihre geröteten Augen waren kleine, von unendlichen Runzeln und Falten umgebende Schlitze. Sie sah heute aus, als wäre sie über 100 Jahre alt. Sie klopfte mit dem Zeigefinger auf ihre Brust in Höhe des Herzens und sagte: „Da ist Amerika und der Süden drin, nicht in irgendwelchem Geld. Ich mach mich doch nicht wegen eines albernen Gadscheprozesses verrückt! Vielleicht sollte ich diesem

großkotzigen Gadschoadvokat mal Benehmen beibringen. Ein Arman könnte bestimmt nicht schaden."
Wir grinsten uns an und plötzlich begann sie zu lachen. Ihr Lachen steckte mich an.
Auch Chakka konnte sich ihm nicht entziehen. „Wie geht's jetzt weiter?", fragte er mich prustend.
„Röbbels wird in elf Tagen sein Urteil verkünden, die Klage wird abgewiesen und das wär's dann gewesen", teilte ich ebenfalls unter Lachen meine düstere Prognose mit.

14. Übergriffe

Am nächsten Morgen, einem Samstag, war alle Heiterkeit verflogen. Ich hatte schlecht geträumt, die nächtlichen Gespenster ließen mich wie gerädert erwachen. Der Buntbepelzte wirkte ebenfalls müde und erschöpft. Wir hatten beide eine schlechte Nacht und würden einen schlechten Tag haben. Röbbels würde am 29.10.2014 um 9.00 Uhr sein Urteil verkünden. Wie in alten Zeiten, als wir beide noch jünger waren, fasste ich den Entschluss zu einem langen Spaziergang mit dem Bunten am Rheinufer. Wir brachen ohne Frühstück auf. Der Buntbepelzte trottete in mäßigem Tempo neben mir. Es war einer dieser frühen Herbsttage, in dem die tief liegende Sonne durch ihr grelles Licht die Konturen der allmählich verwesenden Pflanzen verschärft und ihre Farben vertieft. Noch waren die Tage lang und licht. Schon bald würde das Grün der Bäume in gelben, roten, orangen, braunen Farborgien verrosten, bis die bunten Blätter abfielen, nur das Skelett der Äste übrig bliebe und die Luft von einem süßlichen Todesduft durchdrungen sein würde. Auf dem Wasser warf der Wind kräuselnde Wogen. Geheime Chiffren fremder Mächte, für die meisten Menschen unverständlich, für wenige vertraut, wie der Rhythmus des eigenen Blutes. Die, wie wahrscheinlich Luminiz, hiervon wussten, würden nichts preisgeben. Denn, wie der vergessene Dichter sagte:

„Keiner der wahre weisheit sah verriet:
Die menschen griffe lähmendes entsetzen".

Auch der Olympier in Weimar war, wenn auch aus anderen Gründen, dieser Auffassung:

„Sag es niemand, nur den Weisen,
weil die Menge gleich verhöhnet".

Der Hund schnupperte vorfreudig und selig, während ich mich an den schroffen Konturen der Laubbäume in der intensiven Beleuchtung

durch das tiefe, frühherbstliche Licht erfreute und nüchtern die Rechtslage in Chakkas Prozess und die moralischen Standorte seiner Parteien durchdachte.
Vom objektiv rechtlichen Standpunkt war folgendes Ergebnis richtig: Chakka war fehlbehandelt worden, man hatte ihn trotz offensichtlicher Notwendigkeit nicht hinreichend vor einem Sturz gesichert. Dies führte zu seiner Querschnittslähmung. Die Frommen Helenen hatten zu haften. Da er aber bereits wenige Wochen nach seiner häuslichen Ankunft an einem Herzinfarkt starb, war nach der Rechtslage ein Schmerzensgeld von höchstens 20.000 Euro gerechtfertigt.
Vom Standpunkt des Beklagten war auch das zu viel, weil die Bettgitter hochgestellt gewesen sein sollten und deshalb eine Verletzungshandlung fehlte. Danach gab es überhaupt keinen Anspruch.
Aus der Position des Klägers war diese Feststellung nicht gerechtfertigt, weil die später vorgelegte Krankenakte gefälscht war. Es bliebe bei 20.000 Euro.
Nach meiner Sicht ist die höchstrichterliche Rechtsprechung, wonach das Schmerzensgeld bei einem frühen Tod zu kürzen ist, im höchsten Maße unmoralisch und deshalb falsch. Denn nach meinem idealistischen Verständnis sollen Moral und Recht nicht auseinanderklaffen. Das geforderte Schmerzensgeld war nach dem Sachverhalt, den das Gericht zu beurteilen hatte, gerechtfertigt. Die Krankenakte war nachgefertigt, der frühere Tod Tshurkas nicht Gegenstand des Verfahrens. Denn Schmerzen sind nach ihrer Qualität und nicht nach ihrer Quantität zu bewerten.
Während ich nachdachte, sah ich, dass der Buntbepelzte Probleme beim Gehen hatte. Er zog die Hinterläufe nach und knickte schließlich hinten ein. Tiefe Wehmut erfasste mich. Vielleicht noch zwei oder drei Monate, dachte ich. Ich setzte mich auf eine Bank. Er legte sich zu meinen Füßen und schlief sofort ein. Ich wartete ungefähr eine Stunde. Dann wurde er wieder wach, stand auf, streckte und schüttelte sich, wedelte fröhlich mit seinem dichten Fächerschweif und wir gingen gemächlich weiter. Inzwischen war es fast Mittag. Die Rheinwiesen wurden langsam bevölkert. Ungefähr 100 Meter entfernt spazierte ein junges Paar. Der Mann hatte seinen Arm um die Taille der Frau gelegt, sie umfasste seine Schulter.

Plötzlich stand, wie aus dem Nichts gekommen, ein Mann vor mir. Er war mindestens 1,85 Meter groß und mindestens 110 Kilo schwer. Seine große, breite Statur passte nicht zu seinem Kindergesicht mit dem runden Kinn. Seine Haare waren bis über die Ohren abrasiert, darüber hatte er sie mit Pomade zu einem straffen Seitenscheitel gezogen. Er trug eine schwarze Lederjacke und eine schwarzen Hose, dazu schwere Arbeitsschuhe, die vorne Eisenkappen hatten. Mir war sofort klar, was passieren würde. Blitzartig dachte ich an Rosenbergers Warnung, die ich nicht beherzigt hatte. Er brüllte mich mit den Worten an: „Du dreckiger Zigeunerfreund, jetzt wird abgerechnet!"

Er schlug mit der rechten Faust in mein Gesicht. Die sich in Sekunden abspielenden quälenden Ereignisse zerdehnten sich in meiner Wahrnehmung und gruben sich in allen Details tief in meine bewusste Erinnerung. Sie hinterließen nicht nur in meinem Äußeren schlimme Narben. Ich zog den Kopf weg, der Schlag streifte mich über meinem rechten Auge. Er musste einen Schlagring getragen haben, denn die Haut auf meiner Stirn platzte in eine sofort stark blutende Wunde auf. Anscheinend hatte er eine Ader verletzt. Der Schmerz war stark, ich spürte das warme Blut. Dem nächsten Schlag konnte ich nicht mehr ausweichen. Er traf mich frontal. Ich hörte das Krachen meines brechenden Nasenbeins und spürte gleichzeitig einen extremen Schmerz irgendwo in der Mitte meines Gesichts. Ich konnte nur noch mit dem rechten Auge sehen, weil das Blut aus der Stirnwunde in mein linkes Auge floss. Schemenhaft sah ich ein Messer in seiner Hand im Sonnenlicht aufblitzen. Dann stürmte hinter mir der Bunte heran. Seine lautlosen Bewegungen und seine todesmutige Kampfeslust war nicht die eines alten, sondern die eines kräftigen, jungen Hundes. Wie in voller Blüte stieß er kraftvoll mit den Hinterläufen ab und setzte elegant die Vorderläufe auf. In seinem Angriff war er zeit- und alterslos. Jahrtausendealte Instinkte in seinen Genen ließen ihn seine Jahre vergessen. Er hatte sofort gemerkt, dass es um Leben und Tod ging. Wie ihm seine über unendliche Hundegenerationen gewachsenen Instinkte befahlen, versuchte er den Angreifer an der Kehle zu packen, um ihn dann totzuschütteln. Lautlos federnd sprang er vom Boden ab. Kurz bevor er seine Zähne in dessen Hals bohren konnte, drang das Messer in seine Brust ein und brach an der Klinge, die in sein Herz getroffen hatte. Ich hörte seinen abrupt ersterbenden wütenden Schmerzensschrei und sah, wie er in sich zusammenbrach, während ich ebenfalls stürzte. Ich vernahm Schreie. Wahrscheinlich von dem Paar, das ich kurz vorher bemerkt hatte. Mein Peiniger trat mit voller Wucht gegen meinen Brustkorb. In meinem Inneren splitterte irgendetwas, die Schmerzen waren sofort sehr stark. Das Atmen wurde schwerer. Dann versank alles in Schwärze. Mein letzter Gedanke, bevor ich ohnmächtig wurde, war, dass so also das Ende aussieht.

Plötzlich spürte ich, dass jemand meine Backe tätschelte. Irgendwer sagte: „Er ist wieder da", und ich kehrte zurück in die Welt. Ich lag am Boden auf einer Trage. Neben mir stand ein Krankenwagen. Zwei Krankenpfleger und ein Notarzt hantierten an mir herum. Jemand fragte mich, ob ich wüsste, wie ich hieße. Ich war nicht in der Lage zu sprechen. Sie hoben die Trage auf und trugen mich in den Wagen. Der Arzt spritzte mir irgendeine Substanz und stach mit einer Kanüle in meine Brust. Der Wagen fuhr in hohem Tempo mit Blaulicht und lauter Sirene. Ich wurde erneut ohnmächtig.

Als ich abermals zu mir kam, lag ich in einem Bett. In meinem Arm steckte eine Braunüle. Alle möglichen Schläuche und Drähte waren an meinem Körper befestigt. In meinem Rachen steckte ein Schlauch. Um mich herum piepste und pumpte es, blinkende Monitore sandten rhythmische Signale, Zylinder griffen schmatzend ineinander. Intensivstation, dachte ich. Ich versuchte erfolgreich, meinen Arm zu bewegen und befühlte mein Gesicht. Um meine Stirn befand sich ein Verband. Ich hatte Kopfschmerzen. Auch aus meiner ebenfalls bandagierten Brust strahlten starke Schmerzen aus. Eine Krankenschwester beugte sich über mich, dann dämmerte ich wieder weg.

Ich erwachte in einem anderen Krankenzimmer. Die Apparate waren nicht mehr da, es war lautlos. Mein schmerzender rauer Schlund war von dem Schlauch befreit. Ein Pfleger stand vor mir. Er begrüßte mich mit den Worten: „Guten Tag, ich hoffe, Sie haben gut geschlafen."

Wahrscheinlich hatte die Krankenhausverwaltung meinen Ausweis in meinen Sachen gefunden und inzwischen ermittelt, dass ich zu hervorragenden Behandlungsbedingungen privat versichert bin.

„Ja“, sagte ich und wollte wissen, wo ich mich befand.
Er erklärte mir, dass ich seit drei Tagen ausgerechnet im Krankenhaus der Frommen Helenen sei.
Ich bemerkte eine zweite, dunkelhäutige Person, offenbar der Stationsarzt. Er begrüßte mich und stellte sich als Dr. Lumije vor. Später erfuhr ich, dass er von der Elfenbeinküste stammte, ein hervorragender Notfalldiagnostiker war und ich ihm wahrscheinlich mein Leben zu verdanken hatte. Er eröffnete mir, dass ich eine Rippenserienfraktur mit fünf gebrochenen Rippen, einen Nasenbeinbruch, eine schwere Gehirnerschütterung und eine äußere Risswunde an der Stirn hätte. Eine der gebrochenen Rippen war in den rechten Lungenflügel gedrungen. Deswegen hatte die Atmung versagt, die Situation war lebensbedrohlich gewesen. „Pneumothorax. Sie wurden zwei Tage künstlich beatmet.“
Während er mir die Einzelheiten meiner Operation erläuterte, kehrte langsam meine Erinnerung zurück. Ich erinnerte mich an den Überfall und sah das Gesicht des Täters vor mir. Mein Hund fiel mir ein und eine starke Trauer schnürte meinen ohnehin eingeengten Brustkorb noch etwas mehr zusammen.
„Wo ist mein Hund?“, unterbrach ich seine fachlichen Erklärungen, die ich ohnehin kaum verstand. Der Arzt und der Pfleger sahen sich fragend an, als ob jeder vom anderen die Antwort erwartete. Keiner konnte mir sagen, was aus dem Buntbepelzten geworden war. Ich wusste, dass er meine Lebensrettungsaktion selbst nicht überlebt hatte. In meine körperlichen Schmerzen und meine Erschöpfung mischte sich ein starker seelischer Schmerz. Dann schlief ich abermals ein.
Als ich wieder erwachte, saß Luminiz vor mir. Meine Sekretärin hatte Pustina informiert. Sie sah mich traurig an.
„So geht es uns, seit es uns gibt, und wer uns hilft, wird auch nicht verschont und erleidet dieselbe Schmach“, grummelte sie. „Schade! Alles umsonst. Hätten wir diesen sinnlosen Prozess nicht angefangen, wäre das nicht passiert. Gegen die Gadsche kommen wir eben nicht an.“
Bevor ich etwas entgegnen konnte, kam Dr. Lumije herein. Er besuchte mich täglich, um meinen Zustand abzufragen, meine Krankenversicherung enthielt die sogenannte Chefarztklausel. Als er Luminiz sah, wollte er wieder gehen. Ich bat ihn zu bleiben. Er lächelte Luminiz

an, sie lächelte zurück. Aufgrund der ähnlichen Unterdrückungen, die Schwarzafrikaner und die Roma- und Sinti-Völker erlitten haben, ist Luminiz mit Farbigen solidarisch.
Fremdartiges untereinander ist oft seelenverwandt, der Druck von außen stärkt den Zusammenhalt im Inneren. Aber manchmal geschieht auch das Gegenteil und die Unterdrückten geben den Druck von außen untereinander weiter. Die Spezies Mensch ist unergründlich und unberechenbar.
Sie verwickelte den Arzt sofort in ein Gespräch über die für mich am besten geeignete Medizin und nannte ihm die unterschiedlichsten Kräuter, die anzuwenden wären. Zur Stärkung der angegriffenen Lunge schlug sie Hirschhorn mit Honig vor. Ölsalz zur schnellen Wundheilung, außerdem Johanniskrautöl, 59 zerriebene Blätter Gundelrebe und zerstampfte Tonerde. Der Arzt war von ihr und ihren Kenntnissen beeindruckt. Irgendwann wiegte mich ihre angeregte, sanft gemurmelte Disputation in den Schlaf.
Mein nächster Besucher war ein Kriminalkommissar, dem ich alle Einzelheiten des Übergriffs erläuterte. Auf meine Frage sagte er mir sofort, was mit dem Buntbepelzten geschehen war. Er hatte ihn in die Forensik bringen lassen. Dort hatte man die Messerklinge aus seiner Brust entfernt und nach Spuren untersucht, den Einstichkanal vermessen und bestimmt, um darstellen zu können, in welcher Position der Täter auf mich zugestochen hatte. Hiervon hing gegebenenfalls ab, ob Anklage wegen eines versuchten Tötungsdelikts oder wegen einer gefährlichen Körperverletzung erhoben werden würde. Zudem war die Tötung des Hundes nach geltendem Recht eine Sachbeschädigung. Der Kommissar war selber einmal Leiter einer Hundestaffel gewesen. Er verstand mein Verhältnis zu dem Buntbepelzten, ohne dass es weiterer Ausführungen bedurfte. Der Bunte läge tiefgefroren in der Asservatenkammer, berichtete er. Wenn es mir besser ginge, könne ich ihn dort abholen. Falls ich das nicht wollte, würde er für eine Verbrennung der Tierleiche sorgen. Wir verabredeten, dass ich den Leichnam des Buntbepelzten abholen würde, sobald es mir möglich wäre. Wir sprachen auch über die dem Übergriff vorangegangenen Anrufe. Der Polizist war ein wahrer Glücksfall. Er war zutiefst empört über den Zusammenhang der Verletzungen

mit meinem Mandat. Er sagte unter anderem das Intelligenteste, was ich bisher über die Integrationsproblematik der Zigeuner gehört hatte: „Solange wir sie nicht mit ihren Eigenheiten akzeptieren und ihre eigenen Fehler und Versäumnisse unter den Teppich kehren und sie aus politisch korrekten Gründen nicht sehen wollen, wie sie sind, kommt ihre Integration nicht infrage. Ohne sie zu respektieren, kommen wir ihnen keinen Schritt näher."
Er erwog eine Fangschaltung meines Anschlusses, die wir beide als überflüssige Geldverschwendung verwarfen. Ich bestätigte auf seine Frage, dass ich den Täter sofort wiedererkennen würde, und beschrieb ihm dessen rundliches Kindergesicht mit den ausdruckslosen Augen, dem dicklippigen, aber kleinen Mund, dem Doppelkinn, seinen absonderlichen Haarschnitt, seinen adipösen, massigen Körper. Darauf legte er mir eine Reihe Fotos bekannter rechtsradikaler Straftäter vor, unter denen sich mein Peiniger nicht befand. Er erklärte mir, dass an meiner Kleidung keine verwertbaren DNA-Spuren aufgefunden worden waren und räumte kaum Chancen ein, den Straftäter zu ermitteln. Mir war längst klar, dass das gegen unbekannt geführte Verfahren in spätestens zwei Monaten eingestellt werden würde, weil keine Ermittlungsansätze vorhanden waren.
Nach zwei Tagen hatten die Kopfschmerzen ebenso wenig nachgelassen wie die Trauer um den Bunten. Luminiz gab mir bei ihrem nächsten Besuch einen kleinen Leinenbeutel, den ich mir auf den Kopf legen und eine Salbe, mit der ich meinen Nacken einreiben sollte. Der Leinensack entwickelte sofort eine starke Wärme, die durch den Verband an meine Stirn drang.
„Wieso soll ich meinen Nacken einreiben?", fragte ich sie. „Dort sind doch keinerlei Verletzungen."
Ich solle nicht so blöd fragen, antwortete sie barsch, denn von solchen Sachen verstünde ich nichts. Es sei ihr sehr ernst mit meiner Behandlung. Dies sei nichts, worüber sie diskutieren wolle, über ernste Dinge diskutiere sie nicht.
Ich rieb widerspruchslos unter Mühen meinen Nacken mit der Salbe ein. Sie blieb neben meinem Bett sitzen und flüsterte in Romanes vor sich hin. Ab und zu machte sie eine Pause, unterbrach ihr Murmeln

und unterhielt sich mit mir über Belanglosigkeiten. Nach zehn Minuten waren die Kopfschmerzen weg. Sie nahm den Beutel wieder an sich und gab mir die Anweisung, die Salbe nochmals, kurz bevor ich einschlafen würde, vorsichtig einzureiben.
Ich fragte sie, was in dem Beutel sei und woraus die Salbe bestand.
„Geriebene Rattenhoden, Unkenaugen, Spinnenmilz, Rabenleber, Menstruationsblut einer Jungfrau und drei Haare vom Schwanz des Teufels“, antwortete sie voller Ernst und fing dann an zu lachen. „Geheimnis“, ergänzte sie leise. „Nichts für Gadsche. Nimm es einfach, ich mach dich gesund.“

15. Wahrheitsfindung

Am siebten Tag meines Krankenhausaufenthalts waren die Schmerzen im Brustbereich erträglich, auch wenn ich mich bewegte. Also begann das Bewegungstraining. Am neunten Tag konnte ich, allerdings unter starken Schmerzen, relativ gut laufen. Ein nicht mehr ganz junger Pfleger leitete mich an und holte mich in die übliche Motorik des normalen Daseins zurück.

Ich fühlte mich im Krankenhaus der Frommen Helenen gGmbH wie ein Spion im Feindeslager. Dass ich einen Prozess gegen das Krankenhaus führte, bei dem es für dieses nicht nur um einen größeren Geldbetrag, sondern vor allem um einen Renommeeverlust mit erheblichen Umsatzeinbußen ging, war meinen behandelnden Ärzten und dem Pflegepersonal nicht bekannt. Mir war wohler, wenn dieser Zusammenhang mit meiner Person nicht offenbar würde. Nicht etwa dass ich glaubte, dann schlechter behandelt zu werden. Ich glaubte aber, vielleicht als Unerkannter noch die ein oder andere in dem Prozess nützliche Information erhalten zu können.

Der indisch aussehende Pfleger, der mit mir langsam den kargen, nach Desinfektionsmitteln riechenden Krankenhausgang auf und ab ging, mochte etwa 30 Jahre alt sein. Um den Mund hatten sich ihm schon vor der Zeit melancholische Falten eingefurcht. Nicht nur sein Beruf war anstrengend, er hatte viel an irreparablem Elend und manches kümmerliche Ende gesehen. Wir kamen schnell ins Gespräch. Er erzählte mir, dass er aus Afghanistan stammte. Seine Familie hatte es dort während der Regierungszeit des Präsidenten Mohammed Nadschibullah mit einem Import-Export-Handel zu einigem Wohlstand gebracht. Nach dem Abzug der Sowjets und dem Sturz des Präsidenten floh er vor den Taliban in die Bundesrepublik. In Afghanistan lebten noch seine betagte Mutter und sein Bruder, der unter den Mudschahedin gekämpft und sich mit den Taliban recht und schlecht arrangiert hatte. Sein Bruder war Arzt und gute Ärzte braucht jedes Regime. Er selbst hatte in Deutschland eine Ausbildung zum Krankenpfleger und Physiotherapeuten gemacht und plante, in seine Heimat zurückzukehren.

Ich sprach mit ihm über das Drachenspiel. Seit Khaled Hosseinis Roman „Drachenläufer", den ich mit großer Begeisterung gelesen hatte, wusste ich, dass jedes afghanische Kind im Herbst diesem Spiel entgegenfiebert. Die Kinder bauen sorgfältig Papierdrachen, die sie an langen Schnüren aufsteigen lassen. Die Schnüre imprägnieren sie mehrfach mit einer Mischung aus Leim und Glasfasern. Dadurch sind sie messerscharf. Bei dem Spiel geht es darum, den eigenen Drachen geschickt unter Ausnutzung der Windverhältnisse gegen die Drachen der anderen zu lenken, sodass deren Schnüre durch die Schnur des eigenen Drachens durchtrennt wird, der Drachen herabstürzt und dann erbeutet werden muss. Um teilnehmen zu können, müssen pro Drachen zwei Teilnehmer spielen, einer, der den Drachen lenkt und einer, der über die niedrigen Dächer und engen Straßen zu den herabstürzenden Drachen läuft. Gewonnen haben die, deren Drachen schließlich am Himmel übrig blieb und die die meisten fremden Drachen erbeutet haben. Das Spiel geht nie ohne Blessuren ab. Der die Schnur hält, kann sich schnell an ihr schneiden, der über die Dächer läuft, leicht stürzen. Mancher afghanische Taxifahrer unter meinen Mandanten hatte mir von Arm- und Beinbrüchen berichtet, die er als Kind beim Drachenkampf erlitten hatte.
„Ich werde zurückkehren. Dann werde ich in Afghanistan eine Praxis für Physiotherapie aufmachen oder an ein Krankenhaus gehen, eine Familie gründen und meinen Söhnen zeigen, wie sie den Drachen lenken müssen. Ich muss nur noch ein bisschen Geld verdienen, ehe es so weit ist."
Ich nickte ihm beifällig zu, während ich schon relativ gut, trotz starker Schmerzen in meiner Brust, meine Bewegungen koordinierte. Mein Kreislauf war allerdings nicht sehr stabil, mir wurde schummrig. Der Pfleger musste mich stützen. Als ich ihm von dem Buntbepelzten erzählte, liefen mir plötzlich Tränen über das Gesicht. Vor anderen zu weinen schafft stärkeres Vertrauen, als gemeinsam zu lachen. Offen gezeigte Verletzungen und Verletzbarkeit weckt bei gesund funktionierenden Mitgeschöpfen automatisch Empathie. Erst recht bei einem, der sich dem pflegerischen Beruf, wenn auch nur auf Zeit, verschrieben hat.
Luminiz, die mich fast täglich besuchte, fand meinen Pfleger sympathisch.

„Nettes Kerlchen", vertraute sie mir an. „Könnte mir gefallen, wenn ich jünger wäre. Sieht fast aus wie ein Rom."
Auch er fand Luminiz interessant und war wie Dr. Lumije voller Bewunderung für ihre Kräuterkenntnisse.

Ich fühlte mich fit genug, um das Krankenhaus zu verlassen. Die Urteilsverkündung sollte am kommenden Tag sein. Um 9 Uhr würde Röbbels in dem Verhandlungssaal sitzen und, wie es die Zivilprozessordnung vorschreibt, einsam in sein Handdiktiergerät den Tenor des Urteils diktieren. Spätestens innerhalb drei weiterer Tage würde er das vollständige Urteil abfassen, die Geschäftsstelle würde es tippen, er würde Korrektur lesen, schwungvoll unterschreiben und es mir zustellen lassen. Während üblicherweise die Zustellung formlos erfolgt, weil sie der Anwalt durch ein Empfangsbekenntnis bestätigt, ließ Röbbels mir grundsätzlich jedes Schriftstück mittels Postzustellungsurkunde, durch die der Zustellungsbeamte die ordnungsgemäße Zustellung bescheinigt, zustellen. Er zeigte mir so, dass er mich nicht vertrauenswürdig fand. Denn in meinem Fall sei der Zustellungsnachweis erforderlich, weil sonst mit meiner Lüge, ich hätte die Zustellung nicht erhalten, zu rechnen sei. Ab der Zustellung läuft die einmonatige Frist, innerhalb der die Berufung eingelegt werden kann.
Es war höchste Zeit, die notwendigen Fragen zu stellen. Während der Pfleger mit mir über den Gang schlurfte, sprach ich vorsichtig Chakkas Unfall an. Ich hatte den unangenehmen Verdacht, mein Pfleger hätte irgendetwas mit dem Sturz zu tun.
„Waren Sie eigentlich auf der Station, als im vorigen Herbst der Zigeuner eingeliefert wurde?", fragte ich unvermittelt.
„Ich weiß nicht, von wem Sie sprechen", antwortete er.
Jetzt oder nie, dachte ich und erklärte ihm, dass im vorigen Dezember, vor über zehn Monaten, ein Patient auf seiner Station aus dem Bett gestürzt war und eine Querschnittslähmung erlitten hatte. Ich ging aufs Ganze und nutzte den Überraschungseffekt aus. Ich erzählte ihm die ganze Geschichte meines Mandats und schilderte den furchtbaren, hoffnungslosen Zustand, in dem sich der junge Zigeuner befand. Mein Instinkt sagte mir, dass er wesentlich zur Lösung dieses Falles beitragen

konnte. Ich vermutete, dass er Dienst hatte, als es zu dem Sturz kam, er sogar möglicherweise hierfür verantwortlich war.
Er sah mich völlig verblüfft an. „Ich habe von dieser Geschichte noch nie etwas gehört. Wann soll das gewesen sein?"
„Am Mittwoch, den 4.12.13, wurde der Zigeuner eingeliefert, am 7. operiert, am 13. gegen 7.30 Uhr stürzte er aus dem Bett und war querschnittsgelähmt."
„Deswegen weiß ich davon nichts!", antwortete er. „Am 13.12. ist mein Geburtstag. Den habe ich zusammen mit meinem Kollegen Borstel und seiner Verlobten auf Sizilien verbracht. Wir hatten dort zwei Wochen Ferien gemacht und sind auf der Insel herumgefahren, um mal richtig auszuspannen und meinen Geburtstag da zu feiern. Ganz spontan und unwahrscheinlich billig. Last Minute."
„Anton Borstel?", fragte ich meinerseits nun völlig überrascht.
„Ja", wiederholte er, „und seine Verlobte."
Ich klärte ihn darüber auf, dass die Krankendokumentation vom 13.12. morgens mit dem Kürzel AB paraphiert war und sich aus dem Übernahmebericht der Intensivstation ergab, dass der Pfleger Anton Borstel den Patienten dorthin gebracht hatte.
„Diese Schweine!", rutschte es dem Pfleger heraus. „Am 13.12.13 hat Anton mit seiner Verlobten und mir auf der Terrasse unseres Hotels gesessen. Wir haben zur Feier meines Geburtstages am 13. abends mit Blick auf den Concordiatempel eine vorzügliche Fischplatte gegessen und drei Flaschen Wein getrunken. Stellen Sie sich vor, Sie schauen beim Essen tatsächlich auf einen griechischen Tempel. Es erinnert mich an das Tal der Buddhas in Bamiyan vor deren Zerstörung durch die Taliban. Borstel ist ein paar Monate später mit seiner Freundin nach Berlin gegangen. Sie hatten viel vor. Sie wollten zusammen eine mehrjährige Weltreise mit einem ausgebauten Armeewagen unternehmen, wenn sie genug zusammengespart hatten. Borstel bastelte jede freie Minute an einem alten ausgedienten Magirus, den er von dem legendären Händler Philipp aus dem Hanfbachtal bei Hennef günstig erworben hatte. Seine Freundin schwärmte von einem Aschram in Südindien, dort wollte sie unbedingt hin. Daraus ist dann nichts geworden. Er ist vor ungefähr zwei Monaten gestorben, Lungenkrebs."

„Ich weiß“, sagte ich. Ich hatte also mit seiner Verlobten telefoniert und war dabei, ohne die geringste Ahnung zu haben, ganz nah an der Aufklärung gewesen. Hätte ich sie direkt gefragt, hätte sie mir sicher erklärt, dass die Paraphe auf dem Pflegebericht nicht von ihrem Verlobten stammen konnte, weil er zu der Zeit nicht in Köln, sondern auf Sizilien war. Ich hatte zu früh aufgegeben, das Telefonat zu schnell abgebrochen. Ich hatte nicht die Fantasie entwickelt, die nötig war, um mich weiterzuführen. Es war mir peinlich gewesen, den Trauerfall anzusprechen. Ich war zu bequem. Das Leben ist voller solcher Fallstricke. Haarscharf daneben, eine Sekunde nicht aufgepasst, und schon sind die Weichen anders und falsch gestellt. Hätte mich ein rechtsradikaler Straftäter nicht zusammengeschlagen, wäre ich meinem Pfleger, diesem ehrlichen, aufrechten und barmherzigen Samariter, nicht begegnet. Die Ursache von Chakkas Leiden hätte sich mir niemals gezeigt.
„Würden Sie das als Zeuge vor Gericht bestätigen, was Sie mir gerade anvertraut haben?“, fragte ich, während mein Herz vor Aufregung und Freude hüpfte.
Er bejahte. Ich fragte nach dem Namen der Freundin Borstels, um eine zweite Zeugin zu haben. Inzwischen war es 22 Uhr. Bis zur Urteilsverkündung am nächsten Morgen um 9 Uhr konnte ich die Wiedereröffnung der mündlichen Verhandlung erzwingen, wenn ich die neu gewonnenen Erkenntnisse mit einer eidesstattlichen Versicherung vor der Verkündung schriftsätzlich vorbrachte. Hierzu war genug Zeit. Ich rief meine Sekretärin an und wollte ihr den Schriftsatz durchs Telefon diktieren. Nach dem zehnten Klingeln nahm sie endlich ab. Sie war völlig betrunken. Während ich versuchte, ihr den Sachverhalt nahezubringen, lallte sie ununterbrochen, wie glücklich sie sei, bei mir zu arbeiten, was ich für ein besonderer Mensch sei und wie schön überhaupt ihr Leben wäre. Im Hintergrund hörte ich Stimmengewirr und Bill Evans’ sanfte Klavierklänge. Wahrscheinlich feierte sie eine Party. Ich beendete das Gespräch, schlich mich in das Schwesternzimmer und stahl dort einen Kugelschreiber und einen Schreibblock.
Zurück in meinem Krankenzimmer formulierte ich den Schriftsatz. Ich führte aus, dass der Pfleger mir gerade die Abwesenheit Anton Borstels zum Zeitpunkt, als Chakka aus dem Bett gestürzt war, berichtet

hatte und benannte ihn und Borstels Verlobte als Zeugen dafür, dass Borstel die Krankendokumentation nicht unterzeichnet haben konnte, weil er zu der Zeit mit den Zeugen in Italien dessen Geburtstagsurlaub verbracht hatte. Das Ganze versicherte ich zudem an Eides statt, weil diese zur Glaubhaftmachung der Wiedereröffnungsvoraussetzungen erforderlich ist. Ich feilte meinen Entwurf weiter aus, bis er puristisch auf das Notwendigste reduziert war. Denn für Röbbels vermeide ich jedes überflüssige Wort und beschränke mich nur auf das Wesentliche. Dann war der Schriftsatz fertig. Mir fehlten lediglich das Aktenzeichen und die Faxnummer. Ich wusste, dass das erste Zeichen eine 39 war. Diese Ziffer bezeichnet die Kammer, die den Rechtsstreit bearbeitet. 39 war die letzte Ziffer der beim Landgericht Köln vorhandenen Kammern. Röbbels dachte wahrscheinlich, die letzte Ziffer sei eine Auszeichnung als höchster, krönender Abschluss. Ich sah darin das Schlusslicht einer traurigen Reihe derer, die ihre Aufgabe und Erfüllung darin sehen, ihre Mitmenschen abzuurteilen. Alles ist eben eine Frage der Perspektive. Dann folgte ein O. Damit werden die allgemeinen Zivilverfahren 1. Instanz vor dem Landgericht bezeichnet. Hierauf wird das Aktenzeichen durch eine Nummer komplettiert, die die Klagen beim Eingang fortlaufend erhalten, dem schließt sich ein Querstrich mit der Zahl des Jahres an, in dem die Klage eingereicht wurde. Dass dies so ist und welcher Buchstabe für welche Sache in welchem Rechtsgebiet zu verwenden ist, haben schlaue Juristen in rechtlich verbindlichen Registerordnungen sorgfältig ausgetüftelt. In einem sehr übersichtlichen System von grundlos vergebenen Buchstaben werden alle möglichen Rechtsstreitigkeiten in einem sinnvollen Schema erfasst und befriedigen den Ordnungsbedarf der Rechtfindenden und -suchenden. Ohne das Aktenzeichen würde mein Schriftsatz untergehen, wohl kaum rechtzeitig an den Adressaten gelangen und das klageabweisende Urteil nicht verhindern. Ich rief Pustina an. Sein Handy war ausgestellt. Dann versuchte ich es unter Chakkas Handynummer. Es meldete sich Tiranijana mit ihrer samtweichen Gina-Lollobrigida-Stimme. Sie wusste sofort, worum es ging, holte ein Schreiben des Gerichts und teilte mir das Aktenzeichen 39 O 93/14 und die Faxnummer mit. Ich fügte beides in meinen Schriftsatz ein. Inzwischen war Mitternacht. Ich ging leise zurück in das Schwesternzimmer, vorbei an einer laut schnarchenden Krankenschwester, in ein dahinterliegendes kleines Büro. Dort stand ein Faxgerät. Ich tippte die Faxnummer des Landgerichts ein. Nach einiger Zeit gab das Gerät geräuschvoll Nachricht und spuckte einen Bogen Papier aus, der mir bestätigte, dass eine Verbindung nicht möglich war. Wahrscheinlich war das Papier beim landgerichtlichen Faxempfänger mal wieder ausgegangen oder das Gerät war ausgeschaltet.

Kein Problem, dachte ich. Am nächsten Morgen würde ich den Schriftsatz persönlich abgeben. Ich spürte, wie mich trotz oder wegen meiner Erregung die Kräfte verließen. Einstweilen faxte ich das Doppel meines Schriftsatzes an Professor Dr. Höllarm, damit dieser möglichst schnell über seine bevorstehende Niederlage informiert würde.

Als ich am nächsten Morgen aufwachte, war es halb acht. Ich zog mich unter Schmerzen an. Es fiel mir immer noch schwer, mich zu bewegen. Mühsam ging ich den Gang entlang, bis ich vor einer Krankenzimmertür einen Rollstuhl sah. Ich konfiszierte das Gerät und rollte mich zum Aufzug. Um 8.15 Uhr befand ich mich vor der Eingangshalle auf dem Hof des Krankenhauses. Dort bemerkte ich zwei Männer in Bademänteln, die auf den Bänken saßen und gierig den Rauch ihrer Zigaretten einsogen. Der kalte Rauch zog stinkend in meine Richtung. Einer der beiden hatte nur noch ein Bein, der Stumpf war frisch bandagiert. Die Amputation war wohl nur ein paar Tage her. Ist weiterrauchen charaktervoll oder dumm oder beides, dachte ich, während ich über Handy ein Taxi bestellte. Dies kam mit erheblicher Verspätung. Normalerweise standen auf dem Platz vor dem Krankenhaus immer zwei oder drei Taxis. Aber ich hatte nicht bedacht, dass in Köln Möbelmesse und deshalb kaum ein Taxi verfügbar war.

Fünf vor neun erreichte ich das Gericht. Vor dem Eingang zu den Gerichtssälen befindet sich eine Sicherheitsschleuse mit zwei Beamten. Mit gutem Grund werden die Besucher dort nach Waffen durchsucht und ihre Kleidung nach metallenen Gegenständen oder flüssigen Substanzen durchleuchtet. Als Anwalt kann man an der Besucherschlange vorbeigehen. Wenn man seinen Ausweis vorzeigt, wird man nicht überprüft und braucht nicht zu warten. Ich hatte meinen Ausweis nicht dabei. Der offenbar neue Justizbeamte kannte mich nicht, also musste ich in der

Schlange warten und mich überprüfen lassen.
Um fünf nach neun war ich endlich an dem Sitzungssaal angekommen. Draußen auf der Rolle standen die heutigen Termine. Um 9 Uhr waren die Verkündungstermine, unter anderen auch für die Sache Boran ./. Krankenhaus der Frommen Helenen gGmbH 39 O 93/14 angesetzt. Ich drückte die Türklinke herunter, die Tür war verschlossen. Ich ging den Gang entlang zur Geschäftsstelle der 39. Zivilkammer.
Die Sekretärin war zunächst erschüttert über mein Aussehen. „Sie sind ja totenblass!", stieß sie aufgeregt hervor.
Tatsächlich meinte sie meine blau geschlagenen Augen und die Schwellungen, die mein Gesicht als untrügliche Zeichen aufwies. Sie wollte höflich sein und mich nicht darauf ansprechen, dass die Verletzungen offensichtlich von einer Schlägerei stammten.
Ich erklärte ihr, dass ich gerade aus dem Krankenhaus käme und eigentlich in meinem Krankenbett liegen müsste, aber unbedingt vor der Urteilsbegründung Röbbels' diesen Schriftsatz, den ich in der Hand schwenkte, übergeben müsse.
Sie unterrichtete mich, dass es heute keine Verkündungen gäbe. Der Richter sei plötzlich erkrankt, die Termine seien aufgehoben, neue würden von Amts wegen bestimmt. Die Aufregung der letzten halben Stunde fiel von mir ab. Ich übergab ihr das handgeschriebene Schriftstück, auf das sie mit lautem Krachen den Eingangsstempel drückte.
„Hoffentlich nichts Ernstes", sage ich erleichtert und scheinheilig und hoffte das Gegenteil.
„Nein, aber unangenehm. Blinddarmentzündung. Zu spät erkannt, mit Durchbruch."
Der Arman hat gewirkt, dachte ich. Ein Teil des Eiters des Röbbelsschen Darminhalts hatte sich in einer stinkenden grünlich-braunen Blase in seine Bauchhöhle ergossen. Eine Notfallbehandlung wurde erforderlich. Luminiz hatte ihm einen Denkzettel verpasst, damit er etwas bescheidender und besonnener würde. Ich rief ein Taxi und fuhr zurück in mein Krankenhausbett, wo ich beruhigt wieder einschlief.

16. Trauer, Wut, Hass, eine gute Mahlzeit und ein schlechtes Angebot

Ich wachte erfrischt auf. 19 Stunden hatte ich tief und traumlos geschlafen. Mit meinem Bewusstsein erwachte meine Trauer. Der Tod des Bunten schmerzte. Ich dachte an unsere erste Begegnung, als er aus einer Wurfkiste mit sechs anderen kleinen Welpen, noch blauäugig, aber schon mehrfarbig gemustert, mit einem viel zu großen abgeknickten Stehohr und einem kleineren Hängeohr argwöhnisch in meine Richtung blickte und sich nicht mehr bewegte, während seine Geschwister um ihn herum miteinander rangen, übereinander kugelten und laut vor sich hin fiepten. Nachdem er mich vielleicht eine halbe Minute misstrauisch beobachtet hatte, begann er noch im Sitzen mit seinem Schwanz zu wedeln, kam zutraulich, das Wedeln fortsetzend, bis zum Rand der Kiste auf mich zu und ließ sich mit Vergnügen streicheln. Mir fiel ein, dass Luminiz mich ähnlich angesehen hatte, als wir uns kennenlernten. Die ersten sieben Monate, die der Bunte bei mir war, wich er nicht mehr von meiner Seite. Dann wurde er selbstständiger. Unser Zusammenleben ging in eine gelungene Symbiose über. Er schlief nicht mehr in, sondern neben meinem Bett. Tagsüber zog er sich bisweilen unter den Tisch oder an andere ungestörte Plätze zurück, legte aber immer Wert auf meine Gegenwart. Sein ganzes Leben wachte er leidenschaftlich. Er liebte die tägliche Wiederkehr des Gleichen. Abweichungen von seinen üblichen Ritualen fand er störend. Das geringste Geräusch gab ihm Anlass zur schnüffelnden Prüfung, ob alles ungestört mit rechten Dingen zuging. Mein Büro und meine Wohnung befinden sich in einer ehemaligen Autowerkstatt. Die Kanzlei ist in einem vorgelagerten ehemaligen Bürohaus untergebracht. Dahinter liegt die als Wohnung umgebaute Montagehalle. Niemand würde dahinter einen Garten vermuten, der, von Wohnhäusern umschlossen in etwa die Größe eines Fußballfeldes hat und mit Baumgruppen und allerlei Pflanzen üppig bewachsen ist. Dies alles wurde das uneingeschränkte Herrschaftsgebiet des Buntbepelzten. Er hatte viel zu bewachen und er bewachte gut. Tagsüber war er meistens in meiner Kanzlei, konnte aber von dort jederzeit in die sich anschließende Wohnung gelangen, die er zu den immer gleichen Zeiten zweimal am Vormittag und zweimal am Nachmittag patrouillierte. Sein Lieblingsplatz war unter meinem Schreibtisch. Mandanten begrüßte er in aller Regel freundlich, sobald er merkte, dass sie mir willkommen waren. Andernfalls beachtete er sie nicht.

Jetzt war er nicht mehr da, weil irgendein verblendeter, geistloser Idiot Zigeuner hasste und ihn deshalb statt meiner abgestochen hatte. Mein Trauerschmerz wurde nach und nach von einer Wut überdeckt, die sich in unbändigen Hass verwandelte. Nach einem ungeschriebenen Gesetz begegnet man sich mindestens zweimal im Leben. Wenn es mit rechten Dingen zuging, würde meine Rache dann furchtbar sein.

Als mich Luminiz abends besuchte, bemerkte sie sofort meine Veränderung. Ich berichtete ihr aufgeregt von meiner Entdeckung und welche Wendung der Prozess nun nehmen würde. Sie war merkwürdig desinteressiert.

„Ich finde deine Gesundheit wichtiger. Dass wir gewinnen werden, war für mich nie eine Frage", sagte sie und legte mir abermals den Stoffsack mit den geheimnisvollen Ingredienzien unter ihrem unverständlichen Gemurmel einige Minuten auf meine Stirn. Mir wurde warm, meine Körpertemperatur stieg binnen Sekunden um mindestens zwei Grad. Zugleich verbesserte sich meine Stimmung. „Lass nicht zu viel Hass zu", warnte sie. „Du bist so weit, du solltest hier raus. Die Sonne scheint. Du musst diese goldenen Tage vor dem Winter möglichst viel draußen verbringen, sonst hat deine Erinnerung im Winter keine Farben. Jeder Tag, den du länger hierbleibst, verlängert deinen Heilungsprozess."

Ich stand auf und ging einige Meter ohne Schmerzen in dem Krankenzimmer auf und ab. Dr. Lumije kam, um nach mir zu sehen. Er freute sich, der Kollegin, wie er Luminiz nannte, zu begegnen und war mit ihr einer Meinung, dass ich aus dem Krankenhaus entlassen werden könnte. „Guter Voodoo", lobte er, wobei nicht deutlich war, ob er die Fähigkeiten der Drabarni oder seine eigene Heilkunst meinte. Er zwinkerte Luminiz zu, die sofort auf sein Spiel einging und sein Zwinkern erwiderte. „Sie sollten nach Hause gehen", sagte er.

Luminiz verabschiedete sich. Wir verabredeten uns für den übernächs-

ten Abend im Lager der Kumpanija. Ich zog mich an, packte meine Klamotten zusammen und rief meine Sekretärin an, die mich mit ihrem Porsche abholte, der aus dem Zugewinn ihrer Scheidung stammte, den ich nebst eines beträchtlichen Aufstockungsunterhalts vor Jahren für sie erstritten hatte. Während ihrer Scheidungsphase hatten wir eine kurze, aber heftige Affäre. Davon waren eine verlässliche Freundschaft und eine Anstellung in meiner Kanzlei übrig geblieben.
Gegen Mittag war ich allein in meiner Wohnung. Der Bunte fehlte mir. Kein Schwanzgewedel empfing mich als Zeichen seiner Freundschaft zu meiner Begrüßung.
Im Küchenschrank fand ich ein paar in einem Glas gut konservierte schwarze Trüffel. Daneben stand eine Flasche Olivenöl, die mir ein aus Sizilien stammender Mandant als Geschenk mitgebracht hatte. Sein Vater und sein Bruder bewirtschaften im Territorium Trapani, zwischen Trappeto und Balestrate, einen Olivenhain. Im Herbst fingen sie die fetten ausgereiften Früchte in großen, um die Bäume liegenden Netzen auf. Sie brachten sie zusammen mit den anderen Ölbauern zu einer genossenschaftlichen Ölpresse, in der in erheblichen Mengen schnell produziert wurde. Einer von der Familie blieb stets, manchmal auch über Nacht, in der Nähe und bewachte die Pressung, damit keiner etwas von dem Öl abzapfte und, damit dies nicht auffiel, es mit dem schärferen Öl der in dieser Gegend wild wachsenden Kaktusfeige streckte. Mein Mandant fand nichts Verwerfliches dabei, Heroin oder Kokain zu strecken. Es wird ja dadurch seiner Meinung nach sogar weniger schädlich. Aber Olivenöl mit künstlichen Zusätzen zu verlängern, war für ihn ein unverzeihliches Verbrechen. Das ging gegen den guten Geschmack. Das Öl sollte nicht zu lange lagern, hatte mir mein Mandant erklärt, als er mir stolz vor etwa einem Monat die Flasche ohne Etikett überreichte, die ich voller Rührung und Vorfreude entgegennahm und sie für eine besondere Gelegenheit verwahrte. Eine solche war heute.
Zunächst stimmte ich mich mit guter Musik ein. Die Gambenklänge der unvergleichlichen Hille Perl brachten mich unaufdringlich, höchst sensibel und mit verhaltener Heiterkeit in eine kreative Stimmung. Diese Musikerin ist nach meinem Eindruck vollkommen identisch mit dem, was sie tut. Selbst ihr Name passt zu ihrer Musik. Die Gamben-

klänge verflossen langsam, immer den Klang leicht ändernd, in eine unendliche Allharmonie. Zurecht heißt ein nicht hoch genug zu lobendes Album des vor ihr gegründeten Ensembles *Sirius Viols*, bei dem neben anderen sie selbst, ihr Ehemann, ihre Tochter und ihre Nichte spielen, „Liquide Perle“, wohl nach der darauf enthaltenen Diminution des Giovanni Bassano über das Madrigal von Luca Marenzio, „Liquide perle amor“. Der Vorname Hille leitet sich unter anderem von Frau Holle ab, die die glitzernden Schneekristalle über die Welt schüttelt. Eben diese Musik schaffte genau den Hintergrund, den ich für die Zubereitung einer bemerkenswerten Speise nötig hatte.
Ich holte meine Nudelmaschine und befestigte sie mit der dafür vorgesehenen Klammer an der Terrazzoarbeitsplatte. Ihr Anblick stimmte mich fröhlich, wie mich der Anblick eines perfekten Gegenstandes stets erheitert. Ich siebte etwa 250 Gramm 405er-Mehl auf die Theke. In dessen mittige Mulde gab ich zwei frische Eier, ein Eigelb und etwas von dem unvergleichlichen Öl. Den Teig knetete ich hingebungsvoll mit immer den gleichen regelmäßigen Bewegungen zehn Minuten lang. Dann wickelte ich ihn stramm in eine Plastikfolie, die ich in den Kühlschrank legte, während eine Sonate Schmelzers ertönte, in der das Freiburger Barockorchester aufjauchzte und Hille Perl voller Spielfreude fetzig der Gambe alle auch in ihr steckende Fröhlichkeit entlockte, die sie wie ein barmherziger Schleier der Maya über die melancholischen Tiefsinnigkeit der Melodie warf und damit jeden Gedanken an alle unweigerliche Vergänglichkeit behutsam verdeckte.
Der Teig musste eine Stunde kühl ruhen. Währenddessen zog ich mich in meinen Sessel zurück, trank als Aperitif zwei Gläser Champagner aus dem kleinen Dorf Le Mesnil-sur-Oger und las sehr leicht beschwipst die Vorrede des alten Pulverkopfs zur fröhlichen Wissenschaft, die von der Genesung des Dichter-Philosophen handelt, in der er die Frage aufwirft, ob nicht alle „Philosophie bisher überhaupt nur eine Auslegung des Leibes und ein Missverständnis des Leibes gewesen ist“ und die einen Grundgedanken seiner Lebensphilosophie enthält.
Nach einer Stunde legte ich passend zu dem jetzt folgenden Arbeitsgang von Cecilia Bartoli gesungene Arien aus der Schule der Kastraten des Seicento und des 18. Jahrhunderts auf. Da aufgrund des päpstlichen

Edikts Clemens IX. keine Frauen als Sängerinnen ausgebildet werden und auftreten durften, begann man ab dem 17. Jahrhundert, Hunderte und Tausende Knaben mit schönen Stimmen zu kastrieren, um deren Stimmqualität zu erhalten. Eine hohe Kultur widerspricht niedriger Barbarei nicht, vielleicht ist das eine ohne das andere nicht denkbar. So opferten im Italien des 18. Jahrhunderts auf dem Höhepunkt dieser Entwicklung fast fabrikationsmäßig bis zu 4000 Knaben jährlich ihre gerade erwachende Männlichkeit auf dem Altar der gefräßigen, nimmersatten Kunst. Nur selten küsst die Muse, oft beißt sie zu. Sie weiß nichts davon, dass es immer nur um wenige, vielleicht nur einen Einzigen aus der unermesslichen Fülle des verbrauchten Materials geht. So waren auch diese Opfer, wie fast jedes Opfer, vergeblich und nutzlos. Etwa die Hälfte der Knaben überlebte den Eingriff nicht. Von den andern haben später höchstens vier Prozent von ihrem Gesang Gebrauch gemacht.
Cecilia Bartoli wird von manchen als Kitsch abgetan. Das ist ungefähr so wenig zutreffend, wie ein farbenprächtiger Sonnenuntergang oder der Blick von Taormina auf die Küste kitschig ist. Eine solche Fehleinschätzung war das Kardinalproblem Heines. Mit seinem bemühten und abgestandenen Gedicht vom Fräulein am Meere, in dem er sich über die Empfindsamkeit einer jungen Dame angesichts eines schönen Sonnenuntergangs am Meer lustig macht, zeigt er nicht nur in poetischer Hinsicht ein starkes Defizit, sondern auch in persönlicher, eine Verachtung für tiefe Empfindungen, bei denen es nicht maßgeblich ist, wodurch sie ausgelöst werden. Denn warum hätte er sich sonst an seinem armen Antipoden Platen, der ihm nach meiner Einschätzung nicht nur künstlerisch weitaus überlegen ist, austoben sollen? Große Empfindungen sind große Empfindungen. Schöne Sonnenuntergänge am Meer gibt es.
Ich schnitt den Teig, der ganz leicht fluffig, aber nicht zu feucht und nicht zu trocken war, mit einem Messer, das dieselbe unerbittliche Schärfe hat, wie das zum blutigen Triumph der Barockmusik benutzte coltellino, in fünf große Stücke. Diese kurbelte ich immer wieder durch die Nudelmaschine, die ich nach jedem Durchgang enger justierte. Dazwischen bemehlte ich den Teig mehrfach. Nach zehn Durchläufen hatten die Teigplatten den richtigen Umfang. Ich schickte sie behutsam durch den

oberen Schneideaufsatz und nahm die perfekt geschnittenen Spaghetti mit der anderen Hand auf, damit sie sofort in der richtigen Parallellage blieben. Die feinen, etwa 50 Zentimeter langen Nudeln legte ich über einen Besenstiel, den ich auf den Lehnen zwischen zwei Stühlen platzierte. Dort trockneten sie, während ich aus dem Tiefkühlfach ein paar Zweige Salbei und einen Strauß Thymian mit violetten Blüten klaubte. Außerdem fand ich noch ein Stück Lardo und zwei Stücke Käse, Pecorino und Parmesan, die ich hauchfein rieb. Ich schnitt den Speck in kleine Würfel und ließ ihn in der Pfanne aus. Dann goss ich behutsam etwas von dem Öl dazu. Darein gab ich den geriebenen Käse und die Gewürze. Inzwischen brodelten die Spaghetti kurz in einem Topf Salzwasser und zogen dann einige Minuten. Von dem Nudelwasser schöpfte ich zwei, drei Suppenkellen in die Pfanne, damit sich der Käse und das Öl mit den Gewürzen locker binden konnten.
Ich hatte aus Gewohnheit zu viel Nudeln gemacht, weil der Bunte immer etwas von meinen Mahlzeiten in seine Schüssel bekam, wenn sie für seinen Organismus gut verdaulich waren. Er war daran gewöhnt, gleichzeitig mit mir seine Nahrung aufzunehmen. Ich würde beim Bemessen meiner Mahlzeiten die Mengen umstellen müssen.
Die garen Spaghetti schüttete ich in ein Sieb und gab sie, als das Wasser abgetropft war, in die heiße Sauce, in der ich sie kurz schwenkte. Ich fügte noch einen Löffel des unvergleichlichen Öls über die dampfende Pasta und rieb abschließend eine großzügige Portion der Trüffel darüber. Dazu öffnete ich die letzte Flasche des verewigten Stodden aus meinem Keller. Sie hatte dasselbe Alter, das der Bunte erreicht hatte, sie war gerade 15 Jahre alt geworden. Bei einem großen Hund entspricht das 15. Lebensjahr einem Menschenalter von etwa 85. Der vielen Freunden des Weins unvergessene Gerd Stodden hatte seinen 65. Geburtstag erreicht. Dann war er einem Infarkt zum Opfer gefallen. Der Wein hatte ihn überlebt, würde ihn noch viele Jahre weiter überleben und die Erinnerung an ihn lebendig halten. Ich nahm erst einen kleinen und danach einen kräftigen Schluck. Dann wickelte ich ein paar Spaghetti auf die Gabel und genoss die Aromenfülle, die sich sanft schmeichelnd mit jedem Bissen immer weiter steigerte, bis keine Steigerung mehr möglich war. Dazu ertönte die Stimme der göttlichen Bartoli und vergoss die sanften

Klänge einer Arie Leonardo Leos aus „Zenobia in Palmira“, der die selige Sehnsucht des Schmetterlings nach dem Licht beschreibt, die über hundert Jahre nach ihm auch der Weimarer Olympier aufgreift. Das Leben hat trotz seiner Schmerzen und Rachegefühle auch gute Seiten.
Nach zwei Gläsern spürte ich den starken Alkoholgehalt des alten Weins. Der Gott der Pasta segne alle italienischen Mammas, die geholfen haben, der Welt solche Genüsse zu bescheren, sowie die Bartoli und Innocenzo Manzetti, den Erfinder der genialen Nudelmaschine, dachte ich. Ich wusste, ich würde die Trauer um den Bunten überwinden, weiter gesunden, Chakka den Prozess gewinnen, die Kumpanija nach Süden in ein freundlicheres Klima ziehen und niemals mehr den Gestank von Müllbergen riechen müssen.
Langsam trank ich die Flasche aus. Gegen Abend ging ich hinüber in die Kanzlei. Ich hatte auch während des Krankenhausaufenthaltes die meiste Korrespondenz erledigt. Zudem war immer weniger zu tun. Seit Monaten waren die Mandate ausgeblieben. Vielleicht, weil es sich herumgesprochen hatte, dass ich einen aus der Kumpanija gegen ein christliches Krankenhaus vertrat oder weil die Herbstferien eingesetzt hatten oder weil allgemein das Vertrauen in die Justiz abgenommen hatte und rechtliche Probleme mit Methoden gelöst wurden, die meine Dienste entbehrlich machten.
Auf dem Anrufbeantworter hatte Professor Dr. Höllarms Sekretariat um Rückruf gebeten. In einer zweiten Nachricht bat er selbst mit fast flehentlicher Stimme um meinen Anruf.
Es war Abend geworden, die Dämmerung ging zügig in die Dunkelheit über, die Nachtkälte setzte ein. Ich wählte trotz der späten Stunde die Nummer, die er auf den Anrufbeantworter diktiert hatte. Er hob sofort persönlich ab, er hatte mir die Nummer seines Direktanschlusses durchgegeben.
„Nett, dass Sie zurückrufen“, leitete er das Gespräch ein.
„Ich weiß eben, was sich gehört“, erwiderte ich.
Die Pause, die entstand, zeigte, dass er meine Anspielung auf sein eigenes Verhalten sofort verstanden hatte. Er kämpfte mit seiner Wut und unterdrückte eine sicher sehr geistreiche Replik. „Ich habe Ihren Schriftsatz gelesen, hübsche Handschrift“, sagte er im leicht verbindlichen Scherzando.

„Ich komme gerade aus dem Krankenhaus", antwortete ich.
„Ich weiß", sagte er. Er hatte der Faxkennung oben auf meinem Schriftsatz entnommen, dass ich diesen nachts aus dem Schwesternbüro versandt hatte. Bei seiner Intelligenz war es ihm ein Leichtes, sich die Zusammenhänge zu erschließen. Zudem hatte er sicher von den Frommen Helenen sofort, ungeachtet der ärztlichen Schweigepflicht, einen ausführlichen Bericht über meinen Aufenthalt erhalten. Er hatte sich längst zusammengereimt, dass ich den Pfleger angesprochen hatte, den Schriftsatz in aller Eile vor dem Verkündungstermin verfasst und aus dem Krankenhaus abgesandt hatte. Vielleicht hatte er schon Kontakt zu dem Pfleger aufgenommen. Ich rechnete bei ihm mit allem, auch mit einer illegalen Zeugenbestechung. Ab einer bestimmten Größenordnung spielte in manchen Kreisen Moral und Recht ebenso wenig eine Rolle wie Geld.
„Natürlich schreiben Sie in Ihrem Schriftsatz Unfug. Aber meine Mandantin wünscht ein Ende und keinen Skandal, mag er noch so unbegründet sein. Wenn Ihre Behauptungen, die wahrscheinlich auf einem Missverständnis beruhen, an die Öffentlichkeit dringen, bleibt ja immer irgendwas hängen. Wir bieten Ihnen deshalb 150.000 Euro an, wenn Sie die Klage zurücknehmen." Um mir die Sache schmackhaft zu machen, setzte er hinzu: „Selbstverständlich werden wir Ihre Kosten, auch die eines Vergleichs, im vollen Umfang übernehmen. Ihr Mandant müsste sich allerdings zum Stillschweigen verpflichten."
Ich brauchte keine Sekunde, um zu überlegen, ob ich ihm die Maske der Ehrbarkeit sofort wegreißen oder zunächst auf sein Spiel eingehen sollte. Ich entschied mich für das Letztere, wahrte sein Gesicht und erklärte höflich, dass ich seinen Vorschlag mit meinen Mandanten gerne besprechen würde. Ich fühlte geradezu, wie er am anderen Ende der Leitung frohlockte und ihm ein Stein vom Herzen fiel.
Er drängte: „Sie sollten sich allerdings nicht allzu lange Zeit lassen, das Angebot steht nur kurz, die Gutmütigkeit meiner Mandantschaft hat Grenzen."
Daraufhin versetzte ich ihm den zweiten kräftigen Schlag in diesem Verfahren: „Unter zwei Millionen sollten Sie allerdings nicht anfangen, falls ich Sie ernst nehmen soll. Ich erwarte ein vernünftiges Angebot. Auf

baldiges Wiederhören, Herr Kollege“, wobei ich die Betonung auf das Wort „Herr“ legte und die Bezeichnung „Kollege“ stark unbetont ließ. Ich bestellte ein Taxi, weil ich immer noch den Wein spürte und nicht selber fahren wollte, und ließ mich zum Lager der Kumpanija bringen. Ich war zu aufgeregt, um allein sein zu können und wollte mich über den Anruf mit Luminiz, Goran, Pustina und Chakka beraten. Ich meldete mich telefonisch an, damit Chakka bei meiner Ankunft in seinem Rollstuhl sitzen würde.

Vor dem Feldweg weigerte sich der Taxifahrer, weiterzufahren. Entweder befürchtete er, auf dem unwegsamen Pfad den Boden seines Fahrzeugs zu beschädigen oder er hatte Angst, sich den Zigeunern zu nähern.

„Sind Sie auch einer von denen?“, fragte er und machte eine Kopfbewegung in Richtung Lager.

„Ja“, log ich, „irgendwie schon“. Ich zahlte und stieg aus. Bevor ich die Tür zuschlug, schickte ich noch eine Geste hinterher, als ob ich ein Kind erschrecken wollte: „Buh!“

Der Taxifahrer wendete den Wagen, ließ die Scheibe herunter und schrie „Arschloch!“ in meine Richtung. Ich war stolz, dass er mich für einen Zigeuner hielt. Das genügte ihm, um mich zu beschimpfen und sich dazu berechtigt zu glauben. Ich notierte mir seine Nummer. Ich wollte mich in meiner Eigenschaft als geachtetes Organ der Rechtspflege mit besten Beziehungen zur städtischen Taxigenossenschaft über ihn beschweren und erreichen, dass ihm mindestens eine zeitliche Sperre aufgebrummt würde. Später ließ ich diesen Plan fallen, der Aufwand war zu groß. Es lohnte sich nicht.

Luminiz und die anderen saßen wegen der Abendkühle in Mäntel und Decken gehüllt um das Feuer. Sie ließen eine Flasche Tuica kreisen. Auch ich nahm, nachdem ich ihnen zum kollektiven Gruß meine beiden Arme mit geöffneten Handflächen entgegengehalten hatte, einen zu großen Schluck und musste wegen der Schärfe des ungewohnten Pflaumenschnapses furchtbar husten.

Goran grinste und schüttelte den Kopf: „Erst nippen, dann mehr nippen, dann einen richtigen Schluck, Dog.“

Ich berichtete ausführlich über das Telefonat.

„Zweieinhalb Millionen, nicht darunter“, sagte Luminiz. „Du wirst sehen. Ich weiß es. Zweieinhalb werden sie mindestens zahlen Es ist egal, was du angeboten hast oder er. Zweieinhalb Millionen, keinen Cent weniger." Sie beschwor fast die Zahl, sie war sehr ernst. Chakka schaute sie ungläubig an, Goran und Pustina nickten.

Ich aß noch ein paar mit getrockneten Orangenstücken und in Chili eingelegte Oliven, die sie mir in einer Holzschale reichten. Ich war furchtbar müde und stark angetrunken. Tiranijana, die fast niemals Alkohol trank und als Einzige im Lager, außer den Kindern, nüchtern war, fuhr mich mit Gorans altem Benz nach Hause. Schon während der Fahrt schlief ich ein, mein Kopf sank an ihre Schulter. Im Schlaf roch ich ihren leichten Aprikosenduft. Ihre weichen Haare kitzelten an meinen Nasenlöchern. In meiner Wohnung legte ich mich anzogen auf eine Couch und schlief sofort weiter.

17. Eine private Ragnarök

Am nächsten Morgen kam mir die letzte Nacht wie ein Traum vor. Ich legte mich lange in die Badewanne. Das Wasser war heiß. Ich hatte eine erfrischende Eukalyptusessenz zugesetzt, die nicht nur die Haut, sondern auch die Atemwege reinigte. Den Tag brachte ich mit Routinearbeiten zu. Abends ging ich ins Lager und begab mich sofort in Luminiz' Hütte. Sie hatte mich erwartet, ohne dass wir verabredet waren. Wir besprachen in aller Ruhe, wie wir weiter vorgehen wollten und kamen überein, zunächst nichts zu tun und einfach abzuwarten. „Er wird sich bei dir melden oder dich über das Gericht anschreiben. Du bleib ruhig", sagte sie fast befehlend, „wir haben Zeit."
Auf der Rückfahrt spürte ich, dass irgendetwas anders war, so als ob ein besonderes Ereignis kurz bevorstünde, eine unbekannte, wichtige Situation sich anbahnte. Zunächst hatte ich, wie immer, wenn ich allein im Auto fuhr, das Gefühl, der Buntbepelzte läge hinten im Wagen. Schon zu seinen Lebzeiten spürte ich seine vermeintliche Anwesenheit im Auto, wenn er nicht mitfahren konnte und zu Hause bleiben musste. Ich vergewisserte mich regelmäßig im Rückspiegel, dass er nicht hinter mir hockte und über meine Schulter die Fahrbahn beobachtete. Genauso ging es mir, wenn ich kochte. Ständig achtete ich darauf, nicht auf einen hinter oder neben mir im Weg liegenden Hund zu treten oder über ihn zu stolpern, obwohl er nicht mehr da war. Wieder stieg ein unbändiger Hass gegen seinen und meinen unbekannten Peiniger auf.
Dann sah ich ihn. Auf dem Hohenzollernring überholte mich ein alter grauer Polo. Hinten hatte er neben dem Deutschlandschild ein Bild der alten Reichsfahne aufgeklebt. Auf dem schwarz-weiß-roten Grund war ein stilisiertes Ritterkreuz mittig angebracht. Darüber stand in einer Schrift, die den eckigen Runen nachempfunden war, „Böser Onkel". Trotz der geschlossenen Wagenfenster hörte ich einen wummernden, einfallslosen, rhythmischen Bass, als ich neben dem Wagen vor einer roten Ampel anhielt. Der Fahrer war gut sichtbar, er stierte geradeaus und bewegte rhythmisch nickend seinen Kopf zu dem geist-

losen Bassgedröhne. Ich erkannte ihn sofort und stützte meinen Kopf mit der linken Hand ab, um mein Gesicht zu verdecken. Dann sprang die Ampel um. Er fuhr mit quietschenden Reifen an. Das Nummernschild seines Wagens war leicht zu merken: K-AH 1933. Die Initialen Kniébolos und das Jahr seiner Machtergreifung. Während HJ, SS, SA als Kennzeichen verboten sind, gilt für AH mit einer bestimmten Zahlenkombination nur in Bayern und Brandenburg ein Verbot. Anspielungsreiche Kennzeichen haben schon manchen Verkehrssünder entlarvt. Denn der Wiedererkennungseffekt ist groß. Ich versuchte ihm zu folgen. Das war unmöglich. Er fuhr mit weitaus überhöhter Geschwindigkeit, überholte andere Fahrzeuge rechts und kümmerte sich nicht im Geringsten um die Straßenverkehrsordnung oder die anderen Verkehrsteilnehmer. Nach zwei Ampeln gab ich die Hoffnung auf, ihn einholen zu können. Das Kennzeichen würde mir weiterhelfen. Ich rief am darauffolgenden Tag mit unterdrückter Nummer beim Straßenverkehrsamt an, meldete mich als Polizeihauptkommissar Schmitz und bat um Auskunft des Halters des Fahrzeugs VW-Polo, vermutlich Erstzulassung 2004, mit dem amtlichen Kennzeichen K-AH 1933. Ich erklärte ihm, wir könnten aufgrund eines Systemfehlers keinen Zugriff auf die Kfz-Halter-Daten nehmen, die Sache sei aber dringend und ich bräuchte die Daten sofort. Ohne Umstände erhielt ich sofort den gewünschten Namen und die letzte gemeldete Anschrift. Er hieß Horst Krause und war 28 Jahre alt.

Seine Wohnung war in einem berüchtigten Wohnblock in Kalk. Über 120 Parteien leben in der Anlage. Er wohnte irgendwo in der Mitte, wie ich dem in altdeutscher Schrift beschrifteten Klingelschild entnahm. Auf der vorderen Seite des Hauses hingen vor einigen Fenstern Flaggen als Vorhänge. Ich konnte eine libanesische, mehrere italienische und deutsche erkennen. Neben mir schlurfte ein etwa 30-jähriger Mann in einer Jabador vorbei. Auf dem Kopf trug er eine Chachia, an den Füßen trotz der Kälte Sandalen. Er hatte kurz geschorene Haare und einen schütteren langen Bart, der über der Oberlippe und auf den Backen abrasiert war. Hinter ihm ging im Abstand von knapp zwei Metern eine Frau in einer braunen Burka, die nur einen Schlitz für die Augen freiließ. Sie schleppte angestrengt in jeder Hand vollgepackte Plastiktüten mit der roten Aufschrift eines Supermarkts. Die schrägen roten Buchstaben waren halb abgeblättert und atmeten einen traurigen, abgestandenen Mief aus. Danach schlurfte eine etwa 15-jährige Mutter mit dem Leib eines Dinosauriers, die lustlos mit einer Hand einen Kinderwagen vor sich herschob, dessen rechtes Vorderrad fast platt vor sich hin eierte. In seinem Inneren plärrte hemmungslos ein höchstens zwei Monate alter Säugling. In der anderen Hand hielt sie, unermüdlich im Gehen in einer das Kindergeschrei übertönenden Lautstärke vor sich hin redend, ein Handy an ihr Ohr. Auffällig waren ihre kunstvoll lackierten, überlangen Fingernägel. Hinter ihr torkelte ein uralter, buckliger Greis. Ob er betrunken war oder seine Gleichgewichtsstörungen auf einer Krankheit beruhten, war nicht auszumachen. Klassische Statisten aus der Masse der Gescheiterten. Das als Kunden bezeichnete Publikum auf den Fluren der als Jobcenter bezeichneten Fürsorgeämter wird viele dieser bedauerlichen Exemplare aufweisen.

Warum baute ich nicht in Montalcino zwischen fröhlichen Menschen Wein an, statt, von Hass und Vergeltungssucht getrieben, einen von armseligen Kreaturen bevölkerten Wohnblock zu beobachten, um die Gewohnheiten eines jungen Gewalttäters auszuspionieren? Warum war ich nicht nach einem anregenden, interessanten Kunstgeschichtsstudium Denkmalpfleger in einer reichen pfälzischen Gemeinde geworden, anstatt mich den Unbequemlichkeiten des einer jahrelangen Gehirnwäsche gleichenden Jurastudiums auszusetzen? Wahrscheinlich aus den gleichen Gründen, die auch Professor Dr. Höllarm motivierten, das zu tun, was er tat. Den Entschluss hierzu hatte ich schon als Dreizehnjähriger gefasst. Ich weiß bis heute, welche Begeisterung mich durchzuckte, als der Klassenlehrer in der Quarta mehrere hektographierte Blätter aushändigte. Damals waren Kopiergeräte eine Seltenheit und Kopien wertvoll, die die Satzung zur Benutzung des gerade errichteten Fahrradkellers enthielten. Wie die einzelnen Regelungen ineinandergriffen, voneinander abgrenzten, sich teilweise ausschlossen und ergänzten. Eine perfekte Harmonie von symphonischem Charakter. Alles dies übte eine bis dahin nicht bekannte Faszination auf mich aus ...

„Nennt es den blitz der traf den wink der lenkte:
Das ding das in mich kam zu meiner stunde ..
Ungreifbar ists und wirklich wie der keim.
Nennt es den funken der dem nichts entfahren“

... hatte der vergessene Dichter eine ähnliche, freilich bei ihm weiter- und tiefergehende Initiation bedichtet.
So getroffen war mir seitdem klar, dass ich Jurist werden würde. Auch Höllarm und Dr. Rosenberger wird Ähnliches widerfahren sein.

Gegen 9 Uhr sah ich den Mörder des Bunten aus dem Hauseingang treten. Er wandte sich nach links. Er ging bis zur etwa 100 Meter entfernten Ampel und drückte auf die Signaltaste. Ich folgte ihm unbemerkt in einem Abstand von höchsten zehn Metern. Auf der gegenüberliegenden Seite der vierspurigen, dicht befahrenen Straße befand sich eine Bäckerei. Dort kaufte er Brötchen und ging dann den Weg zurück zu seiner Wohnung in dem Wohnsilo. Ich legte mich eine Woche lang auf die Lauer. Jeden Tag ging er zur gleichen Zeit zum Bäcker und zurück. Währenddessen wuchs mein Hass. Um mich endlich von meiner Wut zu befreien, fasste ich den Entschluss, Krause zu töten.
Mein Plan war so einfach wie genial. Ich würde meinen Peiniger auf seinem morgendlichen Gang zum Bäcker auflauern und ihn etwa fünf bis zehn Meter vor der Ampel aus nächster Nähe ansprechen. Ich würde ihn mit einer Schusswaffe bedrohen. Er würde die Flucht ergreifen und zwar nach vorne. Die von Fußgängern leere Straße nach links mit freier Schussrichtung käme nicht infrage. Dort hätte ich leichtes Spiel, seine Erschießung wäre sicher. Ihm würde als einzige Chance nur die Flucht über die befahrene Straße bleiben. Die Chance, dort trotz des starken Verkehrs heil herüberzukommen, war immer noch größer, als nach links zu rennen. Ich war mir sicher, dass er es nicht über die Fahrbahn schaffen würde.
Zunächst brauchte ich eine Waffe. Ich erinnerte mich, wie gern wir als Kinder mit täuschend echt aussehenden Spielzeugwaffen gespielt hatten, und ging in das größte Spielzeuggeschäft der Stadt. Dort gab es alle Arten von Spielzeug: Teddybären, Automodelle, Ballspiele und vieles

mehr, was das Kinderherz erfreute. Nur Waffen gab es keine. Auf meine Frage bot mir eine Verkäuferin lediglich eine futuristisch aussehende Wasserpistole an, die sofort als Spielzeug erkennbar war. Die Zeiten, in denen Kinder mit echt aussehenden Waffen gespielt haben, waren offenbar vorbei. Trotzdem war es damals, als Aggressionen noch spielerisch ausgelebt wurden, sehr viel friedlicher als heute.
Ich ging am Wochenende auf den Trödelmarkt. Dort verkauften Kinder verschiedene Kellerschätze. Unter anderem Spielzeug, mit dem vor 30 Jahren ihre Eltern gespielt hatten. Kleine, handliche, echt aussehende Trommelrevolver mit einem Schulterhalfter aus Leder, der unter der Jacke getragen wird. Ich bezahlte für ein solches Stück 8,50 Euro.
Hätte der Tod meines Hundes länger zurückgelegen, wäre ich vielleicht zur Vernunft gekommen. Bei klaren Sinnen hätte ich niemals den Tod eines Menschen gewünscht. Aber ich konnte nicht sachlich denken und vernünftige Entschlüsse fassen. Dazu hatte ich zu sehr an dem Buntbepelzten gehangen. Der Gewaltakt gegen ihn hatte etwas in mir außer Kontrolle gesetzt und meine Maßstäbe ungünstig verschoben. Vielleicht stand ich auch noch unter dem Einfluss des bei meiner Operation angewandten Narkosemittels, dessen Abbau bei manchen Menschen, gerade auch bei steigendem Alter, schwierig werden kann. Beim Gehen und belastenden Bewegungen hatte ich immer noch Schmerzen. Vielleicht brachte Luminiz' Heilsalbe archaische Instinkte zum Vorschein, die ich bei klarem Verstand niemals zugelassen hätte. Einer der Gründe für mein Verhalten war sicher mein in jahrzehntelange Erfahrung gewachsenes Misstrauen gegen das Rechtssystem, von dem ich mir wenig Hilfe versprach. Es nützt jetzt nichts mehr, nach Erklärungen und Entschuldigungen für mein Verhalten zu suchen. Die einmal in Gang gesetzte Aktion rollte ab. Keiner griff dem niederrollenden Rad in die Speichen.
Am nächsten Montag 8.30 Uhr morgens, an dem der Verkehr besonders stark war, stand ich auf meinem Beobachtungsposten, verdeckt von einem Baum. Es regnete. Die Straße war menschenleer. Ich trug eine offene Jacke über dem Schulterhalfter, in dem die täuschend echt aussehende Pistole steckte. Ich konnte sie leicht bedrohlich präsentieren, ohne sie aus dem Halfter ziehen zu müssen, indem ich die Jacke zurückschlug. Ich war völlig ruhig und merkwürdig emotionslos. Dann ging mein

Opfer die Stufen vom Haupteingang des Wohnsilos herunter. Er war guter Laune. Er pfiff laut den Badenweiler Marsch, Kniébolos Lieblingsmarsch. Ich ging unmittelbar circa vier Meter hinter ihm. Er bemerkte mich nicht. Wir legten etwa 40 Meter zurück und näherten uns der Ampel. Sie leuchtete rot. Niemand außer uns war auf dem Fußgängerweg. Der Regen war stärker geworden, der Himmel hatte sich verdunkelt. Als er eben das Signal auf der Ampel gedrückt hatte, trat ich bis auf knapp zwei Meter an ihn heran und sagte von hinten in einer Lautstärke, die er gerade vernehmen konnte: „Jetzt geht's ab nach Walhalla."
Er drehte sich herum. Ich schlug die Jacke zurück und tat, als würde ich nach der für ihn gut sichtbaren Pistole greifen. Es war nicht nötig, die Waffe zu ziehen und auf ihn zu richten. Ohne zu überlegen, rannte er sofort nach vorne los. Die erste und zweite Fahrspur konnte er unbeschadet überqueren, ein Wagen hupte, einer bremste quietschend. Er hatte die in die andere Richtung führenden Fahrspuren erreicht. Hier erfasste ihn mit voller Wucht ein Mercedes. Ich hörte den Aufprall und sah ihn durch die Luft fliegen. Ich war immer noch ruhig. Die Situation, die ich inszeniert hatte, hatte sich genauso abgespielt, wie ich es mir zahllose Male in Nächten, in denen ich vor Schmerzen nicht schlafen konnte, vorgestellt hatte.
Mein Plan war, sofort zu verschwinden. Wenn er überleben würde, würde er mich niemals anzeigen. Niemand würde ihm glauben, dass ich für seine Verletzung verantwortlich wäre. Denn um mich zu identifizieren, müsste er erklären, woher er mich kannte. Das Risiko, dass seine eigene Untat aufgedeckt wurde, wäre zu groß. Würde er sterben, hätte sich die Sache ohnehin erledigt. Aber ich hatte einen Moment zu lange gewartet, weil ich mich vergewissern wollte, dass genügend Zeugen den Vorfall beobachtet hatten und den Autofahrer, der ihn angefahren hatte, entlasten würden. Der unmittelbare Zeuge, der hinter ihm gefahren war, sprach mich an. Wenn ich mich jetzt verdrückt hätte, hätte ich mich verdächtig gemacht.
„Auch gut. Dann habe ich wenigstens den Überblick über das Geschehen", dachte ich in der trügerischen Gewissheit, völlig sicher und unangreifbar zu sein. Warum nur verhielt ich mich nicht ruhig und hielt die Klappe, wie ich meinen Mandanten für derartige Situationen immer

predigte? Stattdessen ging ich selbstgefällig in der hybriden Überzeugung, jeder würde meiner Aussage mehr glauben als der Krauses, in die Offensive. Wenn Krause überlebte, würde ich für seine Strafverfolgung sorgen und ihn außerdem auf Schadensersatz verklagen. Mein Schmerzensgeld taxierte ich vorläufig auf 20.000 Euro, dazu würden noch der Schadensersatz für den Bunten und mein Verdienstausfall kommen.

Ich rief über mein Handy den Notarzt und die Polizei an. Der fassungslose Autofahrer, der ihn erwischt hatte, war aus seinem Wagen gestiegen. Er zitterte am ganzen Körper. Ich hatte ihn für meine Rache missbraucht. Hinter seinem Wagen bildete sich eine Schlange, vor ihm hielten ebenfalls Autos. Es dauerte fünf Minuten, bis sich mit lautem Sirenengeheul ein Notarztwagen seinen Weg durch die chaotisch haltenden Autos gebahnt hatte. Die Sanitäter legten das schwer verletzte, aber lebende Unfallopfer auf die Trage. Sie verrichteten an ihm dieselben routinehaften Handgriffe, die sie vor gut zwei Wochen an mir vorgenommen hatten.

Nach weiteren fünf Minuten erschienen die Polizeibeamten. Sie sicherten die Unfallstelle und nahmen die Zeugen auf. Außer mir und den Unfallbeteiligen gab es vier weitere Zeugen, die den Unfall aus ihren Fahrzeugen heraus gesehen hatten. Alle schilderten den Hergang gleich: Der Überfahrene war ohne erkennbaren Grund auf die Straße gelaufen, obwohl die Fußgängerampel für ihn Rot und für die Autos auf der Straße in beiden Richtungen Grün zeigte. Niemand hätte damit rechnen können. Den Fahrer, der ihn getroffen hatte, traf keine Schuld.

„Unvermeidbar", sagte einer der Beamten, der die Vernehmungen führte. Ich konnte ein Motiv für das unvernünftige Verhalten des verletzten Fußgängers liefern. Ich erklärte den Beamten, dass mich dieser Mann vor etwa zwei Wochen angegriffen, schwer verletzt und meinen Hund getötet hatte. Dass ich zufällig hier auf ihn getroffen sei und ihn wiedererkannt habe. Ich hätte ihn aufgefordert, stehen zu bleiben, er aber sei sofort in Panik losgerannt, weil er mich ebenfalls wiedererkannt hatte.

Die Unfallaufnahme dauerte über eine Stunde. Die Zeugen hinterließen ihre Anschriften. Ich wusste, wie die Angelegenheit routinemäßig weitergehen würde. Eine Akte würde zusammengestellt werden. Auf der ersten Seite stünden die Personalien der Unfallbeteiligten, die amtlichen

Kennzeichen des Autos, wer Fahrer und Halter ist. Mit der Kennziffer 01 wird einer, der als der Schuldige vermutet wird, eingetragen, mit 02 der Schuldlose andere. Der Verletzte würde hier die Nummer 01 erhalten. Dann würden die Zeugen aufgeführt. Danach kämen ein Unfallbericht, der die Erkenntnisse der aufnehmenden Polizisten in dem üblichen holprigen Fachjargon enthielt und zugleich die Anzeige der Straftat oder Ordnungswidrigkeit. Dem würde die maßstabgerechte Unfallskizze mit den Spuren, den Standorten der Beteiligen und eine Fotodokumentation folgen. Daran endlich würden sich die einzelnen, noch einzuholenden schriftlichen Erklärungen der Zeugen, darunter auch meine, anschließen.

Ich wusste nicht, ob er noch lebte oder ob ich ihn getötet hatte. Ich fühlte nichts, keinen Hass mehr, aber auch keine Genugtuung. Ich hatte einfach getan, was ich tun musste, als ob mir eine fremde Macht aus irgendwelchen tiefen Schichten weit unterhalb meines Bewusstseins befohlen hätte, einen Ausgleich für begangenes Unrecht herzustellen. Ich ging davon aus, dass er den starken Aufprall nicht überleben würde. Jeder Tod ist der Untergang einer Welt. Ich hatte höchstwahrscheinlich den Untergang einer Welt verschuldet. Wie Heine in den Reisebildern zur Reise von München nach Genua in Kapitel XIII festgestellt hat, ist jeder Mensch eine einzelne Welt, die mit ihm geboren wird und die mit ihm stirbt. Damit stimmt der ihn hoch lobende Schopenhauer überein, der in seinem handschriftlichen Nachlass (Neue Paralipomena § 287) Ähnliches ausführt: „Sooft ein Mensch stirbt, geht eine Welt unter, nämlich die er in seinem Kopfe trägt. Je intelligenter der Kopf, desto deutlicher, klarer, umfassender diese Welt, desto schrecklicher ihr Untergang." Dieser unausweichlichen Katastrophe, der jegliches Leben zustrebt, entspricht induktiv in seiner individuellen Ausprägung der Untergang der ganzen Welt als allgemeine, kollektive Entsprechung. Fast jede Religion kennt das. Schon in der Edda wird die Ragnarök als das Weltende beschworen, das mein Täter und Opfer wahrscheinlich auf individueller Ebene soeben erlebt hatte. Folgte man dem vergrämten, aufrechten Philosophen, war dieser Untergang nicht allzu schrecklich.

Nachdem der Polizist meine Aussage und meine Personalien aufgenommen hatte, ging ich zu meinem Wagen. Unterwegs warf ich das Schulterhalfter und die Pistole in eine Mülltonne und deckte Müll darüber. Ich hatte dafür keine Verwendung mehr.

18. Vom Täter zum Opfer

Ich fühlte mich weiterhin sicher. Aber welche Vorsichtsmaßnahmen hätte ich jetzt noch ergreifen können? Bei einem Anruf am Landgericht erfuhr ich, wer Röbbels vertrat. Ich telefonierte mit seinem Vertreter, Richter Dr. Respel, der mir mehrfach durch seine Ahnungslosigkeit in rechtlichen Fragen aufgefallen war. Sein mangelndes Fachwissen verbarg er hinter seinem sehr selbstbewussten Auftreten. Fast jeder Fall, der bei ihm landete, wurde mit einem Vergleich beendet. Statt etwas vom geltenden Recht zu verstehen, verfügte er meisterhaft über psychologische Tricks, wie er den jeweilig Angesprochenen verunsichern konnte, um auch eindeutige Fälle auf diese Weise einem irgendwie gearteten Vergleich zuzuführen. Davon hatten alle etwas: Zunächst er selbst, weil er kein Urteil schreiben musste, der Anwalt, der bei einem Vergleich in der Regel fast ein Drittel mehr verdient und der zahlende Mandant, der seine Ruhe wiedergewonnen hatte und sich nicht weiter mit kleinkarierten Rechtsstreitigkeiten herumschlagen musste

Ich fragte mich lange, wie wohl Dr. Respel seinen akademischen Grad erworben hatte, bis ich endlich neugierig seine Dissertation bibliographierte und herausfand, dass er über ein hochbrisantes rechtsgeschichtliches Problem geschrieben hatte: „Der Eigentumserwerb an Sklaven durch die Manicipatio gem. 1, 119, 120 – 122 der Institutionen in der Nachklassik". Mit Rechtswissenschaft hat derartiges nach meinem Verständnis so viel zu tun wie der theoretische Kunstunterricht in der Sekundarstufe I mit Kunstgeschichte.

Ich erreichte den intimen Kenner eines Teils der Institutiones, die der geheimnisvolle, rätselhafte Jurist Gaius vor über 1800 Jahren verfasst hatte, nach mehreren Versuchen nachmittags. Er war nur an zwei Tagen in der Woche im Gericht und nie vor 10 Uhr. Der Mann verstand zu leben, die meiste Arbeit verrichtete er zu Hause. Viel blieb ihm aufgrund seiner Vergleichskünste nicht zu tun. Die Zahl seiner erledigten Fälle war höher als die aller seiner Kollegen am Kölner Landgericht. Für ihn traf die These von der Überlastung der Justiz nicht zu.

Er erklärte mir, er wollte auf keinen Fall seinem armen, erkrankten Kol-

legen vorgreifen. Er würde deshalb in der Sache gegen die Frommen Helenen keinen Verkündungstermin anberaumen. Diesen würde er Röbbels überlassen, mit dessen Gesundung in zwei bis drei Monaten zu rechnen sei. Bei der Arbeitsmoral seines Vertreters würde Röbbels nach seiner Genesung viel aufzuarbeiten haben, mit einem Verkündungstermin war daher frühestens in fünf Monaten zu rechnen. Diese Zeitspannen sind auch unter gesunden Richtern nicht unüblich. So habe ich einige Prozesse, deren erster Verhandlungstag erst in einem Jahr nach Einreichung der Klage stattfindet. Keiner denkt sich was dabei, während der Kläger überlegt, ob er noch mit der Insolvenzanmeldung bis zum Gerichtstermin warten kann, ohne sich wegen Insolvenzverschleppung strafbar zu machen.
Ich erklärte Respel, dass ich angesichts seiner Arbeitsüberlastung hierfür volles Verständnis hätte, wünschte ihm ein schönes Wochenende und legte auf. Es war Montag, aber ich glaubte nicht, dass er meine Ironie verstanden hatte.
In der Post fand ich eine polizeiliche Aufforderung, in dem Ermittlungsverfahren gegen meinen und des Bunten Peinigers ergänzend auszusagen. Ich machte meine Aussage schriftlich. Dabei verwies ich auf meine bisherige Vernehmung und stellte klar, dass ich ihm zufällig begegnet sei, ihn wiedererkannt hatte, ihn stellen wollte und er sofort vor mir auf die befahrene Straße geflüchtet sei, als er mich als sein Opfer ebenfalls wiedererkannte.
Dann beschäftige ich mich mit anderen Fällen. Ich sprach mit einem Mandanten dessen anstehendes Sorgerechtsverfahren durch. Seine geschiedene Ehefrau versuchte das alleinige Sorgerecht für die beiden sechs und acht Jahre alten Mädchen zu bekommen. Er hatte, während seine damalige Ehefrau studierte, die Kinder erzogen, auf sie aufgepasst und den Haushalt geführt. Sein eigenes Studium der vergleichenden Religionswissenschaften hatte er abgebrochen. Seine Exfrau hatte inzwischen Karriere gemacht. Sie war nach einem erfolgreichen betriebswissenschaftlichen Studium Geschäftsführerin einer großen Modehauskette, die vorwiegend in Indien und China unter unsäglichen Bedingungen sehr billig, wahrscheinlich auch in Kinderarbeit, produzieren ließ. Mein Mandant arbeitete als Sachbearbeiter auf einer Gleitzeitstelle als

städtischer Angestellter, so konnte er sich weiter um die Kinder kümmern, wenn diese aus der Ganztagsschule kamen. Nachehelicher Aufstockungsunterhalt stand ihm nach der sehr emanzipatorischen Novelle des Familienrechts nicht zu, obwohl seine geschiedene Ehefrau fast das Doppelte seines Einkommens verdiente. Denn wenn die Einkommenssituation eines Ehepartners durch die Ehe keine Nachteile erfahren hat, ist sein Anspruch in der Regel zu befristen. Ein Magister der vergleichenden Religionswissenschaften hätte kaum zu einem höheren Einkommen geführt, als das, was er bei der Stadt verdiente; der Zeitraum, für den sein nachehelicher Unterhaltsanspruch befristet war, war um. Jetzt beanspruchte seine Exfrau auch noch die Kinder, die sein Ein und Alles waren. Ich diskutierte mit ihm den Bericht der Verfahrenspflegerin, die der Familienrichter für die Kinder bestellt hatte und den Bericht der Mitarbeiterin des Jugendamtes, das anzuhören ist. Diese Damen waren im Termin anwesend. Beide waren stark übergewichtig, trugen enge Jeans, die die kräftige Beckenpartie, und T-Shirts, die ihre großen Brüste betonten. Darüber wallten lange Strickjacken, die vorne länger als hinten waren und dadurch vorne Zipfel bildeten, was wahrscheinlich schlanker machen sollte. Sie trugen ihre schulterlangen, lässig dauergewellten Haare offen, hinter ein Ohr gekämmt, das dadurch frei lag, und gaben dieselben schwachsinnigen Klischees von sich. Von den Kindern, deren künftiges Schicksal sie mitgestalten sollten, sprachen sie nur als „Kids“ oder „Kurze“. Sobald ein Kind in ihrer Nähe auftauchte, nahm ihr Gesicht einen beglückt lächelnden Ausdruck an, der in seiner Blödsinnigkeit aussah wie eine Karikatur des Lächelns von Reims. Kein Kid oder Kurzer war vor der geballten psycho-sozialen Zuwendung sicher.
Wenn es um die Beurteilung von Sachverhalten ging, war jeglicher Emanzipationsgedanke, der wohl seinerzeit die Familienrechtsreform verursacht hatte, wie weggeblasen. Kinder gehören nun mal zur Mutter, die für die Abbildung weiblicher Bedürfnisse nun einmal die weitaus bessere Projektionsfläche liefern und diese deshalb besser bedienen können, gelebtes Familienmodell hin oder her, Männer sind alle Verbrecher, Frauen immer die Ausgebeuteten. Ach wie schön ist die Welt, wenn man jung und städtisch bezahlte Sozialpädagogin ist und kräftig austeilen kann. Ich konnte diesen geballten Schwachsinn, den ich mir seit Jahren

anhörte, ebenso wenig ertragen, wie den Anblick dieser hemmungslos gefräßigen, sexuell frustrierten, in ihrer Mittelmäßigkeit verkümmerten Geschöpfe. Beide plädierten dafür, dass die Kinder bei ihrer Karrieremutter, die sie maßlos bewunderten, weitaus besser aufgehoben wären als bei ihrem bedeutungslosen Vater, der sie seit ihrer Geburt aufzog, sich um ihre Belange aufopfernd, liebevoll und mit allem Einsatz kümmerte, ihre Hausaufgaben kontrollierte, sie bekochte, darauf achtete, dass sie rechtzeitig zum Schwimm-, Ballett- und Reitunterricht kamen, sich abends die Zähne putzten und ihnen jeden Abend ausführlich eine Gutenachtgeschichte vorlas. Der Vater, der im Gerichtssaal erbleichte, als er dies hörte, sei im Vergleich zu seiner karrierebeflissenen, geschiedenen Ehefrau nach einvernehmlicher Auffassung der Dinosaurierdamen aufgrund seiner fehlenden Lebenspraxis nicht so gut wie diese in der Lage, für die gemeinsamen Kinder zu sorgen. Zumal sie Mädchen waren, die von der Mutter immer besser, eben von Frau zu Frau, verstanden würden. Frauen bevorzugen nun einmal Helden, die sie auf Händen tragen, und keine Weichlinge, die sie mit durchfüttern müssen.
Eine typische, mir vertraute Situation. Ein Gutachter musste her. Ich machte meinem verzweifelten Mandanten begründete Hoffnung, dass ein unvoreingenommener Psychologe zwingend zu einem anderen Ergebnis kommen würde. Ich hatte diese Art von Fällen wer weiß wie oft durchexerziert. Es hing mir zum Hals raus. Mein Mandant würde mit Sicherheit, spätestens in der zweiten Instanz, das Sorgerecht erhalten. Aber er war sehr sensibel. Der Prozess hatte bereits tiefe Wunden in seine Seele gebrannt. Sie würden nur langsam verheilen. Zurück bleiben würden hässliche Narben, die in nächtlichen Albträumen leicht aufplatzen konnten. Ich beruhigte meinen Mandanten so gut ich konnte und war froh, als es Abend wurde. Am nächsten Morgen klingelte die Haustürschelle um 7.30 Uhr Sturm und riss mich aus dem Schlaf. Ich fragte durch die Sprechanlage, wer da sei.
„Leitender Oberstaatsanwalt Galbitsch-Loser, Kriminaloberkommissare Meier und Meyer. Wir haben einen Hausdurchsuchungsbefehl!“, tönte es barsch aus der Sprechanlage.
Ich öffnete sofort, schon um nicht zu riskieren, dass die Tür eingetreten würde. Oberstaatsanwalt Galbitsch-Loser, der schon mehrfach die

Anklage gegen Mandanten, die ich vertrat, geführt hatte und der noch ein Hühnchen mit mir zu rupfen hatte, hielt mir ein Schriftstück vor die Nase. Hausdurchsuchungsbeschluss war die Überschrift des Schriftstücks, das er mir übergab. Ich las es aufmerksam durch. Mein Peiniger und Opfer hatte überlebt. Er befand sich mit einem zweifach gebrochenen Bein, einer Serienrippenfraktur und einer Gehirnerschütterung in stationärer Behandlung. Dort war er sofort und so gründlich, wie es sein Zustand zuließ, vernommen worden. Aus dem Beschluss ergab sich, dass ein Mordversuch Anlass der Durchsuchung war und der Auffindung der Waffe diente, die ich bei meiner Tat benutzt haben sollte. Mein Opfer hatte mich genau beschrieben, sodass der findige Kriminaloberkommissar Meyer mich als einen der Tatzeugen identifizierte, der den Grund für die gefährliche Straßenüberquerung gesetzt hatte. Galbitsch-Loser hatte daraufhin umgehend einen Durchsuchungsbeschluss beim Ermittlungsgericht beantragt. Zuständig war eine junge Richterin, Frau von Keinmüller. Die Kombination dieser beiden Berufsverfolger war klassisch. Galbitsch-Loser, den man allgemein nur Gallo nennt, ist nicht nur aufs Äußerste in sich selbst verliebt, sondern einem amourösen Abenteuer nie abgeneigt. Da er das stereotype Schönheitsideal eines Dressmans in den mittleren Jahren erfüllt, stößt er für gewöhnlich bei einem bestimmten Frauentyp von entsprechender stereotyper weiblicher Schönheit, dem auch Frau Melissa Yvonne von Keinmüller exakt entspricht, auf Gegenliebe. Gallo hatte gerade eine äußerst schmutzige Ehescheidung hinter sich, Frau von Keinmüller nach einem durchschnittlichen ersten, aber extrem guten zweiten Staatsexamen eine glanzvolle Richterkarriere vor sich. Sie litt in gewisser Weise unter ihrer Schönheit, denn hübsche Frauen im Justizdienst tun sich oft schwer. Sie haben das Gefühl, ihre männlichen Kollegen würden sie wegen ihrer Schönheit nicht für voll nehmen, und vermuten, sie seien nur derentwegen in ihr Amt aufgestiegen. Sie entwickeln daher einen besonderen Ehrgeiz und übertreffen das autoritäre Gehabe, das Richtern, Staatsanwälten und Anwälten in aller Regel zu eigen ist, bei Weitem. Dabei kommt so etwas wie eine Karikatur zustande, die das Bild einer Richterin überzeichnet.

Mich hatte solches schon oft amüsiert, jetzt allerdings war alle Heiterkeit wie weggeblasen.

Zu durchsuchen gab es in meiner Wohnung einiges. Sie besteht aus einem übergroßen Raum mit Küchentheke, dem ehemaligen Montageraum der umgebauten Autowerkstatt und einem abgeschlossenen Schlafzimmer, dem ehemaligen kleinen Büro und einem Bad. Möbel gibt es zwar wenig, aber an den Wänden standen etwa 7 m lange und 3,80 m hohe, voll bepackte Bücherschäfte. Es waren Spezialanfertigungen des Schreiners Werner Sch., einer der Letzten seiner Zunft, der auf altmeisterliche Weise das Holz bearbeitet und trotz ihrer funktionalen Solidität zeitlos schöne Möbel herstellt. Er ist zwar sehr teuer, doch letztlich sein Geld wert, falls man ihm, wie jedem Handwerker, sehr gründliche und genau Vorgaben liefert. Denn solche Möbel schafft man sich nur einmal im Leben an und behält sie bis zu dessen Ende. Meine Bibliothek ist nach Sachgebieten und chronologischer Folge geordnet. Sie war über Jahre gewachsen und ist in ständiger Benutzung.
Die Kriminaloberkommissare Meyer und Meier nahmen jeden einzelnen Band heraus, durchblätterten ihn und stellten ihn irgendwo ab. Ich würde lange brauchen, um die alte Ordnung wiederherzustellen.
Eine ähnlich umfangreiche Bibliothek mit ausschließlich juristischer Thematik befindet sich in meinen Büroräumen im Vorderhaus. Auch hier brachten sie alles durcheinander.
Nach sechs Stunden und einer Stunde Pause war die Durchsuchung ohne positives Ergebnis beendet. Beweismittel hatten sich nicht aufgefunden. Das einzige Ergebnis war, dass meine Wohnung und mein Büro aussahen wie nach einem Orkan. Nichts war mehr an seinem Platz.
Galbitsch-Loser erklärte mir, die Durchsuchung sei beendet und hielt mir ein weiteres Schriftstück vor. Da es rot war, brauchte ich es nicht zu lesen, um seinen Inhalt zu kennen. Rot ist nicht nur die Farbe der Liebe, sondern auch die des Haftbefehls. Bei Mord besteht ein Haftgrund, so die Sprache des unerbittlichen, einschlägigen Paragrafen, im Fall eines dringenden Mord- oder Totschlagverdachts selbst dann, wenn die sonst erforderlichen Gründe wie Flucht- oder Verdunklungsgefahr nicht vorliegen. Da aber diese Vorschrift gegen den Verhältnismäßigkeitsgrundsatz verstößt, ist auch bei dringendem Verdacht eines Tötungsdelikts im Ergebnis Flucht- oder Verdunklungsgefahr erforderlich, allerdings dürfen diese Gefahren verhältnismäßig geringer als bei ande-

ren Delikten oder jedenfalls nicht ausgeschlossen sein. Wortgeplänkel, Juristengeschwafel. Mit einiger Begabung lässt sich hier alles und sogar Gegenteiliges begründen.
Aber nicht nur das formale Prozessrecht zu dieser Thematik ist schwammig und unkonturiert. Das materielle Strafrecht steht dem in nichts nach. So ist die Abgrenzung zwischen Mord, der mit lebenslänglicher Haft bestraft wird, und Totschlag, der in nicht schweren Fällen mit nicht unter fünf Jahren Haft bestraft wird, mitunter fließend. Unter anderem bei niederen Motiven zur Tötung handelt es sich um Mord, fehlen diese, geht's um Totschlag. Dieses Gesinnungsstrafrecht stammt aus den dunklen Zeiten, aus dem Porajmos, die sich so ungehindert fortsetzten. Bestraft wird, bei der Bestrafung wegen niederer Beweggründe nicht die objektive Tat, sondern die subjektive Einstellung des Täters. Wer will das prüfen? Wer will das richten? Wer soll das richten? Welche Weisheit wird hierzu verlangt? Und wer soll dagegen verteidigen? Ich hatte aus Rache gehandelt. Rache ist erklärtermaßen ein subjektives Mordmerkmal. Denn Rache gebührt nach heutigen Rechtsvorstellungen niemals dem Opfer, sondern nur dem Staat. Bestraft wird eine Schuld, die gegenüber der Gesellschaft abzutragen, zu sühnen ist und deren Stärke sich nach der Stärke der Verfehlung des Opfers oder der Allgemeinheit richtet.
„Schuld – obschon die scharfsinnigsten Richter der Hexen und sogar die Hexen selber von der Schuld der Hexerei überzeugt waren, war die Schuld trotzdem nicht vorhanden. So steht es mit aller Schuld", hatte Pulverkopf in der Fröhlichen Wissenschaft scharfsinnig bemerkt.
Sie brachten mich zum Polizeipräsidium in eine Gewahrsamszelle, um mich am nächsten Morgen dem Haftrichter vorzuführen, dem ich, dem Gesetz entsprechend unverzüglich vorzuführen war. Ich erhielt Gelegenheit, einen Verteidiger anzurufen und eine Person meines Vertrauens zu benachrichtigen. Ich rief meine Sekretärin an. Sie hob sofort ab. Ich informierte sie kurz über meine Situation und bat sie, die Zigeuner zu benachrichtigen. Die Büroräume würde sie aufräumen können. Meine Bibliothek dort ist in Sachgebiete, dazugehörige Zeitschriften, Entscheidungssammlungen und Kommentare geordnet. Lehrbücher mit ihren akademischen Erörterungen hatte ich längst abgeschafft. Denn aka-

demisches Geschwafel interessiert mich seit dem ersten Examen nicht mehr und führt zu nichts. Für die Ordnung in meinen Privaträumen würde ich selber sorgen müssen. Ich rief außerdem Dr. Rosenberger an. Anders als im Zivilverfahren kann sich der Anwalt in einem Strafverfahren nicht selber vertreten. Ich wollte ihn beauftragen, da mir sonst das Gericht einen Pflichtverteidiger aufgebrummt hätte und ich ohne Verteidiger nicht an die Akten kam. Dr. Rosenberger wollte sofort zu mir kommen. Ich erklärte ihm, es würde reichen, wenn er morgen früh kurz vor neun zum Amtsgericht käme, wenn ich dort vorgeführt werde. Allzu viel versprach ich mir von dieser Veranstaltung nicht.

In der Gewahrsamszelle roch es nach altem Schweiß und Urin. Die Zelle war höchstens acht Quadratmeter groß. Es gab eine Pritsche, ein Klo und ein Waschbecken. Auf der Pritsche lagen ein Kopfkissen und eine alte Filzdecke, die ebenfalls furchtbar stank. Es war kalt. Ich löschte das Licht und setzte mich mit angezogenen Beinen auf die Pritsche. Die stinkende Decke legte ich auf den Boden. Ich schlief fröstelnd in sitzender Haltung ein.

19. Knastidylle

Morgens um 6 Uhr wachte ich vor Kälte zitternd auf. Ein Polizist stand vor mir und hielt mir ein Tablett mit einem Brötchen, Butter, Marmelade und einem Becher Kaffee vor die Nase. Ich wies ihn mit einer herablassenden, abschätzigen Geste, die ich von den Zigeuner gelernt hatte, zurück, indem ich die Innenfläche meiner rechten Hand in seine Richtung zwei- bis dreimal nach vorne bewegte und dazu „Abstand!“ in seine Richtung zischte, ohne ihn anzusehen. Ich hatte einen ekelhaften Geschmack im Mund, meine Bartstoppeln kratzten. Er legte mir eine Handschelle um mein rechtes Handgelenk, das andere Ende befestigte er um sein linkes Handgelenk. Ein zweiter Polizist kam hinzu. Gemeinsam gingen wir über lange Gänge in den Innenhof des Polizeipräsidiums. Dort wurde ich in einem fensterlosen Transportbus eingeschlossen und wartete bei künstlichem Licht etwa eine Stunde, bevor sich der Wagen in Richtung Amtsgericht in Bewegung setzte. Der Bus hielt in einem Innenhof hinter dem Gericht, das wir, inzwischen wieder mit Handschellen aneinander befestigt, über eine Treppe betraten. Wir fuhren mit einem Aufzug in den Keller, in dem enge Zellen und kleine Sitzungsräume untergebracht sind. Dort finden die Vorführungen statt. Denn jeder Verhaftete muss unverzüglich, wie es in der gesetzlichen Regelung heißt, dem Richter vorgeführt werden. Unverzüglich bedeutet ohne vermeidbare Verzögerung. Da Gallo mich erst am späten Nachmittag, zudem an einem Freitag, verhaftet hatte, also zu einem Zeitpunkt, zu dem kein Richter mehr im Gericht war, war die Vorführung am nächsten Samstagmorgen noch unverzüglich. Außerdem wäre ein Rechtsmittel ohnehin zu spät und wirkungslos, da ich ja jetzt vorgeführt wurde. Während ich wartete, traf Dr. Rosenberger ein. Wir sprachen die Sache kurz durch. Ich unterzeichnete eine Vollmacht, die er für die Akteneinsicht brauchte. Oberster Grundsatz jeder Strafverteidigung ist, dass der Beschuldigte erst dann etwas sagt, wenn er den Akteninhalt kennt. An dieser goldenen Regel wollte ich nicht festhalten, weil mir der Tatvorwurf ja genau bekannt war. Ich würde allerdings meine Aussage äußerst knapp halten.

Die junge Haftrichterin von Keinmüller sah mich teilnahmslos an. Sie hatte ihre blonden Haare mit leicht dunkleren Strähnen zu einem straffen Dutt gebunden, den sie kunstvoll etwas oberhalb der Mitte ihres Hinterkopfes befestigt hatte. Ihre dunkelbraunen, großen Augen waren von einem nicht weniger kunstvollen, kaum bewusst wahrnehmbaren, pastellfarbenen Lidschatten umspielt. Auf die Lippen hatte sie ein blassrosa Gloss aufgelegt, dessen Farbe nicht zu dem dunklen Blutrot ihrer akkurat lackierten Fingernägel passte, aber mit dem dunklen Braun ihrer Augen perfekt harmonierte. Ihr Make-up war dezent, aber wirkungsvoll. Um ihren Hals lag die für den Schick jeder Juristin unerlässliche Perlenkette, leicht verdeckt von einem weißen Chiffonschal, der lässig unter ihrem Talar hervorlugte und den Quer- oder Langbinder ihrer männlichen Kollegen ersetzen sollte. Um die Handgelenke hing schwerer Goldschmuck. Dunkelbraune Augen zu hellblonden Haaren empfinde ich als unangenehm. Ich vermute, dass diese Farbkombination in der Natur nicht anzutreffen ist und mich deren aufgesetzte und aufdringliche Künstlichkeit stört. Das Problem allen Manierismus ist, dass das Raffinement leicht in Peinlichkeit abgleitet und sich dann in sein Gegenteil verkehrt.
Die Vernehmung begann um 8 Uhr. Da die Haftrichterin morgens im Bad mindestens anderthalb Stunden zubringen musste, nämlich eine halbe Stunde für die übliche Hygiene, eine halbe Stunde für den Schaumfestiger und den Dutt und mindestens eine weitere halbe Stunde zum Schminken brauchte, man für das Frühstück fünfzehn Minuten und ebenso lange für den Weg zum Gericht ansetzen musste, mussten ihre Tage spätestens um 6 Uhr beginnen. Ich stand für gewöhnlich selten vor 8 Uhr auf und begann den Tag mit einem Hundespaziergang. Mancher braucht gar keine Haftstrafe, um unfrei zu sein.
Die Persönlichkeit hinter ihrer zur Schau getragenen Fassade war unbedeutend, ihr Geist gering. Ein Herdentier in der Maske des Herrenmenschen. Wer äußerlich ein Klischee erfüllt, ist innerlich voller Ressentiments. So passte sie ihre Person wie ihre Wahrnehmung vorgestanzten Erwartungen an, statt die Wirklichkeit mit allen ihren schillernden Möglichkeiten zu erfassen. Heute trat sie, ihrer Schönheit in vollem Umfang bewusst, wieder einmal besonders lässig, burschikos und autoritär auf und adaptierte das, was sie für männliche Autorität hielt, nach ihrer

Vorstellung perfekt. Ich hatte früher mehrfach erfolgreich Beschwerde gegen ihre Beschlüsse erhoben und aus formalen Gründen zu ihrer Wut Freisprüche erzielt. Das würde sich jetzt rächen. Auch Gallo hatte ich früher ein paar Mal mit viel Vergnügen in einigen aufsehenerregenden Strafprozessen das Fell über die Ohren gezogen und ihn vor aller Welt bloßgestellt als das, was er war: Ein eitler, dummer, oberflächlicher Fatzke, der in keiner Weise die Persönlichkeit besaß, um eine Anklage zu vertreten, die über einen Ladendiebstahl oder einen Rotlichtverstoß hinausging. Das zahlte er mir jetzt in großer Münze heim.
Als er den Raum betrat, grinste er mich an und fragte: „Gut geschlafen, Herr Rechtsanwalt?“
Ich nickte. Meine Sorge war, dass mein Opfer und Peiniger die Wahrheit präsentiert haben könnte, nämlich, dass er mich schwer verletzt und meinen Hund getötet hatte und ich dafür Rache an ihm nehmen wollte. Eine solche Erklärung hätte einige Glaubwürdigkeit für sich, meine Verteidigung würde schwierig werden. Wenn er dagegen seine Tat abstreiten würde, rechnete ich mir weitaus bessere Chancen aus. Denn dann war meine Einlassung, dass ich ihn hätte stellen wollen und er vor mir geflohen war, glaubwürdig oder wenigstens plausibel.
Die Vorführung war ein Schlachtfest mit mir in der Rolle des Opfertieres. In seiner psalmodierenden Art trug Gallo seine Argumente vor. Die blond-braune Richterin hing an seinen Lippen und nickte ab und zu andächtig, während sie bei jedem meiner Worte angewidert ihre Mundwinkel nach unten verzog. Wahrscheinlich hatte sie schon mit Gallo geschlafen oder dieses beliebig austauschbare Ereignis stand unmittelbar bevor. Immerhin protokollierte sie meine Einlassung fast wörtlich. Der Haftbefehl blieb selbstverständlich bestehen. Zurück in der Gewahrsamszelle vor meinem Rücktransport besprach ich mich mit Dr. Rosenberger. Ich bat ihn, Beschwerde gegen den Haftbefehl einzulegen und dazu auf meine Erklärungen gegenüber der Haftrichterin Bezug zu nehmen und ansonsten nicht weiter zu begründen.
Vom Amtsgericht aus wurde ich sofort in die Justizvollzugsanstalt überstellt. So grau, wie die Knastmauern von außen waren, war das eintönige Leben im Inneren dieses Mikrokosmos, der Verfehlungen ausgleichen und seine Bewohner bessern soll.

Als Untersuchungshäftling genoss ich verschiedene Privilegien. Unter anderem hatte ich eine Einzelzelle, brauchte keine Anstaltskleidung zu tragen und konnte, allerdings nur nach strenger Kontrolle, selbst für meine Lebensmittel sorgen. Meine Zelle war klein. Sie hatte gerade Platz für ein Bett mit einer durchgelegenen Matratze, einem Tisch mit einem Stuhl und Waschbecken und eine WC-Schüssel. Anderthalb Meter über meinem Bett befand sich ein schmales, rechteckiges Fenster mit Gitterstäben. Im Stehen konnte ich von dort auf den gepflasterten Hof mit dem ausgetretenen Rundgang für den täglichen mindestens einstündigen Auslauf und das gegenüberliegende Knastgebäude sehen. Zwischen den Waschbetonplatten sprossen hoffnungsvoll kleine, grüne Pflanzen. Später entdeckte ich, dass sich darunter auch Liebstöckel und wilder Oregano befanden.

Als ich endlich die stundenlange Aufnahmeprozedur hinter mir hatte und allein in meiner Zelle war, überkam mich eine schreckliche Angst. Sie sprang mich an wie eine Katze und krallte sich in meinem Magen fest. Er krampfte sich zusammen und ich erbrach in die Kloschüssel. Danach legte ich mich auf das Bett und schlief sofort ein.

Ich musste mehrere Stunden geschlafen haben, als mich um zwölf Uhr ein schriller Summton weckte. Zunächst konnte ich mich nicht orientieren. Dann kam die Erinnerung schlagartig und ich wusste, wo ich mich befand. Ich wusch mich an dem Waschbecken. Ein Schließer öffnete die Tür, der lange Flur vor den Zellen bevölkerte sich langsam.

Die Treppe nach unten war voller Gefangener, die alle Jacken und Hosen aus dem gleichen blauen Drillich trugen. Als Erstes würde ich auf mein Privileg, als Untersuchungshäftling eigene Kleidung tragen zu können, verzichten. Ich kam mir so fehlgekleidet vor wie jemand in Straßenkleidung bei der Premiere des Rosenkavaliers im Salzburger Festspielhaus. Als ich auf der untersten Stufe ankam, rammte mir ein südländisch aussehender, etwa dreißigjähriger Mann mit einem dreckigen Grinsen seinen Ellbogen in die Seite.

„Willst du dich wohl entschuldigen!“, schnauzte er mich an und sah mir provozierend ins Gesicht.

„Entschuldigung“, entgegnete ich ruhig und lächelte ihn an, „wird nicht mehr vorkommen, ich pass demnächst besser auf.“

Er murmelte irgendetwas und ging weiter.
Im Essraum waren lange Bänke parallel aufgestellt. Wie in einem Selbstbedienungsrestaurant stellte man sich mit einem Tablett in eine lange Reihe und holte sich das Essen von einer Theke ab. Ich reihte mich in die Schlange ein, die sich schleppend vorwärtsbewegte. Der Koch hinter der Theke, wahrscheinlich auch ein Gefangener, klatschte mit einer Kelle einen Klecks Kartoffelbrei, irgendein zerkochtes Gemüse und ein Stück Kochfleisch auf meinen Teller. Dazu gab es einen ziemlich flüssigen, dunklen Schokoladenpudding und ein Glas lauwarmen Kräutertee. Ich ging zu einem der Tische und setzte mich. Mir gegenüber saß ein Schwarzafrikaner mit Dreadlocks, die ihm weit über die Schulter fielen. Er beobachtete mich aufmerksam.
In der hinteren Reihe fiel mir ein junger Mann auf, der mich anstarrte. Ich sah sofort, dass er ein Rom war. Ich aß ein paar Bissen von dem Fleisch und fand den Fraß ungenießbar.
„Willst du dein Essen nicht?“, fragte der Rastamann.
Ich schob das Tablett zu ihm rüber, lächelte ihn freundlich an und zuckte mit den Schultern: „Ich habe keinen Appetit, bitte, wenn du willst.“
Er lächelte zurück, nickte und machte sich über meinen Teller her. Als ich mit meinem leeren Geschirr zurück zur Theke ging, um es dort abzustellen, stand plötzlich der Rom vor mir. „Latscho diewes“, begrüßte er mich mit dem Willkommensgruß der Roma, „bist du nicht der Anwalt von Chakka?“
Er war mit Chakka um fünf Ecken verwandt, wie er sich ausdrückte und saß acht Monate wegen Ladendiebstahl ab. Er hatte eine Salami, eine Stange Zigaretten und zwei Flaschen Whisky bei ALDI geklaut. Dies war nicht viel, aber er war Wiederholungstäter und er war in die Zuständigkeit und die Hände des Amtsrichters Klopp gefallen, der grundsätzlich jedem Ausländer die höchstmöglichen Strafen aufbrummte.
„Wenn du irgendwas brauchst, sag mir Bescheid.“
„Ich brauche dringend Papier, einen Stift und frankierte Umschläge.“
„Kein Problem, kriegst du sofort“, antwortete er.
Als ich nach dem Hofgang wieder in meiner Zelle eingeschlossen wurde, lagen auf dem Tisch Papier, Umschläge und ein Kugelschreiber. Briefmarken fehlten.

Ich schrieb zunächst einen Brief an den zuständigen Staatsanwalt und den zuständigen Richter und bat um Anstaltskleidung und Teilnahme an der Anstaltsarbeit. Am späten Nachmittag besuchte mich Dr. Rosenberger. Ich sprach mit ihm ab, dass er mir Nahrung besorgen sollte. Dies würde einige Zeit dauern, weil die Lebensmittel durch die Anstaltskontrolle mussten. Ich schrieb eine Liste, die hauptsächlich Konserven enthielt: Gänseleberparfait, verschiedene eingelegte Fische, Kaviar, italienische und ungarische Salami, Spreewaldgurken, eine Kochplatte, 405er-Mehl, meine Nudelmaschine, passierte Tomaten, mehrere Gewürze, Parmigiano Reggiano, eine kleine Flasche des Öls aus dem Territorium Trapani und manches mehr. Knoblauch und Eier klaute ich mir aus der Gefängnisküche, frischen Liebstöckel und wilden Oregano pflückte ich beim Freigang auf dem Gefängnishof aus den Ritzen zwischen den Waschbetonplatten. Außerdem brauchte ich einen Laptop und eine kleine juristische Handbibliothek, nämlich einen Zivilrecht- und Zivilprozessrechtskommentar, ein Strafvollzugsgesetz, einen Strafrechts- und Strafprozessrechtkommentar, um auch hier meinen Beruf weiter ausüben zu können. Schließlich noch zwei Bücher, die mich in schwierigen Lebenslagen immer erheitert hatten: Montaignes Essais in der Übersetzung von Stilett und Pulverkopfs Menschliches, Allzumenschliches und zwar nicht die kritische Colli/Montinari-, sondern die gute, alte Kröner-Ausgabe mit meinen alten Anstreichungen. Ferner sollte er mir regelmäßig, mindestens zwei Mal die Woche meine Post bringen, denn meine Mandate konnte ich auch aus dem Knast weiterführen.

Wir besprachen die Situation. „Keine Haftprüfung", erklärte ich ihm. Denn darüber entschied Frau von Keinmüller und deren Gezicke hatte ich satt.

„Also Haftbeschwerde zum Landgericht", sagte er, „das wird ein bis zwei Monate dauern."

„Ich weiß", erwiderte ich. „Minimum."

Vor allem gegen die Haftgründe mussten wir vorgehen. Weder bestand Verdunklungs- noch Fluchtgefahr. Die Anordnung der Untersuchungshaft war nach meiner Auffassung offensichtlich rechtswidrig. Mein Aufenthalt in der Justizvollzugsanstalt war nur eine Frage der Zeit, die allerdings nicht kurz sein würde. Bis mich die ersten Konserven erreichten, vergingen vier Tage. Diese kleine Fastenkur würde mir sicher nicht schaden. Sie war schon lange fällig. Schwieriger war der Alkoholverzicht. Denn alkoholische Getränke kamen nicht durch die Kontrolle. Nachmittags waren die Zellentüren zwei Stunden lang für den sogenannten „Umschluss" geöffnet, damit sich die Gefangenen untereinander besuchen konnten. Ich blieb in meiner Zelle. Ungefähr eine halbe Stunde, nachdem sie geöffnet war, betrat der Rastafari meine Zelle. „Hallo, darf ich dich kurz stören?", fragte er höflich.

Ich lag auf dem Bett und lud ihn mit einer Geste ein, sich auf den Stuhl zu setzen, während ich mich aufrichtete. Er redete ungewöhnlich langsam. Später wurde mir klar, dass dies an dem Gras lag, das er in Unmengen rauchte.

„Ich habe gehört, du bist Anwalt. Vielleicht kannst du mir helfen. Ich brauche dringend Hafturlaub. Mein Anwalt ist nicht erreichbar und ich weiß nicht, wie ich das am besten mache."

Er saß wegen Verstoß gegen das Betäubungsmittelgesetz ein und hatte noch zwei von drei Jahren abzusitzen. Mit Glück konnte er die übliche Zwei-Drittel-Bewährung erhalten. Bei guter Führung und günstiger Zukunftsprognose kann der Rest der Strafe nach Verbüßung von zwei Dritteln zur Bewährung ausgesetzt werden. Ein Jahr würde er also mit Sicherheit noch in Haft bleiben, unsicher war dagegen, wie lange es bis zur nächsten Strafe dauern würde. Da er bereits den regulären Hafturlaub von 21 Tagen erhalten hatte, hatte die Anstaltsleitung sein Urlaubsgesuch für ein Wochenende abgelehnt.

„Ich muss dringend hier raus!", eröffnete er mir. „Es ist lebenswichtig für mich!"

Ich erklärte ihm, dass es aus wichtigem Grund bis zu sieben Tage Sonderurlaub geben kann.

Was das denn für Gründe wären, wollte er wissen. „Ich muss draußen dringend ein paar Geschäfte erledigen, es geht für mich um sehr viel."

„Das Gesetz erwähnt ausdrücklich Tod oder Erkrankung eines nahen Angehörigen. Daneben gibt's alle möglichen Gründe, zum Beispiel Geburt eines Kindes oder Kinderkommunion. Oder so was Ähnliches", erläuterte ich ihm.

Er hatte einen Neffen, ein hoffnungsvolles Fußballtalent, der entdeckt worden war und erstmals in einem Bundesligaspiel auftreten sollte. Ich diktierte ihm den Antrag, denn das Schreiben sollte so aussehen, als habe er es verfasst. Die Sprache war einfach, aber ausgesucht. Die meisten Knackis würden bei solchen Anlässen in Sentimentalitäten verfallen und hierdurch jede Wirkung zerstören. Ich vermied derartiges und fasste den Inhalt betont sachlich ab. Nach einem Tag bekam er einen zweitägigen Sonderurlaub. Als er zurückkam, war ich bereits über zwei Wochen in Untersuchungshaft. Ich hatte mittlerweile eine längere Besprechung mit dem Anstaltsleiter gehabt. Wir waren uns auf Anhieb sympathisch. Er kam bereitwillig meinen Wünschen nach. Selbst die Kochplatte bewilligte er. Er wunderte sich, dass ich Anstaltskleidung tragen wollte und Arbeit wünschte. Ich wurde zum Küchendienst eingeteilt, den ich allerdings bald wieder abbrach, weil ich eine andere Beschäftigung hatte. Diese ergab sich, als der Rastafari zurückkam. Beim Umschluss stand er plötzlich vor mir und grinste mich mit einem breiten Lächeln an. Ich merkte sofort, dass er stoned war.

„Ich bin dir was schuldig, kann ich dir irgendwas besorgen?", fragte er mich. „Ich versorge den ganzen Knast mit Haschisch und Marihuana. Im Moment gibt's wieder gelben Marokko und für gute Kunden roten Libanon. Gras gibt's einheimisches, aus der Eifel, erste Qualität, nicht irgendwelchen holländischen Skunk."

„Nein", sagte ich, „ich habe mir gerade das Rauchen abgewöhnt. Was ich brauche, wäre eine kleine Flasche Sauternes. Am besten ein 2004er." Der passte nämlich, auch vom Jahrgang, optimal zu dem Gänseleberparfait, von dem ich noch drei Dosen zu je 125 Gramm hatte. Ohne Sauternes ist dieses allerdings nur das halbe Vergnügen.

Er fragte, was das sei und ich erklärte ihm, dass es sich um einen weißen Süßwein handele. Binnen zwei Tagen hatte er eine Flasche besorgt. Wie und auf welche Weise, ist mir bis heute unerklärlich. Ich trank sie beim Umschluss mit ihm zusammen und lud ihn ein zur Gänseleber. Wir schlachteten eine Dose. Dazu hörten wir auf einer kleinen Stereoanlage, die mir der Anstaltsleiter genehmigt hatte, nachdem ich mit ihm ein angeregtes Gespräch über frühe Barockmusik geführt hatte, den unvergleichlichen vierzigstimmigen Chor Spem in alium des begnadeten Thomas Tallis. Klänge von anderen Planeten, die perfekt mit den Aromen des Parfaits und des Sauternes harmonierten.

Er war von dieser Art der Bewusstseinserweiterung begeistert. „Echt geil, wie aufm Trip", kommentierte er emphatisch die ihm bis dahin unbekannten Genüsse. „Hast du was dagegen, wenn ich mir ein Chillum baue?"

Als ich verneinte, fragte er mich, ob ich mitrauchen wolle. Er habe erstklassiges Eifelganja. Ich wies ihn nochmals darauf hin, dass ich vor einiger Zeit das Rauchen aufgegeben hatte und auch bei Genuss von purem Marihuana-Rauch Angst vor einem Rückfall hätte. Er nickte verständnisvoll. Dann verriet ich ihm, dass es einen zweiten Gang gäbe, nämlich Spaghettini, die ich am Vormittag mit der Nudelmaschine hergestellt hatte, mit Wintertrüffeln.

Pures passt zusammen, so stopfte er die kleine Tonröhre mit dem Gras und rauchte es in drei Zügen weg. Dabei stand er auf meiner Pritsche und blies den Rauch durch das offene Fenster. Hoffentlich dachte draußen keiner, in meiner Zelle würde es brennen, denn seine Lungen waren stark und die Rauchschwaden riesig. Ich ließ die frischen Spaghettini kurz ziehen und legte eine neue Klinge in meinen sorgfältig gereinigten Nassrasierer, mit dem ich die wertvollen schwarzen Trüffel hauchdünn über die Nudeln hobelte. Darüber goss ich behutsam ein wenig Trüffelöl, rieb vorsichtig etwas Parmigiano und streute behutsam schwarzen, frisch zerstoßenen Pfeffer über die Teller. Dazu legte ich die schon zu ihrer Entstehungszeit anachronistischen, polyfonen Madrigale Michelangelo Rossis auf. Die fünfstimmigen, komplizierten und unvergleichlich manierierten Gesänge sind allenfalls einem kleinen Spezialistenkreis bekannt, ihr zu ihrer Entstehung 1650 gefeierter Komponist ist in Vergessenheit geraten. Ähnlich, wie jahrzehntelang Johann Sebastian Bach unbekannt war, bis er im neunzehnten Jahrhundert wiederentdeckt und der Vergessenheit entrissen wurde. Oder wie Antonio Vivaldi, der wegen der zunehmenden Ablehnung in Venedig nach Wien verzog und dort, wie auch der bedauernswerte Mozart, in einem heute unbekannten Armengrab verscharrt wurde. Wen die Muse küsst, nährt sie noch lange nicht. Den Ruhm erteilt die Welt, in der es nicht gerecht zugeht. Wie vielen Genies blieb Anerkennung, Ruhm und Reichtum versagt? Wie viele Werke fielen unbeachtet der Vernichtung anheim oder waren gar nicht erst entstanden? Rembrandt und Vermeer starben verarmt, Kleist tötete sich, weil er die Ablehnung seiner Kunst nicht mehr ertrug, Hölderlin fristete sein Dasein kümmerlich als Hauslehrer, bevor er sich im Wahnsinn verlor. Caravaggio verreckte als nicht einmal Vierzigjähriger in den Sümpfen von Porto Ercole. Fabritius wurde mit zweiunddreißig Jahren in die Luft gesprengt. Wer zählt die vielen Werke von wie vielen Existenzen, die vergessen sind oder gar nicht erst entstehen konnten, weil widrige Umstände entgegenstanden? Nein, gerecht geht es in der Welt nicht zu, und wo wäre ein besserer Ort, solches zu bedenken, als der, an dem ich mich befand.

Wir hatten unsere Teller leer gegessen. Der Rastafari schnurrte vor Wohlbehagen wie eine Katze und leckte sich die Lippen, während die letzten Klänge des Occhi, un tempo mia vita verklangen.

Er war äußert beliebt im Knast. Ungefähr 70 Prozent saßen wegen Verstoß gegen das Betäubungsmittelgesetz ein. Die zwei Tage hatte er gebraucht, um Nachschub zu besorgen. Denn seine alte Connection war unterbrochen worden und der halbe Knast darbte am Wochenende. Nicht nur er war mir also dankbar. Er hatte bei jeder Gelegenheit überall herumerzählt, dass ich ihm Urlaub verschafft hätte und ein Wahnsinnsanwalt sei. Die Folge war, dass mich täglich beim Freigang oder beim Umschluss mindestens sechs Gefangene ansprachen, denen ich bei ihren Problemen helfen sollte. Die Häftlinge beauftragten mich mit allen möglichen zivilrechtlichen Streitigkeiten. Mal ging es um verweigerten Umgang mit den Kindern, auf den auch ein Gefangener Anspruch hatte, oft spielten die Ehefrauen draußen verrückt und reichten die Scheidung ein, Kredite die offenbar sittenwidrig waren, wurden fällig, Schmerzensgeldforderungen wurden in astronomischer Höhe gestellt, Mietverträge wurden zu Unrecht gekündigt, eben das übliche volle Programm.

Ich ließ mich offiziell beauftragen und führte als Anwalt die Mandate aus dem Knast heraus. Ich richtete Sprechstunden während des Umschlusses und des Hofgangs ein. Ich tippte die notwendigen Schriftsätze auf meinem Laptop. Dr. Rosenberger brachte wöchentlich zweimal Sticks vom Knast in mein Büro und umgekehrt und legte mir im selben Rhythmus die ausgedruckten Schriftstücke zur Unterschrift vor, nahm sie wieder mit und verschickte sie. Meinen Job in der Küche gab ich dran. Innerhalb von zwei Wochen hatte ich circa 80 Mandate. Viele finanzierte ich über Prozesskostenhilfe. Manchmal überwiesen auch Angehörige meiner Mandanten die Honorare. Als ich nach sechs Wochen Untersuchungshaft den Beschluss erhielt, dass die U-Haft gegen die Auflage ausgesetzt wurde, mich einmal wöchentlich bei der Polizei zu melden und 50.000 Euro zu hinterlegen, die verfielen, falls ich flüchtete, war die Anzahl meiner im Knast erworbenen Mandate auf 180 gestiegen. Insgesamt würden sie mir mindestens netto 115.000 Euro bringen. So viele Aufträge hatte ich in einer derart kurzen Zeit noch nie und würde sie wohl auch nicht mehr erhalten. Selbst nachdem ich aus der U-Haft entlassen wurde, wirkte mein Ruf fort und ich wurde weiter aus dem Knast auf postalischem Weg beauftragt. Das dauert bis heute an. Knackis sind treu.

20. Kantinengespräch Zwei

Vor dem Knast erwartete mich eine bunte Ansammlung von Menschen. Als sich die Tore hinter mir schlossen, standen da Beifall klatschend ein Haufen Zigeuner und meine Sekretärin, die mit lautem Knall eine Champagnerflasche öffnete. Neben ihr sah ich Luminiz, zur Feier des Tages mit Gebiss, Pustina, Goran und Chakka. Sie und einige andere aus der Kumpanija nahmen von meiner Sekretärin die vollen Gläser entgegen und prosteten mir fröhlich zu. Meine Sekretärin stach mit ihren blonden Haaren und in ihrem üblichen Businesslook, schwarzem engem Rock, schwarzem enger tailliertem Blazer, edler weißer Seidenbluse und schwarzen Stilettos stark von ihnen ab. Die Zigeuner hatten ihre für würdige Anlässe übliche Kleidung angelegt. Bunt und vielfältig statt schwarz und einfältig, dachte ich. Ähnlich waren allerdings der Goldschmuck, den meine Sekretärin trug, und ihr etwas zu rot aufgetragener Lippenstift und die hohen Pumps. Auch die Zigeuner tragen, unabhängig vom Geschlecht, bei feierlichen Anlässen aufdringlich große Goldarmbänder und Goldreifen zu schweren, goldenen Schweizer Uhren. Die Frauen, sogar kleine Mädchen, tragen zu würdigen Anlässen Schuhe mit sehr hohen Absätzen.

„Wir konnten dich nicht besuchen", erklärte mir Luminiz.

„Ich weiß", antwortete ich, „mahrime."

„Ja", sagte sie, „vielleicht noch schlimmer: Hafttrauma. Wir haben aber jeden Abend einen auf dich getrunken. Außerdem sitzt einer von uns da drinnen und hat laufend von dir berichtet. So schlecht scheint's dir da ja nicht gegangen zu sein."

Auch diesen Abend sollte es im Lager eine Feier zu meiner Enthaftung geben, wie Goran die Aussetzung des Haftbefehls bezeichnete. Zunächst begab ich mich in meine Wohnung. Dort bereitete ich mir einen Kaffee mit dem italienischen Bialetti-Venus-Kocher zu. Ich erfreute mich an dem Zischen in der Kanne, setzte mich in meinen alten Kelimsessel und genoss die Größe meines Wohnzimmers, trotz des Durcheinanders, das die Ermittler hinterlassen hatten. Die Zelle, die ich die letzten acht Wochen bewohnt hatte, hätte in mein Wohnzimmer zwölf Mal gepasst.

Der weite Blick in den Garten und das Raumgefühl war ungewohnt und befreiend. Ich fühlte mich wie ein Durstiger nach dem Genuss eines großen, kalten Glas Wassers.
Ich schlürfte behaglich den Espresso, wartete genießend noch ein paar Minuten und ging dann in mein Büro. Die meisten Sachen waren erledigt. Unter der heute eingegangenen Post war Röbbels' Beschluss, wonach die mündliche Verhandlung wieder eröffnet würde und der Pfleger, der mich behandelt hatte, und Borstels Freundin als Zeugen geladen wurden, um sie darüber zu vernehmen, wo sich der Pfleger Anton Borstel in der Nacht vom 13. auf den 14. 12. 12. befunden hatte. Verhandlungstermin sollte am 21.3.14 sein. Obwohl ich nichts anderes erwartet hatte, freute ich mich. Weiterhin fand ich die Kopie der Anklage gegen mich an das Schwurgericht vor. Gallo hatte mich dort am Landgericht angeklagt, weil es um versuchten Mord ging. Ich sollte binnen zwei Wochen Stellung nehmen, ob ich weitere Beweiserhebungen beantragen würde oder Einwendungen gegen die Eröffnung hätte. Die Sache wurde offenbar beschleunigt behandelt.
Ich war froh, dass Dr. Legatz den Vorsitz hatte. Wir kannten uns gut. Oft, leider viel zu oft, spielen Sympathien und Antipathien in Strafverfahren eine große Rolle. Eine alte erfahrene Schwurgerichtsvorsitzende hatte mir in einer Verhandlungspause einmal erklärt, warum sie verurteile. Sie sagte mir damals wörtlich: „Es geht uns nur um eines, ob es sich um einen fiesen Möpp handelt oder nicht." Und ob der Angeklagte ein fieser Möpp, der für sein Schicksal selbst verantwortlich ist, oder ein netter Kerl ist, der Pech gehabt hat, bleibt der richterlichen Einschätzung überlassen. Davon hängt die Höhe der Haftstrafe ab. Wenn diese bis zu zwei Jahren Freiheitsstrafe ist, wird sie in der Regel zur Bewährung ausgesetzt. Dies aber nur dann, wenn der Täter sich einsichtig gezeigt hat. Bei renitentem Prozessverhalten kommt diese Möglichkeit kaum in Betracht. Denn wer einem Richter gegenüber nicht ehrfürchtig ist, lässt auch sonst Ehrfurcht vermissen und bedarf der Besserung.
Schon oft hatte ich mich gefragt, warum Dr. Legatz ausgerechnet als Strafrichter und nicht als Zivilrichter tätig war. Zwar ist Juristerei, egal, um welche Fachrichtung es sich handelt, a priori kleinkariert. Zudem ist das Strafrecht gegenüber dem Zivilrecht intellektuell weniger fordernd,

setzt aber noch mehr zur Schau getragene Selbstsicherheit und ein stärkeres Durchsetzungsvermögen voraus. Ein Zivilprozess entspricht dem intellektuellen Schachspiel, während der Strafprozess mehr einem emotionalen Pokerspiel gleicht. Ich hatte mich früher versucht, als Strafverteidiger zu etablieren, bis zu der leider in einem Kapitalverbrechensprozess schmerzlich gewonnenen Feststellung, dass man als Strafverteidiger letztlich kaum etwas bewirken kann und ein Sieg oft in Wahrheit eine Niederlage darstellt. Daraufhin hatte ich mich verstärkt dem Zivilrecht zugewandt. Die früheren Erfahrungen als Strafverteidiger kamen mir dabei manchmal zugute. Mit ist beispielsweise völlig gleichgültig, was Richter über mich denken oder wie sie mich beurteilen. Einschüchterungsversuche, auf die gut sozialisierte Anwälte zu reagieren pflegen, stoßen in meinem Fall fruchtlos ins Leere. Denn die Meinung, die einer von mir hat, dessen gewählte Aufgabe es ist, den Stab über andere zu brechen, ist für mich bedeutungslos.

Ich fasste den Plan, am nächsten Mittag in die Gerichtskantine zu gehen. Ich wusste, dass ich dort Dr. Legatz antreffen würde, denn er aß dort von Dienstag bis Donnerstag um 12 Uhr zu Mittag und er würde mich ansprechen.

Zuvor arbeitete ich einen Fall auf, der fast routinemäßig zu erledigen war. Bei einer meiner Sprechstunden hatte mich der Gefangene aufgesucht, der mich am ersten Tag meiner Untersuchungshaft auf der Treppe angerempelt hatte. Es saß wegen Bankraubs ein. In der Knasthierarchie stehen Täter solcher Delikte an oberster Stelle. Sie gelten als besonders hart und abgebrüht. Auf unterster Stufe in dieser Rangfolge stehen Kinderschänder, dann Homosexuelle und Sexualtäter im weiteren Sinn. Kaum einer, der wegen dieser Delikte einsaß, überstand die Haft ohne mehrere Körperverletzungen. Für Kindesmissbraucher war der Knast lebensgefährlich.

„Ich habe ein echtes Problem, bei dem ich deine Hilfe brauche“, begann er.

„Wie kommen Sie zu der Annahme, dass ich Ihnen helfen würde?“, fragte ich förmlich und distanziert.

Er sah mich bekümmert und etwas hilflos an und gab traurig zu: „Ich bau immer irgendwelchen Mist, hätte ich mir denken können. Das auf

der Treppe war blöd. Es war nicht so gemeint."
Ich fand sympathisch, dass er keine Erklärung à la „ich war so gefrustet, mir ging's so schlecht" oder Ähnliches lieferte.
„Aha", ließ ich nicht locker, „und was sagt man da?"
„Entschuldigung", antwortete er.
Ich grinste, er lächelte zurück. Er hatte bei seinem letzten Raub mehrere Hunderttausende erbeutet. Seine Ehefrau hatte sich für 120.000 Euro einen Luxuswagen als Jahreswagen gekauft. Der hatte einen Defekt, der nach zwei Monaten aufgetreten war. Die renommierte Verkäuferfirma weigerte sich, diesen nachzubessern. Ein Sachverständiger, den die Ehefrau meines Mandanten beauftragt hatte, konnte nicht feststellen, ob der Fehler schon bei Übergabe vorhanden oder als Folge unsachgemäßen Fahrens aufgetreten war. Da sich der Fehler innerhalb von sechs Monaten nach Übergabe gezeigt hatte, lag die Beweislast für die Fehlerfreiheit bei Übergabe bei dem Verkäufer. Diese konnte er nach dem vorliegenden Gutachten nicht erfüllen. Einen solchen Prozess kann man nicht verlieren. Sie wollte das Geld zurückhaben gegen Rückgabe der defekten Luxuskarre. Ich fertigte die Klageschrift.
Abends feierte ich mit der Kumpanija. Sie hatten ein Lamm geschlachtet und dazu einen Djuwetschreis bereitet, der der beste war, den ich je gegessen habe.
Am nächsten Mittag ging ich gegen 12.20 Uhr in die Gerichtskantine, immer noch satt von den Köstlichkeiten des gestrigen Abends. Hier gab es Königsberger Klopse oder Bratwurst mit Sauerkraut und Stampfkartoffeln. Die verschiedenen Gerüche verwischten sich zu unappetitlichen Aromaschwaden. „Mahrime", dachte ich, „das, was getrennt gehört, darf nicht miteinander vermischt werden", und bestellte mir ein weich gekochtes Ei und ein halbes Brötchen mit mittelaltem Gouda. Ich ging in Richtung Fensterfront, wo Dr. Legatz gewöhnlicherweise um diese Uhrzeit bei seinem Nachtisch (Schokoladenpudding mit einer ekligen Haut und Instant-Vanillesoße) oder beim koffeinfreien Kaffee saß. Der Blick über die Stadt mit der markanten Kathedrale und den zwölf romanischen Kirchen in dem klaren, frühlingshaften Licht war umwerfend.
Dr. Legatz bemerkte mich sofort. Er sah mich ernst an, nickte grüßend und holte mit der rechten Hand zu einer Bogenbewegung aus, mit der

er mich einlud, mich zu ihm zu setzen. Er kam ohne irgendwelche umständlichen Einleitungsfloskeln direkt auf den Punkt und gab betont sachlich in einem für ihn üblichen, langen Monolog, der keine Unterbrechung und keinen Widerspruch duldete, Folgendes von sich: „Es sieht so aus, als ob Ihr Verfahren vor dem Prozess gegen Ihr potenzielles Opfer durchgeführt werden soll. Ich verrate Ihnen kein Geheimnis, Sie bekommen die Akten ja sowieso. Galbitsch-Loser hat die Anweisung erteilt, Ihr Verfahren besonders schnell zu Ende zu führen. Ich habe ihm erklärt, dass ich es für sinnvoller hielt, zunächst zu klären, ob Ihr vermeintliches Opfer Sie zuvor überfallen und gefährlich verletzt hat. Denn wenn das der Fall wäre, hätten Sie zwar ein Motiv gehabt, ihn zu verletzen, aber auch, ihn zur Identitätsfeststellung festzuhalten. Er hätte bereits bei seiner Aussage gelogen, das spräche gegen seine Glaubwürdigkeit. Wenn dagegen seine Unschuld erwiesen würde, wäre er glaubhaft, was wiederum gegen Sie spräche."
Ich nickte zustimmend.
Dr. Legatz sprach konzentriert weiter: „Gallo, Entschuldigung, ich meine natürlich den Leitenden Oberstaatsanwalt Herrn Galbitsch-Loser, vertritt aber zu Recht die Auffassung, dass man das auch umgekehrt sehen kann. Wenn Sie freigesprochen würden, ließ dieses Rückschlüsse in die umgekehrte Richtung für das andere Verfahren zu. Das Problem besteht darin, dass hier zwei, die sich gegenseitig verletzt haben sollen, als einzige Zeugen für die jeweilige Verletzung gegenüberstehen. Wir müssen ohnehin klären, was in beiden Fällen geschehen ist. Also kann ich ebenso mit Ihnen anfangen. Dann haben Sie die Sache schneller hinter sich."
Während ich ihm scheinbar teilnahmslos zuhörte, hatte ich das Ei ausgelöffelt und das Käsebrötchen gegessen. Ich wusste aus früheren Verfahren, dass Dr. Legatz mir wohlgesinnt war. Wäre er kein Richter und ich kein Anwalt, hätten wir gute Freunde sein können. Er war vielseitig interessiert und ein großer Goethe- und Nietzschekenner.
Ich nickte und zitierte aus Pulverkopfs Zarathustra: „Also aber rate ich euch, meine Freunde: misstrauet allen, in welchen der Trieb, zu strafen, mächtig ist."
Er antwortete mit einem Zitat des Weimarer Olympiers: „Der ist schul-

dig der Tat, der zu strafen Gewalt hat und nicht strafet; es spielt alsdann jeder den Herren." Damit spielte er auf meine mögliche Selbstjustiz an. Dr. Legatz' Problem ist, dass seine Beschäftigung mit Philosophie, Psychologie, Kunst und Dichtung im Theoretischen stecken bleibt und keinen Eingang in sein praktisches Leben findet. So konnte er stundenlang über Platons Erosbegriff dozieren und trotzdem jeden Freitag um 15.30 Uhr seine derzeitige Lieblingshure im Bordell aufsuchen oder vormittags ungerührt drakonische Strafen verhängen und nachmittags Tränen über Hölderlinverse vergießen. Diese Diskrepanz konnte er noch nicht einmal als solche begreifen. Pulverkopfs Erkenntnis, dass Geist Leben sei, der ins Leben schneidet, blieb ihm auf immer verschlossen. Er trennte bisweilen scharf zwischen dem, was er tat und dem, was er dachte.
„Ich werde diesen Fall völlig sachlich behandeln", erklärte er mir unnötigerweise.
„Ich erwarte nichts anderes von Ihnen", gab ich zurück und verabschiedete mich. Ich war mir über seine Tendenz, mir helfen zu wollen, sicher. Sein betont sachliches Auftreten hatte allein den Zweck, seine Voreingenommenheit zu meinen Gunsten zu verbergen. Er würde also die Anklage zulassen und möglichst schnell terminieren.
Zwei Wochen später wurden mir der Eröffnungsbeschluss und die Terminsladung zugestellt. Dr. Legatz hatte drei Verhandlungstermine festgesetzt: Donnerstag, den 6.3.14, Montag, den 10.3.14, und Donnerstag, den 13.3.14. Am 21.3.14 war Chakkas Verhandlung. Beide Verfahren wären also im März erledigt. Weihnachten und Neujahr verbrachte ich allein in meiner Kanzlei. Ich arbeitete täglich mindestens 13 Stunden. Ich war in Hochform. Während der Zeit im Knast hatte ich mich gut erholt, meine körperliche Verfassung war ausgezeichnet. Ich brannte auf das Strafverfahren und vor allem auf Chakkas Prozess. Nur die Nächte waren schlimm. Ich konnte oft nicht schlafen und wenn, hatte ich Albträume, aus denen ich schweißgebadet und voller Angst erwachte. Merkwürdige bipolare Zustände, die innere Waage schlug nach beiden Richtungen aus. Bis zum Frühling musste alles Wichtige erledigt sein, länger wollte und konnte ich diesen Zustand wohl auch nicht ertragen.

21. Erster Tag meiner Verhandlung

Die Tage bis zum ersten Hauptverhandlungstermin in der Strafsache gegen mich waren schnell vergangen. Frühmorgens stand ich um 8.30 Uhr pünktlich vor dem Sitzungssaal IX im Landgericht. Dr. Legatz begann immer früh, umso schneller war die Sitzung beendet und er wieder zu Hause. Zumal auch er in einem Alter war, in dem das Schlafbedürfnis sinkt. Ich befand mich in dem gläsernen Vorraum vor der Eingangstür zum Sitzungssaal und atmete meditativ zehnmal langsam ein und aus, bevor ich den Raum betrat.

Der Weg dorthin ist mehrfach gesichert. Die erste Sicherheitsschleuse befindet sich unmittelbar nach dem Haupteingang zum Gericht, die zweite unmittelbar vor den Sitzungssälen der Strafkammern. An der ersten müssen die Besucher mitgeführte Taschen auf ein kleines Fließband legen. Diese passieren eine Kontrolleinheit, in der mit Röntgenstrahlen der Tascheninhalt durchleuchtet und auf einem Monitor abgebildet wird. Den Inhalt ihrer Kleidungstaschen legen die Besucher in offene Metallboxen, die ebenfalls durch die Einheit laufen. Fotoapparate, Taschenmesser und Ähnliches müssen an der Schleuse hinterlegt werden. Die Besucher durchschreiten einen Bogen, der mit Metalldetektoren ausgerüstet ist. Ein Warnsignal ertönt, wenn einer dabei einen metallischen Gegenstand mit sich führt. Zwei uniformierte Justizbeamte wachen über den ordnungsgemäßen Ablauf der Kontrolle und greifen ein, wenn es nötig wird. Die zweite Schleuse vor den Sitzungssälen ist weniger aufwendig. Hier müssen die Besucher lediglich ihren Ausweis vorzeigen und den Grund angeben, warum sie an der Hauptverhandlung teilnehmen wollen, und werden erfasst.

Als Anwalt ging ich nie durch eine der beiden Schleusen, sondern durch eine daneben liegende Tür speziell für Richter, Staatsanwälte, Anwälte und Justizangestellte. Anfangs musste ich für die freie, unkontrollierte Passage meinen Anwaltsausweis präsentieren. Später als ich allgemein im Gericht bekannt war, war auch das nicht mehr erforderlich. Ich gehörte zu diesem System, war Teil seines menschlichen Repertoires, ein Organ der Rechtspflege, wie die einschlägige gesetzliche Regelung meine Position und Situation beschreibt. Aber heute am ersten Hauptverhandlungstag war alles anders. Ich hatte nicht wie sonst einen Talar an, sondern trug ein bequemes Jackett, Jeans und ein Hemd, dessen oberster Kragenknopf geöffnet war und keinen weißen Langbinder wie Dr. Rosenberger, der bereits im Gerichtssaal auf der Anklagebank saß, wo auch ich Platz nehmen würde. Die an der Schleuse kontrollierenden Justizangestellten wussten offenbar, dass ich heute nicht als Anwalt, der den Prozess mitgestaltet, hier war, sondern als Privatperson, der der Prozess gemacht wurde und die ihn erdulden musste. Deswegen entspann sich zwischen den beiden Justizangestellten eine kleine Diskussion, ob ich durch die Sicherheitsschleuse musste oder nicht. Ich ging einfach wie immer durch den Anwaltseingang und vermied die Kontrolle, während sie weiter heftig miteinander diskutierten. Kleinkarierte Förmeleien überlasse ich lieber anderen, anstatt mich hieran zu beteiligten. Die zweite Schleuse war kein Problem. Jeder wusste, wer ich war und welche Rolle ich in dem Prozess spielte. Der Zuschauerraum war spärlich besetzt. Neben den üblichen Rentnern saßen dort Pressevertreter, unter ihnen Tintin, der mir kurz zuwinkte, ich grüßte knapp nickend zurück. Ich fühlte mich mulmig, nervös und war aufgeregt. Es tat mir gut, als Dr. Rosenberger aufstand und mir zur Begrüßung, statt mir die Hand zu geben, vertraulich auf die Schulter klopfte. Wir hatten gemeinsam die Akten durchgearbeitet und zwar sowohl die, die mein Verfahren betrafen, als auch die des Verfahrens gegen Krause, der meinen Hund und den ich beinahe selber getötet hatte. Aus seiner Akte ergab sich die übliche Vita eines radikalisierten Jugendlichen. Er hatte die Hauptschule mit 16 Jahren ohne Abschluss verlassen und seitdem sporadisch als Hilfsarbeiter auf dem Bau gearbeitet. In den Zwischenzeiten lebte er von Arbeitslosengeld II, auch Hartz IV genannt. Strafrechtlich war er so gut wie nicht in Erscheinung getreten. Er hatte keine Straftaten begangen. Es wurde lediglich vor einem Jahr in einem kleinen Verfahren gegen ihn wegen der Verwendung verfassungsfeindlicher Parolen ermittelt. Dies ist gemäß § 86 a StGB eine Straftat, die zwar mit bis zu drei Jahren Freiheitsstrafe geahndet wird, die aber die ausdrückliche Regelung enthält, dass von Bestrafung abgesehen werden kann, wenn die Schuld gering ist. Es ging dabei darum, dass Krause in der Innenstadt mehreren Personen,

die schon äußerlich als seine Gesinnungsgenossen erkennbar waren, zur Begrüßung „Ruhm und Ehre der Waffen-SS“ laut entgegengerufen hatte. Das Verfahren wurde eingestellt, denn nach einer Entscheidung des Bundesverfassungsgerichts ist dieser Satz zu verschieden von dem Bekenntnis der Waffen-SS „Unsere Ehre heißt Treue“ und der in der Hitlerjugend verwendeten Parole „Blut und Ehre“, um eine Strafbarkeit zu begründen. Sonst war er nirgends aufgefallen. Auch über eventuelle Mitgliedschaften in reaktionären oder konservativen Organisationen war nichts bekannt.
Zur Hauptverhandlung waren eine Vielzahl Zeugen geladen. Dabei handelte es sich um den Autofahrer, der Krause angefahren hatte, und den, der ihm entgegengekommen war, der mich unbewusst gehindert hatte, die Unfallstelle zu verlassen, die drei Ermittlungsbeamten, Krause selbst und den gerichtsmedizinischen Sachverständigen. Die Beamten, die seinerzeit meine Aussage betreffend meiner Körperverletzung aufgenommen hatten und in jenem Verfahren ermittelten, sollten ebenfalls gehört werden. An Asservaten gab es lediglich die Klinge des Mordwerkzeugs, mit dem Krause den Buntbepelzten getötet hatte. Die Strafkammer musste, soweit dies möglich war, auch den Angriff auf mich abklären, um die Glaubwürdigkeit meines Belastungszeugen einschätzen zu können.
Für den heutigen Tag hatte Dr. Legatz nur die Anklageverlesung und meine Einlassung vorgesehen. Die Verhandlung war nur auf zwei Stunden festgesetzt. Er ließ es seiner besonnenen Art entsprechend ruhig angehen. Je nach Delikt und je nach den Tatbeteiligten hatte er verschiedene Dramaturgien für seine Hauptverhandlung entwickelt. Manchmal plante er ihren Ablauf nach antiken Tragödientheorien. Dann entsprach die Verlesung der Anklage dem Prolog, die Vernehmung der einzelnen Zeugen den Epeisodia und die Stellungnahme des Staatsanwaltes und der Verteidigung nach den jeweiligen Zeugenaussagen dem Chor. Der Schlusschor bestand aus den Plädoyers der Staatsanwaltschaft, der Verteidigung und dem letzten Wort des Angeklagten. Der Exodus, als krönender Schluss, war die Urteilsverkündung, die ja letztlich die bezweckte Katharsis herbeiführte.
Manchmal gestaltete er seine Prozesse einfacher nach dem Aufbausche-

ma der klassischen Sinfonie in vier Sätzen, deren Tempo und Stimmung er den Gegebenheiten anpasste. Den ersten Verhandlungstag mit Anklageverlesung und Einlassung hielt er in Allegro, die folgenden Zeugenaussagen als Menuett, die Plädoyers folgten als Adagio und die Urteilsverkündung in Vivace. Dr. Legatz liebt das Strafrecht und die Macht, die er in seiner Funktion ausübt. Er ist klug, gewandt und schlau. Er hat noch nie, nicht einmal insgeheim, ein Urteil, das er gefällt hat, in Zweifel gezogen.

Neben ihm saß der junge Strafrichter Dr. Knechtler, der voller Ehrgeiz eine Vorsitzendenstelle anstrebte und der für seine besonders scharfe Zeugenbefragung bekannt war, sowie der immer schläfrig wirkende, kurz vor der Pensionierung stehende Richter Pill, der es nie zum Vorsitzenden einer Kammer hatte bringen wollen und der sich bei jeder Verhandlung nur mit Mühe wach hielt. Außerdem gab es noch zwei Schöffen. Einen bärtigen, dicklichen Brillenträger, der bei den städtischen Gaswerken angestellt war, und eine klapperdürre, etwa 55-jährige Lehrerin. Dies also war die Schwurgerichtskammer, die über mein Schicksal bestimmen sollte. Falls ich verurteilt würde, war mit einer Haftstrafe zu rechnen. Diese würde bei einer Verurteilung wegen versuchten Mordes kaum unter acht Jahren liegen. Ich spürte den Widerwillen der beiden Schöffen, für die es wohl keine verwerflichere Gestalt geben konnte, als einen angeklagten Anwalt, die Gleichgültigkeit des Richters Pill und das Wohlwollen des Dr. Legatz beinah körperlich. Lediglich wie Dr. Knechtler zu mir stand, der mich neugierig ansah, konnte ich nicht einschätzen. Ich hatte ihm in einer Verhandlung vor etwa einem Jahr ein Gefecht geliefert, in dem ich wegen verschiedener Beleidigungen nur knapp an einem Kammerverfahren vorbeigeschliddert war. Aber vielleicht war er ja trotz seiner jungen Jahre souverän genug, um sich hierdurch nicht beeinflussen zu lassen.

Oberstaatsanwalt Gallo verlas die Anklageschrift in der ihm eigenen Art. Er sagte die spröden, juristischen Sätze auf, als handele es sich um edle, gehaltvolle Verse, die den erhabenen Zustand einer reinen Seele widerspiegelten. Wahrscheinlich ging jedem der Anwesenden, außer der andächtig lauschenden Schöffin, seine theatralische Vorstellung auf die Nerven. Dr. Rosenberger schaute teilnahmslos auf das Kreuz, das über

Dr. Legatz' Kopf hing, der in der Mitte hinter der Richtertheke saß. Dieser blätterte teilnahmslos in der Akte. Seine Beisitzer rechts und links stierten angestrengt vor sich auf die Tischplatte. Tintin im Zuschauerraum verdrehte die Augen. Ich hüstelte vornehm, um Gallo bei seiner Vorstellung aus dem Konzept zu bringen. Der ließ sich jedoch nicht stören.

Danach durfte ich mich zur Sache äußern, oder von meinem Aussageverweigerungsrecht Gebrauch machen. Vor circa 15 Jahren, als ich meinen letzten Mandanten gegen den Vorwurf eines Kapitalverbrechens verteidigt hatte, bevor ich mich endgültig fast ausschließlich mit Zivilrecht beschäftigte und nur noch vereinzelt kleinere Strafsachen bearbeitete, hatte ich meinen Mandanten in aller Regel eingeschärft, zunächst zu schweigen und abzuwarten, was die Beweisaufnahme ergeben würde. Oft verwickelten sich Zeugen in Widersprüche oder wichen von ihren früheren Aussagen ab. Die Aussage des Angeklagten wurde dann überflüssig und eröffnete allenfalls neue Angriffspunkte oder Ermittlungsansätze. Andererseits ist ein frühes Geständnis strafmildernd. Jede Verteidigung erfordert eine abwägende Taktik und bisweilen Kunstgriffe. Die schon erwähnten Unterschiede hängen auch mit den unterschiedlichen Zielrichtungen der beiden Rechtsgebiete zusammen. Während das Zivilrecht die Interessen gleichrangiger Individuen, die den Prozessstoff beherrschen und bestimmen, ausgleicht, geht es beim Strafrecht um die des Staates zum Schutz aller gegen das Individuum. Daher soll dessen Prozessstoff objektiv sein und ist von Amts wegen zu ermitteln. Die Konsequenzen dieser unterschiedlichen Ziele sind enorm und mancher betroffene Bürger würde sein Vertrauen in den Rechtsstaat verlieren, wenn er sie durchschaute. Beispielsweise ist der Richter in beiden Rechtsgebieten in einer Beweiswürdigung frei. Faktisch ist er aber im Strafprozess weitaus freier; obgleich die straf- und zivilprozessualen Vorschriften zur richterlichen Beweiswürdigung fast identisch sind, ist es ihre praktische Anwendung nicht. So ist bei gegensätzlichen Zeugenaussagen im Zivilprozess grundsätzlich der Nachweis nicht geführt, die Entscheidung ergeht dann zu Lasten dessen, der ihn erbringen muss. Im Strafprozess gilt anderes. Hier kann der Richter bei unterschiedlichen Zeugenaussagen einer Person glauben, der anderen nicht, obwohl der

Grundsatz „Im Zweifel für den Angeklagten" gilt. Denn unterschiedliche Zeugenaussagen stehen der richterlichen Überzeugungsbildung, ob es sich, freilich aufgrund seiner Tat, um einen netten Kerl oder einen fiesen Möpp handelt, nicht zwingend entgegen.
In meinem eigenen Fall handelte ich anders und ließ mich bereits zu Verhandlungsbeginn zur Sache ein. Dr. Rosenberger teilte meine Auffassung, dass dies taktisch klüger sei als zu schweigen. Mit meiner Aussage würde ich die Themen des Prozesses maßgeblich mitbestimmen und schließlich weiß ich, was man vor Gericht wie aussagt. Oder ich müsste es wenigstens wissen. Also erzählte ich von meinem Mandat für Chakka, dessen schreckliches Schicksal ich in den schillerndsten Farben schilderte, den Anfeindungen, den die Zigeuner seit über einem Jahrtausend ausgesetzt sind, der Übermacht der Krankenhäuser, den Überfall auf mich. Bei der ausführlichen Schilderung der Verteidigungshandlung des ruhmreichen Buntbepelzten und seines furchtbaren Endes sah ich, dass die klapperdürre Schöffin sich verstohlen eine heimliche Träne aus dem rechten Augenwinkel wischte. Auch Dr. Legatz war nicht unbeteiligt. Er kratzte mit dem Fingernagel seines Daumens kaum merklich an der Kuppe seines Zeigefingers. Ich weiß, wie man erzählt, Spannung erzeugt, wieder auflöst und Leute auf seine Seite zieht. Die Auflösung und der Höhepunkt meiner umfangreichen Geschichte waren meine zufällige Begegnung mit Krause und dessen kopflose Flucht in den heftig fließenden Verkehr.
Nach meiner Einlassung schwiegen alle betreten. Die erste Frage kam von der Schöffin, ob ich den Buntbepelzten noch einmal gesehen hätte. Dr. Legatz und die beiden Beisitzer hatten keine Fragen an mich. Dann kam Gallo an die Reihe. Er wollte wissen, wieso ich überhaupt an diesem Tag zu dieser Uhrzeit an diesem Ort war. Ich hatte bewusst keine Begründung hierfür bei meiner Einlassung geliefert, weil ich diese Frage erwartete und es glaubwürdiger fand, hierauf zu antworten, als von mir aus eine Begründung zu präsentieren. Ich erklärte, dass ich seit dem Angriff und der Haft nachts nur noch sehr schlecht schlafe und sehr früh morgens wach werde. Ich wäre an diesem Tag früh aufgewacht und hätte einen morgendlichen Spaziergang über den Melatenfriedhof unternommen, um dort die Gräber der beiden Willis, nämlich Oster-

mann und Millowitsch, zu besuchen. Das Gedenken an diese beiden aufrechten Frohnaturen pflegte mich stets in eine heitere Stimmung zu versetzen. Die Traurigkeit dieses Ortes verstärkte meine Heiterkeit noch. Vielleicht war das derselbe Effekt, der einen in Situationen, in denen es vollkommen unangebracht ist zu lachen, etwa während des Hochamtes, zu unbändigem Lachen reizt. Vielleicht wirkte aber auch der Gedanke, dass Humor und Frohsinn ebenso ein Weg zur Unsterblichkeit sein kann, wie ein starker Glaube. Egal, aus welchen Gründen auch immer hellt sich meine Stimmung beim Anblick schon des ersten Willigrabes auf. Diese überzeugende Motivation für meinen erlogenen Friedhofbesuch nahm jedenfalls dem Schöffen, der sicher im rheinischen Karneval aktiv war, jeglichen Zweifel. Dr. Legatz grinste, Richter Pill döste und Dr. Knechtler schaute mich mit einem Blick an, als wollte er erforschen, ob ich noch alle Tassen im Schrank hätte.
Meine Einlassung dauerte etwa 45 Minuten. Dr. Legatz ließ es ruhig angehen, wahrscheinlich wollte er schnell auf den Tennisplatz und schloss die Verhandlung. Danach kam ich mir besonders schlau vor, obwohl ich mich fast um Kopf und Kragen geredet hatte. Es ist immer besser, wenn der Angeklagte zunächst schweigt. Man sollte von althergebrachten Dogmen nicht abweichen. Stattdessen wiegte ich mich in unantastbarer Sicherheit, ebenso wie bei der Ausführung meiner Tat, und log das Blaue vom Himmel herunter.
Am Tattag hatte der Melatenfriedhof ausnahmsweise geschlossen, weil einige Gräber einsturzgefährdet waren und ausgebessert werden mussten.

22. Prozessuale Ereignislosigkeiten und Ereignisse

Auch beim nächsten Termin in meiner Sache ging es gemütlich zu. Die Unfallzeugen wurden verhört. Sie bestätigten den Unfallverlauf. Krause war über die rote Ampel direkt in den Wagen gelaufen, der Unfall war unvermeidlich. Wie und warum er dies getan hatte, konnte – außer ihm und mir – keiner sagen. Die Polizeibeamten berichteten von ihren Ermittlungen und den Aussagen der Zeugen sofort nach dem Unfall an der Unfallstelle. Nach zwei Stunden schloss Dr. Legatz die Verhandlung, die in vier Tagen fortgesetzt werden sollte. Dann würde es ernst werden, denn mein Opfer sollte vernommen werden. Außerdem die Polizeibeamten, die gegen ihn wegen der gefährlichen Körperverletzung, die er an mir und der Sachbeschädigung, die er an dem Buntbepelzten begangen hatte, ermittelten. Damit erreichten die Epeisodia ihren spannungsvollen Höhepunkt vor dem Schlusschor und dem unvermeidlichen Exodus.

Während ich auf die Fortsetzung meiner Verhandlung wartete, traf ein Beschluss in Chakkas Prozess ein. Röbbels wies mich darauf hin, dass beide Zeugen, die ich benannt hatte, unter der angegebenen Anschrift nicht zu laden waren. Für den Pfleger und Borstels Verlobte hatte ich deren Privatadressen angegeben. Röbbels hatte mir eine kaum einzuhaltende Frist von drei Wochen gesetzt, innerhalb derer ich ihre ladungsfähigen Anschriften mitteilen sollte. Nach Ablauf der Frist wären die Zeugen unerreichbar, der Prozess würde ohne ihre Vernehmung entschieden.

Zunächst beunruhigte mich dies nicht. Ich glaubte, es handele sich um einen Fehler des Zustellungsbeamten oder die Zeugen seien umgezogen. Ich konnte mir zu diesem Zeitpunkt noch nicht vorstellen, dass mein Prozessgegner für die Unerreichbarkeit der Zeugen gesorgt hatte. Ich stellte entsprechende Einwohnermeldeamtsanfragen. Als diese für beide Zeugen nach einer Woche mit dem Hinweis zurückkamen, die Zeugen hätten sich ins Ausland mit unbekanntem Ziel abgemeldet, dämmerte

mir, dass Dr. Höllarm oder die Frommen Helenen ihre Finger im Spiel haben könnten. Alles ist eine Frage des Geldes und des Preises. Mein Pfleger hatte die Absicht, nach Afghanistan oder an die iranische Grenze zurückzukehren, wenn er genug zu seiner Existenzsicherung verdient hätte, dort würde ich ihn nicht ausfindig machen können. Borstels Verlobte hatte wahrscheinlich ihren Plan früher verwirklichen können, irgendwo in einem Aschram im Punjab oder im Himalaja klösterlichen Frieden zu finden.
Ich fragte bei den Nachbarn des Pflegers nach. Sie erklärten mir, er sei vor einem Monat ausgezogen. Wohin, konnte mir keiner sagen. In Berlin, bei den Nachbarn der Zeugin, fragten mit Gorans Kumpanija befreundete Zigeuner nach, die auf der Durchfahrt am Prenzlauer Berg überwintert hatten. Borstels Verlobte hatte ihre Wohnung schon vor fünf Wochen aufgelöst und den gesamten Hausrat verkauft. Den Nachbarn hatte sie erzählt, sie würde Deutschland auf immer den Rücken kehren; niemand wusste, wo sie war. Mir war klar, dass bei dieser Beweislage die Klage höchstwahrscheinlich abgewiesen werden würde. Die Situation war fast aussichtslos. Jetzt konnte ich mich lediglich selber als Zeugen für die Mitteilungen des Pflegers angeben. Für Röbbels wäre es leicht, meine Aussage als falsch oder als eine mittelbare Wahrnehmung vom Hörensagen als nachweisungeeignet anzusehen. Wenn er dies vernünftig und nachvollziehbar begründen würde, könnte seine Beweiswürdigung in der Berufungsinstanz nach neuem Recht nicht überprüft werden. Das ist das Ergebnis der letzten Prozessrechtsreform, die entsprechend der These von der Überlastung der Gerichte zu schnellen Ergebnissen führen sollen, die aber nicht unbedingt richtig sein müssen. In Zivilprozessen sind nämlich ab einem Streitwert von 5.000 Euro drei Instanzen vorgesehen. Die zweite Instanz ist, ebenso wie die erste, eine Tatsacheninstanz. Die Feststellung der Tatsachen und nicht nur die Rechtsfragen sollen in dieser überprüft werden. Nach der Novelle ist diese Überprüfung eingeschränkt. Die zweite Instanz legt den Sachverhalt der ersten Instanz zugrunde, falls es nicht um Tatsachen geht, die nach Schluss der ersten Verhandlung neu aufgetreten sind, oder die damals nicht vorgetragen wurden, ohne dass dies auf einem schuldhaften Versehen beruht. Hierdurch wird die Überprüfungsmög-

lichkeit weit eingeschränkt. Tatsächlich ist die Kontrolle des Berufungsgerichts in den meisten Fällen auf rein rechtliche Fragen beschränkt, die Beweiswürdigung ist ihr entzogen. Wüssten diejenigen, die diesem Recht unterworfen sind, derartige Einzelheiten, würde das Vertrauen in den Rechtsstaat erheblich abnehmen. Aber wer, außer damit befassten Juristen, kennt schon solche Feinheiten? Deshalb war Chakkas Prozess eigentlich nicht mehr zu gewinnen. Ich wusste noch nicht, wie ich ihm das sagen sollte, zurzeit fühlte ich mich hierzu außerstande. Als ich an das Angebot dachte, die Sache mit 150.000 Euro zu erledigen, krampfte sich mein Magen zusammen und mein Nacken vibrierte.

Ich hatte plötzlich, wie lange nicht mehr, ein unbändiges, nicht zu zügelndes Verlangen nach einer Zigarette. Die altmodische Dose für die Besucher war gefüllt. Ich nahm eine Filterlose heraus und zündete sie mit zitternden Händen an. Ich sog den Rauch tief ein und fing sofort an zu husten. Die Schadstoffe bissen in meiner Lunge. Mir wurde schwindelig. Ich drückte die Zigarette umgehend aus und öffnete die Fenster, damit der Gestank abziehen konnte. Bewusst und ruhig atmete ich zehnmal tief ein und aus. Ich spürte, wie sich der Rauch in meiner Lunge verzog und es dort wieder sauber wurde. Der Schwindel hörte auf. Dann ging ich von der Kanzlei in meine Wohnung und kochte mir einen Kaffee. In schweren Situationen haben mir Alkohol oder Nikotin noch nie geholfen. Ein Kaffee dagegen wirkt immer. Möglicherweise hat schon der Kochvorgang eine therapeutische Wirkung oder es ist das Koffein selbst oder auch nur die Autosuggestion, die die Abwehrkräfte bündelt und mobilisiert. Nach dem Kaffee hatte ich mich beruhigt. Ich fuhr in den Stadtwald und kehrte erst nach einem langen Gang zurück, als es schon tiefdunkel war.

Am nächsten Morgen verabredete ich mich mit Chakka. Das Lager war fast leer. Außer ihm und Luminiz waren alle unterwegs. Chakka war bestürzt, als ich ihm die Chancenlosigkeit seiner Klage auseinandersetzte, weil die Zeugen verschwunden waren. Luminiz schaute mich aus engen Augenschlitzen an. Ich wusste nicht, wie ich ihren Blick deuten sollte. Sie fragte mich, ob ich jetzt aufgeben wolle. Dann hätte sie mich falsch eingeschätzt. Ich solle mich zusammennehmen und vernünftig überlegen. Es gäbe immer eine Lösung und die solle ich mir gefälligst überle-

gen anstatt mich wie ein Gadscho Dilo jammerlappig in mein Schicksal zu ergeben. Sie geriet zunehmend in Wut und keifte schließlich, wie nur alte Weiber keifen können. So hatte ich sie noch nie erlebt:
„Wozu hast du dein Hirn?“, schrie sie mit heller Stimme.
Ihre Wut steckte mich an. Ich schrie zurück, sie solle aufhören, wie ein altes zahnloses Zigeunerweib rumzuzetern und zu zischen und endlich ihr Gebiss tragen.
Sie stutzte einen Moment und plötzlich begann sie zu lachen. Ihr Lachen wurde immer stärker, sie schlug sich auf die Schenkel. Dazwischen wurde sie kurz ernst und fragte: „Zisch ich mit einem Gebiss wirklich besser?“ Dann prustete sie erneut los.
Ich konnte mich nicht entziehen, ich fiel in ihr Lachen ein. Ich lachte Tränen und mein Bauch begann zu schmerzen.
Darauf sagte sie sachlich: „Gut, jetzt bist du wieder der Alte. Ich weiß, dass wir das nicht unter 2,5 Millionen machen. Ich weiß nur nicht wie, aber du kriegst das hin. Du musst dich nur ein bisschen anstrengen. Das Ergebnis steht fest. Du musst nur den vorgezeichneten Weg gehen, das Ziel wartet schon auf dich. Das hat mir der Drab gesagt und der hat mich noch nie belogen.“
Ich war ruhig geworden. Wir saßen noch einige Minuten schweigend zusammen, ehe ich mich verabschiedete. In zwei Tagen sollte meine nächste Verhandlung stattfinden. Diese brachte zwei Überraschungen. Die erste war, dass Luminiz unter den Zuschauern saß und mir zur Begrüßung kaum merklich zuzwinkerte. Ich zwinkerte zurück. Niemand bemerkte unsere Zeichen des geheimen Einverständnisses und wenn, hätte er sie nicht entziffern können. Die zweite war ein Beweisantrag des Leitenden Oberstaatsanwaltes. Er beantragte, den Geschäftsführer der Ostwestbau GmbH und den Beamten, den Friedhofsleiter, darüber zu vernehmen, dass am Tattag auf dem Melatenfriedhof einsturzgefährdete Gräber instand gesetzt werden mussten und deshalb der Friedhof geschlossen war. Ich erbleichte, die Angst krallte sich erbarmungslos bis in meine Eingeweide in mir fest. Wenn der Friedhof tatsächlich geschlossen war, brach meine Begründung, warum ich mich zu einer derart ungewöhnlichen Zeit ausgerechnet in der Nähe von Krauses Wohnung aufhalten hatte, in sich zusammen. Meine Einlassung wäre insgesamt

unglaubwürdig, Krauses Aussage hingegen plausibel und glaubwürdig. Dr. Rosenberger sah mich erschrocken an.
Dr. Legatz unterbrach die Verhandlung. Ich ging mit Dr. Rosenberger in eine entlegene Ecke des gläsernen Vorraums vor den Sälen, wo wir ungestört miteinander reden konnten. Ich spürte seine Unruhe.
„Was ist da los?“, fragte er mich und konnte kaum ein nervöses Zittern in seiner Stimme unterdrücken.
Bevor ich antworten konnte, kam Luminiz zu uns. „Behalte die Ruhe“, sagte sie, „es kann dir nichts passieren. Da du auf dem Friedhof warst, konnte er nicht geschlossen sein. Da kann dieser Schwachkopf von Staatsanwalt beantragen, was er will. Warum sollte ein Friedhof geschlossen sein? Weil ein paar Gadsche Gräber reparieren wollen? Glaubst du, irgendein rheinischer Bauarbeiter würde einem Friedhofsbesucher den Zutritt zu den Toten verwehren? Wo kämen wir denn da hin? Die Gadsche sind ja verrückt, aber so verrückt doch auch wieder nicht.“
Inzwischen verließ ich mich auf Luminiz’ Eingebungen und ihre Anregungen. Ihre Voraussicht war eine Mischung von intelligenter Logik, gesundem Menschenverstand, außergewöhnlicher Beobachtungsgabe und wahrscheinlich einem Gran Magie oder Poesie, was oft dasselbe ist. Ich gewann meine Fassung zurück, wurde augenblicklich ruhig und entspannte mich. Die Angst verließ meinen Körper. Luminiz war eben eine Drabani und spielte auf der menschlichen Seele wie auf einem Schifferklavier.
Dr. Legatz setzte die Verhandlung fort und erließ zunächst den Beschluss, dass die beiden Zeugen zu hören und für die nächste Sitzung zu laden seien. Das Verfahren entwickelte, wie oft in Strafprozessen, seine eigene Dynamik und steigerte das Tempo. Dr. Legatz erklärte, er wolle ein Rechtsgespräch mit den Prozessbeteiligten führen, in dem er mit dem Ziel einer Verständigung den Verfahrensstand erörtern wollte.
Was es damit auf sich hat, dürfte kaum einem Laien bekannt sein. Es geht dabei um den sogenannten Deal. Während man früher im Ganovenjargon damit den Ein- und Verkauf von Drogen bezeichnete, bedeutet dies heute eine Absprache zwischen Gericht, Staatsanwaltschaft und dem Angeklagten. Dabei wird ein Strafrahmen bekannt gegeben, innerhalb dessen sich das Urteil bei einer erfolgreichen Verständigung bewegt

unter der Voraussetzung, dass ein Geständnis erfolgt, das immer Bestandteil einer Verständigung ist, wie es im Wortlaut des Gesetzes heißt. Besonders attraktiv ist dabei, dass auch die Frage, ob die zu verhängende Strafe zur Bewährung ausgesetzt wird, verhandelbar ist. Die Verständigung, die erst kürzlich in einer weiteren Justizentlastungsnovelle im Gesetz geregelt wurde, vermeidet umfangreiche Beweisaufnahmen und verkürzt die Verhandlungsdauer. Ob Urteile hierdurch richtiger werden, darf man bezweifeln. Aber auch früher hatte ich oft unschuldigen Mandanten in einer aussichtslosen Beweissituation zu falschen Geständnissen geraten, damit ihre Strafe geringer ausfiel. Darüber, wie viele falsche Geständnisse seit der Novelle erklärt wurden, gibt es keine Statistik. Ebenso nicht, wie viele richterliche Gewissen durch falsche Geständnisse beruhigt wurden.

Dr. Legatz erteilte nach der kurzen Erörterung den deutlichen Hinweis, dass die Beweislage offen sei, aber, falls sich die Tatsache, die Gallo unter Beweis gestellt hatte, bewahrheiten würde, die Sache „eng" für mich werden könnte. Er sicherte zu, gegen ein Geständnis „hier und jetzt" eine Bewährungsstrafe auszusprechen, die zwischen 15 Monaten und zwei Jahren Freiheitsentzug liegen würde. Gallo widersprach heftig. Er würde keiner Strafe unter zwei Jahren zustimmen und keinesfalls eine Bewährung akzeptieren. Dr. Legatz wurde zornesrot, er empfand diesen Widerspruch, wie jeden Widerspruch, als persönlichen Angriff auf sein Urteilsvermögen und deshalb als Missachtung seiner Person und als Respektlosigkeit gegenüber seinem Amt. Er redete mit allen Mitteln seiner Kunst auf Gallo ein und ließ dabei das gesamte Repertoire Revue passieren, mit denen erfahrene Vorsitzende Verständigungsbereitschaft fördern. Seine Palette reichte von freundlichen Einschmeichelungen über autoritärem Geschrei bis zu sachlichen Erwägungen, wobei er die Reihenfolge beliebig wechselte, bis es mir zu blöd wurde und ich erklärte, ich hätte nichts zu gestehen, weil ich vor diesem und jedem Gericht die Wahrheit sagen würde und trotz aller Novellen noch genug Vertrauen in einen Richterspruch hätte. Dem konnte der hierdurch geschmeichelte Vorsitzende schwerlich etwas entgegensetzen. Die Verhandlung wurde fortgeführt. Krause wurde vernommen. Er stritt seine eigene Tat ab und gab vor, mir das erste Mal begegnet zu sein, als ich ihn mit meiner Schusswaffe bedrohte und über die dicht befahrene Straße getrieben hätte. Zwischendurch brach er immer wieder in Hasstiraden gegen die dreckigen Zigeuner und ihre Helfer aus. Dr. Legatz ermahnte ihn mehrfach. Ich sah aus den Augenwinkeln, wie Luminiz Krause versteckt eine Kusshand zuwarf. Er starrte sie hasserfüllt an und schrie dann wutentbrannt herum, was denn die alte Zigeunerin da hinten in einem deutschen Gericht zu suchen hätte. Dr. Legatz brummte ihm ein Ordnungsgeld von 150 Euro, ersatzweise drei Tage Haft auf. Dann wurde Krause vorsichtiger.

Für mein Verhalten hatte er eine einfache Erklärung bereit. Ich hätte ihn verwechselt. Es gäbe inzwischen viele Kameraden, die ähnlich aussehen wie er mit einem anständigen deutschen Haarschnitt und sportlicher Kleidung. Dr. Rosenberger grinste.

Danach wurden die Ermittlungsbeamten vernommen, die seinerzeit in der gegen mich gerichteten Tat die Ermittlungen leiteten. Die beiden Ermittlungsbeamten berichteten ausführlich, in welchen Zustand sie den Bunten und mich vorgefunden hatten. Die ganze Grausamkeit des Geschehens rollte vor mir ab. Ich hatte gedacht, sachlich bleiben zu können. Aber ich spürte, wie meine Nerven vibrierten. Mein linkes Augenlid begann unkontrolliert zu zucken. Ich nahm mich mühsam zusammen, um ruhig zu bleiben und die Mischung aus Wut, Schmerz und Trauer zu unterdrücken. Zugleich tröstete mich, dass Krause humpelte und dieser Zustand wahrscheinlich noch über ein halbes Jahr andauern würde. Ich hatte plötzlich die Gewissheit, dass meine Handlung richtig gewesen war. Hätte er nicht überlebt, würde mich sicher noch heute mein Gewissen beißen. Dagegen fand ich den Ausgleich, den ich herbeigeführt hatte, gerecht und mein Handeln richtig. Einem gut sozialisierten Juristen sind solche Gedanken allerdings fremd. Ebenso wie der Umstand, dass der lebende, unversehrte Tshurka ein erheblich erhöhtes Schmerzensgeld einklagte, als der zu früh verstorbene, verletzte Chakka.

Als Nächstes wurde die abgebrochene Messerklinge in Augenschein genommen, die die Forensiker aus dem Körper des Buntbepelzten seziert hatten. Die Klinge war scharf und lief spitz zu. Das Stück war etwa 22 Zentimeter lang. Auf der Klinge war schräg eine Gravur lesbar. „1379" und darunter: „All ... f". Offenbar ein teures und deshalb nummeriertes

Stück mit Firmengravur. Krause hatte sie tief in den auf ihn zuspringenden Hundekörper gestoßen. Dessen Vorwärtsbewegung mit der vollen Kraft des Sprunges hatte dazu geführt, dass die zu etwa zwei Drittel eingeführte Klinge einige Zentimeter unterhalb des Griffes brach. Die Klinge musste insgesamt etwa 30 Zentimeter lang gewesen sein. Die Ermittlungsbeamten hatten entsprechende Waffen der letzten 50 Jahre überprüft und ähnliche Modelle gefunden. Den Hersteller konnten sie nicht herausfinden, möglicherweise würde die Waffe aus dem Ausland stammen. Sie schienen sich hierbei allerdings auch nicht allzu große Mühe zu geben, denn selbst wenn man Hersteller und Verkaufsort der Waffe ermittelt hätte, hätte dies keine Rückschlüsse auf den Täter gestattet und zu dessen Ermittlung nichts beigetragen.
Dr. Legatz schloss die Verhandlung.

23. Fünfe gerade sein lassen

Am nächsten Verhandlungstag wurden die Zeugen gehört, deren Vernehmung Gallo beantragt hatte. Während sie aussagten, wischte ich mir mehrmals kalten Angstschweiß von der Stirn. Der Leiter des Amtes für Landschaftspflege und Grünflächen, der zugleich Leiter des Friedhofs war, seit die Stelle eines selbstständigen Friedhofsleiters dem Rotstift des Kämmerers mit Billigung des Stadtrates und auf Vorschlag des Bürgermeisters zum Opfer gefallen war, erklärte, er habe der ausführenden Firma, in der übrigens sein Schwager Mehrheitsgesellschafter war, die Anweisung erteilt, während der Renovierung einsturzgefährdeter Gräber den Friedhof geschlossen zu halten. Er hatte ihm einen Schlüssel ausgehändigt. Der Angestellte, der für die tägliche Öffnung und Schließung verantwortlich war, hatte an diesem Tag Urlaub. Deswegen sei der Friedhof am Tattag nicht geöffnet gewesen. Bereits aus Gründen der Verkehrssicherungspflicht, der Fürsorge gegen Friedhofsbesucher und vor allem aus versicherungstechnischen Gründen sei es unvertretbar, den Friedhof zu öffnen, während dort schweres Gerät eingesetzt würde. Auf Dr. Legatz' Frage, was denn dort instandgesetzt wurde und welches schwere Gerät eingesetzt worden sei, blätterte der Amtsleiter hektisch in der vor ihm liegenden Verwaltungsakte. Drei Grabsteine waren umgekippt, die mittels eines Kleinbaggers wieder angehoben wurden, abgestützt und einzementiert werden sollten. Die Stützen sollten anschließend entfernt werden, wenn der Zement ausgehärtet war.

Ob sich durch die Arbeiten Belästigungen oder Gefährdungen für die Besucher ergeben würden, wollte Dr. Legatz wissen.

Es könnte durchaus sein, dass einer der Grabsteine umkippen würde, wenn jemand daran rappelte und dabei spielende Kinder schwer verletzt würden. „Und wer würde den Schaden dann tragen?", fragte der gewissenhafte Amtsleiter zurück, der wie ein gestriegelter, nach Höherem strebender Oberlehrer aussah und der ebenso sorgfältig auf sein Äußeres achtete, wie er sich gegen haftungsrechtliche Risiken absicherte.

„Spielen denn auf dem Friedhof Kinder?", fragte Dr. Legatz weiter.

„Für gewöhnlich nicht", lenkte der Amtsleiter ein, „aber man weiß ja nie."
Die Frage Dr. Rosenbergers, ob er denn persönlich überprüft hätte, dass die Friedhofspforte verschlossen war, verneinte er und schüttelte den Kopf über eine solche Zumutung. Dann wurden der Geschäftsführer der Ostwestbau und der zuständige Bauleiter vernommen. Der Geschäftsführer bestätigte, dass in dem Bauvertrag, der umsichtig und ausführlich vom Rechtsamt der Stadt ausgestaltet war, die Schließung des Friedhofes während der Arbeiten vereinbart war und er hierauf den Bauleiter ausdrücklich hingewiesen habe. Der Bauleiter hätte den ausführenden Handwerkern eindeutig die Weisung erteilt, die schwere Eisengittertür verschlossen zu halten. Ich sah mich nach diesen Aussagen die nächsten Jahre oder Jahrzehnte hinter Gittern. Dr. Legatz fragte ihn, ob sich die Handwerker persönlich überzeugt hätten, dass das Tor abgeschlossen war. Der Bauleiter druckste herum, bis er schließlich erklärte, er hätte an diesem Tag seine Leute dort abgeladen und zum Feierabend wieder abgeholt. Das Tor sei geschlossen gewesen, jedenfalls müsse er davon ausgehen, selbst überprüft hätte er dies nicht. Die Gittertür war zu, ob sie abgeschlossen war, könne er nur vermuten. Die beiden dort tätigen Arbeiter seien äußerst zuverlässig, er habe sie nachdrücklich darauf aufmerksam gemacht, dass das Tor zu bleiben müsse. Dr. Legatz bat um deren Namen und deren Handynummern und unterbrach die Verhandlung, die am selben Tag nachmittags mit der Vernehmung der beiden Handwerker fortgesetzt werden sollte. Zuvor hatte er durch einen Anruf klargestellt, dass diese erscheinen würden und zur Sachaufklärung beitragen konnten. Während der Verhandlungspause von zwei Stunden fuhr ich ins Lager der Kumpanija. Ich war zu nervös, um allein bleiben zu können. Ich klopfte an Luminiz' Hütte. Sie öffnete und begrüßte mich. Sie fand mein Aussehen furchtbar und fragte, was los sei. Ich erzählte von den Zeugenaussagen.
„Ich habe dir doch schon gesagt, dass das Friedhofstor nicht verschlossen war. Das wäre gegen jede Vernunft und eine Respektlosigkeit den Toten und den Trauernden gegenüber. Ich weiß das. Du kannst dich völlig auf mich verlassen. Das Problem ist, dass du allmählich schwächer wirst und den Überblick verlierst. Ich gebe dir zwei Kräutertees mit, einen für

den Tag, zur Stärkung deines Geistes und einen für die Nacht zu dessen Erholung."
„Drab?", fragte ich.
„Richtig", gab sie zu, „aber nichts, was deine Wahrnehmung verändert. Du bist nur tagsüber schneller und wacher, nachts schläfst und träumst du besser. Es sind nur Kräuter drin, die hier wachsen und die ich selber gepflückt und getrocknet habe. Ein Stärkungsmittel, sonst nichts. Gibt dir deine Mitte wieder."
Ich öffnete die beiden Plastikbeutel. Ich roch Zitronenmelisse, Fenchel, Kamille, Salbei, Lavendel und andere Düfte, die ich nicht ermitteln konnte. Luminiz freute sich an meinen Identifizierungen.
„Exakt", pflichtete sie mir bei, „aber das Wichtigste kennst du nicht. Johanniskraut, auch stolzer Heinrich genannt. Geerntet um die Sommersonnenwende, nach einem sehr trockenen Sommer. Besonders intensiv und so gelb wie die Sonne selbst. Pro Tasse eine knappe Handvoll in kochendes Wasser geben. Fünf Minuten ziehen lassen. Das macht die grauen Wolken weg und lässt die Sonne wieder in deinen Verstand scheinen."
Ich dankte ihr und fuhr zum Gericht zurück. Dort warteten die beiden Handwerker auf ihre Vernehmung. Der eine war ungewöhnlich dick und zu kurz, der andere zu dünn und zu lang.
„Tünnes und Schäl", flüsterte mir Dr. Rosenberger zu.
Während der Amtsleiter, der Geschäftsführer und der Bauleiter im entscheidenden Punkt ihrer Aussage unklar waren, herumdrucksten und sich sichtlich unwohl fühlten, waren diese beiden Zeugen erstaunlich selbstbewusst und guter Dinge. Zwei kernige Vertreter alter Handwerkszunft, die sich von keinem sagen ließen, was richtig und falsch war und denen versicherungstechnische Fragen und zwangsneurotische Überängstlichkeit fremd waren. Der Dünne wusste nicht, ob das Tor auf oder zu war. Er erklärte ohne Umschweife und ohne schlechtes Gewissen, dies sei ihm egal gewesen.
Der Dicke bestätigte, dass das Tor unverschlossen war. „Mer sollte de Pooz zumaache. Hammer ja. Die wör och zoo. Ever isch hann die nit afjeschlosse. Dat wor ja nit nühdich. Denn als ich die jrot zuschlise wollt, kütt da esu enn ahl Oma an un wollt erinn. Da hann isch de Pooz ob-

jelasse, damet se wedder erruss kütt. Dann hann ich mir jedaach, wenn ene kütt, kann och noch ene kumme. Watt soll dat Spell. Lasse mer se zo, ever driehe me de Schlössel net eröm. Dat jet dann auch, dann es se zoo, ever man kann se opmaache. Mer wore ja do. Da konnt ja nix pasäe." (Wir sollten die Türe zumachen. Haben wir ja. Die war auch zu. Aber ich habe sie nicht abgeschlossen. Das war ja nicht nötig. Denn als ich die gerade zuschließen wollte, kommt da so eine alte Oma und wollte herein. Da habe ich die Tür aufgelassen, damit sie wieder herauskommt. Dann habe ich mir gedacht, wenn eine kommt, kann auch noch eine kommen. Was soll das Spiel. Lassen wir sie zu, aber drehen wir den Schlüssel nicht herum. Das geht dann auch, dann ist sie zwar zu, aber man kann sie aufmachen. Wir waren ja da. Da konnte nichts passieren.)

Der Friedhof war also zugänglich gewesen. Die praktische Vernunft hatte über neurotische Theorien gesiegt, Luminiz hatte recht behalten.

Gallo schmollte. Mir fiel ein Stein vom Herzen und Dr. Legatz schloss zufrieden lächelnd die Verhandlung. In Richtung der Prozessbeteiligten sagte er: „Die woren äver jot." Er fragte, ob noch Beweisanträge gestellt werden würden, ansonsten erwarte er bei der nächsten Verhandlung in zehn Tagen die Schlussplädoyers der Staatsanwaltschaft und der Verteidigung und würde dann einen weiteren Termin zur Urteilsverkündung anberaumen.

Vom Ergebnis stand die für Gallo überzeugende Aussage Krauses gegen meine Erklärung. Wäre ich Dr. Legatz und hätte die Sache zu entscheiden, hätte ich eine Verurteilung ausgesprochen. Aufgrund der Aussagen der Bauarbeiter bestand noch die Chance, dass meiner Einlassung mehr Glauben geschenkt würde als Krauses Version.

Auch hatte Dr. Legatz bei dem Rechtsgespräch zu erkennen gegeben, dass er zu einer Freiheitsstrafe unter zwei Jahren, die er zur Bewährung aussetzen würde, tendiere.

Ich ging vom Gericht ohne Umwege in mein Büro und aß unterwegs ein belangloses Essen aus einer Imbissbude. Ich erledigte ein paar notwendige Routinearbeiten. Dann brühte ich eine Tasse des Stärkungstees auf. Der kurz aufgekochte Sud zog nach Luminiz' Anweisungen genau fünf Minuten. Sein Geschmack war sehr aromatisch und intensiv, nicht süß und nicht herb. Nach dem zweiten Schluck hatte ich mich an ihn gewöhnt. Das Getränk begann gut zu schmecken und wurde mit jedem Schluck besser. Nach einer halben Stunde hatte die volle Wirkung eingesetzt. Ich wurde hellwach, als hätte ich gerade zehn Stunden tief und traumlos durchgeschlafen. Gleichzeitig wurde meine Stimmung kontemplativ. Ich ließ meinen Gedanken freien Lauf. Als bräuchte ich ihnen nur zuzusehen oder zuzuhören, sie spulten sich von selbst ab, verzweigten sich und verfolgten gleichzeitig mehrere Assoziationsstränge. Dabei blieben sie klar und realistisch. Ich war keineswegs in einem Rauschzustand, sondern bei äußerster Entspannung hoch konzentriert.

Ich dachte über Chakkas Prozess nach. Bisher hatte ich, seit die Zeugen verschwunden waren, nur in eine Richtung gedacht, nämlich wie ich sie ausfindig machen könnte. Ich hatte mir überlegt, nach Afghanistan zu fliegen und dort in allen großen Krankenhäusern nachzufragen, bis ich den Bruder des Pflegers gefunden hätte, oder in Südindien in allen Aschrams nach Borstels Verlobter zu suchen. Bei realistischer Einschätzung war ein solches Vorgehen nicht Erfolg versprechend.

Dann kam die Erleuchtung. Mein Ansatz war falsch. Es ging ja gar nicht darum, nach alten Zeugen zu suchen, sondern darum, neue Beweismittel zu finden. Etwa solche, die bestätigten, dass Borstel beim Sturzereignis im Ausland war. Der verschwundene Pfleger hatte erklärt, zu dem Zeitpunkt, als Chakka aus dem Bett gestürzt war, seien Borstel und er auf Sizilien gewesen. Er habe mit Blick auf den Concordiatempel seinen Geburtstag auf der Terrasse des Hotels gefeiert und mit der verschwundenen Zeugin zu Abend gegessen.

Es konnte nicht schwer sein, das Hotel ausfindig zu machen, in dem er gewohnt hatte. Dort mussten sich Nachweise finden lassen, die seinen Aufenthalt zur fraglichen Zeit bestätigen würden. Zunächst also musste ich das Hotel ermitteln. Ich wusste, dass der Concordiatempel in Agrigent steht, im Tal der Tempel, außerhalb der Stadt. In der Nähe des Concordiatempels waren einige Hotels, von wo aus man einen mehr oder weniger entfernten Blick auf den Tempel hatte. Das schönste und nächstgelegene Hotel war das Hotel Athena. Ich wählte die Telefonnummer, es meldete sich ein freundlicher Rezeptionist.

„Buon giorno", sagte ich, „hier ist Anton Borstel, Sie können sich sicher an mich erinnern."

„Naturalmente, Sie waren im letzten Sommer mit zwei Freunden hier."
Wenn der Knoten gelöst ist, entwirren sich die einzelnen Stränge manchmal mit einer kaum zu fassenden Leichtigkeit. So auch hier. Ich bat ihn um seine Hilfe. Ich könnte die Rechnung von meinem Aufenthalt nicht mehr finden. Diese benötigte ich aber dringend für meine Steuererklärung, weil ich den Urlaub als Kuraufenthalt nach einer Erkrankung, also als berufsbedingte Ausgabe geltend machen wollte.
„Nessun problema, ich faxe sofort eine Kopie Ihrer Rechnung."
Ich nannte ihm meine Faxnummer, wir verabschiedeten uns unter der gegenseitigen Versicherung, wie schön es war, voneinander gehört zu haben. Wenige Minuten nachdem ich aufgelegt hatte, ratterte die Rechnung durch mein Faxgerät. Ungezähmter Jubel stieg in mir auf, als ich den Namen Anton Borstel und den seiner unerreichbaren Gefährten und die Daten ihres Aufenthaltes im Dezember vom 11. bis zum 17.12.2013 las. Ich lehnte mich zurück, schloss wohlig meine Augen und überlegte, mit welcher Inszenierung ich diesen Trumpf am effektvollsten ausspielen würde. Eine Möglichkeit war, Professor Dr. Höllarm unmittelbar zu informieren und erst später einen Schriftsatz bei Gericht einzureichen. Damit riskierte ich aber möglicherweise, dass Röbbels mein Vorbringen als verspätet zurückweisen würde. Deshalb entschied ich mich, die Rechnung mit einem dreizeiligen Schriftsatz zu übersenden, in dem ich den Geschäftsführer des Hotels und den Rezeptionist als Zeugen für Anton Borstels Aufenthalt in Agrigent zum Zeitpunkt, als Chakka seine Querschnittslähmung erlitt, namentlich und mit Adresse des Hotels benannte. Den Schriftsatz übersandte ich noch am selben Tag an das Gericht und in doppelter Kopie unmittelbar an meinen Prozessgegner. Damit überschnitt sich die Nachmittagspost mit der Ladung zu Chakkas Prozess, der ein Beschluss beilag, durch den Röbbels die Vernehmung des Pflegers und der Verlobten Borstels wegen Unerreichbarkeit der Zeugen ablehnte. Röbbels terminierte einen Tag, bevor zu erwarten war, dass Dr. Legatz das Urteil in meiner Strafsache verkünden würde.
Ich wartete auf Chakkas Prozess, auf den Anruf aus der Kanzlei Würgel & McBallister und endlich auf eine erlösende Idee in meinem eigenen Verfahren. Ich trank Luminiz' Tee und wartete. Ich konzentrierte mich

auf das Warten. Oft geht man anderen Tätigkeiten nach, während man wartet, um die Zeit zu überbrücken. Nicht so ich. Ich erlebte das Warten, ohne Anspannung, ohne Tätigkeit, ohne Fülle, aber auch ohne Leere und ohne Langeweile. Ich tat nichts, als meinem Herzschlag wie dem Ticken einer Uhr zu lauschen, der anzeigte, wie Chronos die Sekunden fraß. Das reine, pure Warten, das Warten an sich. Später ist mir so etwas nie wieder gelungen. Vielleicht, weil ich Luminiz' Tee danach nie mehr getrunken habe.

24. Die trächtige Hündin

Ilona Luminitia, Goran, Pustina und Chakka grinsten breit, als ich ihnen vom meinem Telefonat und der Rechnung erzählte und ihnen die Kopie meines Schriftsatzes überbrachte. Goran meinte, mir würde jetzt wohl bald ein Vorschlag unterbreitet. Die Frommen Helenen würden mit allen Mitteln versuchen, die Angelegenheit außergerichtlich ohne Aufsehen und ohne Öffentlichkeit zu regeln. Er und die anderen waren der Auffassung, einfach nur abzuwarten.

„Du treibst sie hoch bis 2,5 Millionen. Dann machen wir Schluss. Sag ihnen, dass wir in Hollywood allein für die Filmrechte über anderthalb Millionen kriegen, ganz abgesehen von der Kohle, die die Presse zahlt. Was uns da alles entgeht und darüber hinaus noch der Gesichtsverlust in der Öffentlichkeit, den wir ertragen."

Pustina konnte nur mühsam sein Lachen verbergen. „Genauso musst du mit diesem Gadschoanwalt reden. Das versteht er."

Ich wusste nicht, ob er mich oder Professor Dr. Höllarm meinte.

„Trinkst du noch meinen Tee?", fragte Luminiz.

Als ich bejahte und ergänzte, dass ich mich seitdem viel wacher und klarer fühlte, erklärte sie mir, dass die Einnahme eine Kur sei, die beendet wäre, wenn ich die Kräuter aufgebraucht hätte. Ich könne jetzt die Dosierung ändern und einen schwächeren Sud aufbrühen.

Während wir miteinander sprachen, kam einer der Hunde, die sonst meistens Abstand von den Menschen hielten und im Rudel zusammenlagen, auf mich zu. Dies war ungewöhnlich. Meistens, wenn die Hunde sich nicht selbst überlassen wurden, beschäftigten sich die Kinder mit ihnen. Sie fütterten sie auch. Aber auch die Erwachsenen waren immer freundlich zu den Tieren. Sie ließen sich von allen gerne streicheln und wedelten dazu mit dem Schwanz. Ab und zu erhob sich einer aus dem Rudel und patrouillierte um das Lager. Bei ungewöhnlichen Ereignissen bellte er und alle bellten mit. Manchmal heulten sie auch gemeinsam nachts ins gestirnte Blau. Sie gehorchten sofort jedem Befehl, den ein Mitglied der Kumpanija aussprach. Ob sie Eigentum einer bestimmten Person waren oder einen bestimmten Menschen als ihren Herrn aus-

machten, war für mich nicht feststellbar.
Der Hund stupste meine Hand mit seiner schwarzen kühlen Schnauze an, wedelte zutraulich mit seinem Schwanz und versuchte, seinen Kopf unter die Innenfläche meiner Hand zu platzieren, um mir zu zeigen, dass er von mir gestreichelt werden wollte. Ich kraulte ihn sanft hinter den Ohren. Er grunzte vergnügt. Sein struppiges Fell, das um den Kragen wilde Wellen in alle Richtungen schlug, war von einem undefinierbaren, mit hellgrau und beige durchschossenem Weiß. Er war von mittlerer Größe. Sein Kopf war, von der Seite gesehen, merkwürdig eckig. An den Lefzen hingen, wie die Fühler eines Welses, zwei Fellsträhnen, wie Schnurrbartenden, allerdings rechts und links in unterschiedlicher Länge. Das üppige, geschwollene Gesäuge wies sie als Hündin aus, sie war offenbar trotz ihres erheblichen Alters trächtig.
„Du bist aber hässlich“, murmelte ich.
Luminiz' Lächeln erstarb augenblicklich. Sie schaute mich entgeistert an. „Gadscho Dilo“, sagte sie mit Enttäuschung in der Stimme. „Schau sie dir genau an, nicht wie ein Gadscho, sondern so wie ich.“
Ich sah der Hündin ins Gesicht und im selben Moment ging mir ein Licht auf. Die Hündin hatte einen ungewöhnlich wachen und aufmerksamen Blick. Zugleich strahlte sie mit ihrer unvoreingenommenen Zuwendung etwas aus, das man bei Menschen als Güte bezeichnen würde. Mit schön oder hässlich hatte dies nichts mehr zu tun, diese Begriffe passten nicht und waren für das Tier unwesentlich.
Luminiz merkte, wie sich mein Ausdruck veränderte. „Sie mag dich“, stellte sie fest, „das ist gut.“
Zurück in meinem Büro wartete ich weiter. Die Tage vergingen. Eines Abends blieb ich länger im Büro. Es wurde dunkel, ich ließ das Licht aus. Meine Sekretärin war nach Hause gegangen. Dann klingelte das Telefon. Ich wusste, mein Nirwana-Warten war beendet. Ich ließ es sechs Mal klingeln, ehe ich abnahm.
Es war Höllarm persönlich. Er grüßte mich und kam sofort zur Sache. „Guten Abend, Herr Kollege. Wir sind bereit, den Klagebetrag gegen eine umfassende Geheimhaltungsverpflichtung zu bezahlen.“
Ich antwortete: „Allein für die Filmrechte würde uns jeder Hollywoodproduzent ohne mit der Wimper zu zucken 2,5 Millionen zahlen.

Geschweige denn die vielen Pressehonorare. 2,5 Millionen Euro und umfassend Schweigeverpflichtung. Der Betrag ist nicht verhandelbar."

Höllarm schluckte. Es entstand eine Pause. „Ich rufe Sie wieder an", brachte er heraus.

Ich konterte: „Das hat aber nur Sinn, wenn Ihre Auftraggeberin zur Zahlung in dieser Höhe bereit ist. Ich handele nicht und gehe keinen Cent unter diesen Betrag."

Er legte grußlos den Hörer auf. Bei solchen Beträgen bleibt nicht nur die Konvention, sondern auch die allgemeine Höflichkeit auf der Strecke. In drei Tagen war der nächste Verhandlungstag in meiner Strafsache. Ich nahm mir die Akte nochmals vor. Dr. Rosenberger und ich hatten alles mehrfach durchdacht und durchgesprochen. Die Verteidigung war vernünftig geführt. Wir hatten nichts übersehen, alles getan und jedes Beweismittel ausgeschöpft. Ich dachte an den Buntbepelzten und sah die Situation, in der mich Krause angegriffen und er mir zu Hilfe kam, plastisch vor mir. Der Streifschlag gegen meinen Kopf, das Blut in meinem Auge, der frontal geführte Schlagring, das knirschende Geräusch, als mein Nasenbein brach, das Messer in Krauses Hand, das er in die Brust des sich aufbäumenden Hundes rammte und dessen Todesschrei. Das Messer hatte er in seiner Rechten gehalten. Es hatte eine silberne Parierstange. Der Griff war schwarz, wahrscheinlich Ebenholz. Oben befand sich ein silberner Knauf, der die Parierstange verkürzt und in umgekehrter Richtung wiederholte; unten war sie konvex, oben konkav geformt. Eine typische Neonaziwaffe. Aber warum? Woher nahm ich denn diese Erkenntnis? Wieso erschien mir gerade eine solche Waffe als typisch für einen Neonazi? Ich überlegte, ob derartige Waffen vielleicht zu einer Naziuniform gehören könnten. Ich gab den Begriff Nazidolch im Internet ein und wurde sofort fündig. Bei dem Dolch hatte es sich um einen SS-Ehrendolch gehandelt. Er gehörte zur Ausstattung des verdienten SS-Mannes. Gravuren auf der Klinge waren keine Seltenheit. In die Klinge war standardmäßig „Alles für Deutschland" eingraviert, oben unterhalb der Parierstange fand sich meist quer der Hersteller und die Fabrikationsnummer.

Ich sah mir die Fotos aus der Ermittlungsakte nochmals an. Die Gravur war zum Teil verschwunden. „Alles für Deutschland" hatte sich in „A … f" verwandelt. Fraglich war, was es mit der Zahl 1379 auf sich hatte.

Möglicherweise eine SS-Mitgliedsnummer, die beim Stoß in den feindlichen Körper dort gleich mit eindringen sollte. Der SS-Mann, dem dieser Dolch vor vielleicht 80 Jahren gehört hatte, müsste sich anhand der Nummer ermitteln lassen. Da die Nummer wahrscheinlich nicht vollständig war, würde mir dies nicht weiterhelfen. Aber vielleicht der umgekehrte Weg. Wenn ein Verwandter Krauses diesen Dolch besessen hätte, spräche alles dafür, dass der Dolch im Besitz Krauses gewesen war und von ihm benutzt wurde. Ich musste zunächst ermitteln, wie die Vorfahren seiner Familie hießen, die altersmäßig als SS-Männer in Betracht kämen. Hierzu war es erforderlich, den Stammbaum der Familie zu kennen. Vor etwa zwei Jahren hatte ich ein Mandat für eine Kommunalbeamtin geführt, die im Standesamt arbeitete. Sie war mir mit gutem Grund auf ewig dankbar und würde mir helfen.

Am darauffolgenden Morgen rief ich sie an und erklärte ihr meine Situation und warum ich dringend die Namen von Krauses Verwandten brauchte, die zwischen 1932 und 1944 als Mitglieder der SS infrage kamen. Sie rief mich nach zwei Tagen zurück und gab mir zwölf Namen durch. Vier Personen aus dem Familienstamm seines Vaters und acht aus dem seiner Mutter. Sie war sorgfältig und gründlich vorgegangen. Ich segnete heimlich den technischen Fortschritt, der einen schnellen Zugriff auf solche Daten ermöglichte und den ich schon unzählige Male verdammt hatte. Bereits nachmittags bekam ich einen Termin im Bundesarchiv in Koblenz und durchforstete dort die Listen. Drei unterschiedlich nahe Familienmitglieder Krauses waren in der SS gewesen. Einer von ihnen hatte die Mitgliedsnummer 137988. Damit sprach alles dafür, dass es sich bei der Klinge, die im Körper des Buntbepelzten gesteckt hatte, um eine Waffe aus dem Familienbesitz Krauses gehandelt hat. Dieses Indiz würde reichen, um ihn gemeinsam mit meiner Aussage als Täter zu überführen.

Ich traf mich mit Dr. Rosenberger, über dessen zerfurchtes Gesicht ein Leuchten zog, als ich meine Ermittlungen erläuterte. Wir freuten uns auf die nächste Hauptverhandlung.

Als ich wieder in meinem Büro war, klingelte das Telefon. Ich nahm ab. Grußlos sagte Professor Dr. Höllarm: „Also trotz vieler Bedenken sind wir bereit, 2,2 Millionen, gegen eine umfassende Geheimhaltungsver-

pflichtung und strafbewehrt, zu zahlen."
„Leck mich am Arsch!", erwiderte ich und legte auf.
Kurz darauf ratterte ein Schriftstück durch das Faxgerät. Dessen Text war folgender:

„1. Gegen Zahlung von 2.500.000 Millionen in Worten: zwei Millionen fünfhunderttausend Euro zur Abgeltung aller Ansprüche des Chakka Boran gegen die Frommen Helenen Krankenhaus gGmbH verpflichtet sich Chakka Boran zum Stillschweigen, auch durch Dritte, über alle mit seiner Behandlung im Zusammenhang stehenden Tatsachen und sämtliches Vorbringen in dem Verfahren LG Köln zu 39 O 93/14 zu bewahren.
2. Die Frommen Helenen Krankenhaus gGmbH trägt alle außergerichtlichen und gerichtlichen Kosten dieses Verfahrens einschließlich der Kosten dieses Vergleichs auf der Basis eines Gegenstandswertes von 2,5 Millionen Euro.
3. Chakka Boran verpflichtet sich, nach Erhalt der Zahlung unverzüglich die vor dem LG in dem Verfahren 39 O 93/14 erhobene Klage zurückzunehmen. Die Frommen Helenen Krankenhaus gGmbH wird keinen Kostenantrag stellen.
Datum, Unterschriften."

Professor Dr. Höllarm hatte bereits für seine Partei unterzeichnet. Ich tat dasselbe und faxte das Schriftstück zurück.

25. Lösungen

Luminitia und Pustina traf ich im Lager an. Die anderen waren unterwegs. Die Stimmung war merkwürdig angespannt, ohne dass sich dies auf objektive, sichtbare Anzeichen zurückführen ließ. Es lag eine eigenartige Atmosphäre über dem Lager, so wie die Luft vor einem erlösenden Gewitter oder Regenschauer voller elektrischer Schwingungen ist, die nur einige Geschöpfe dieser Erde, wie etwa Hunde, wahrnehmen können.

Kein Hund war im Lager zu sehen. Schon auf der Hinfahrt hatten mich die rasenden, von Windstößen eingezackten Wolkenbänke über dem rostroten Abendhimmel beeindruckt.

Sie habe es immer gewusst, erklärte mir Luminiz, als ich ihr das Schriftstück zeigte. Nur ob ich ruhig genug bleiben würde, daran habe sie Zweifel gehabt. Dabei grinste sie mich aus ihrem zahnlosen Mund an. Ich nickte zurück, ebenfalls grinsend. Zwar habe ich noch alle Zähne, die oberen beiden mittigen, die sogenannten Schneidezähne, stehen allerdings schief, was wahrscheinlich ebenfalls seltsam aussieht.

„Sag ihnen, sie sollen das Geld in bar übergeben. Große Scheine. Sag mir Bescheid, wann Übergabe ist. Ich komme mit ein paar anderen vorbei, zum Geldzählen."

Ich rief Professor Dr. Höllarm an. Er bestand darauf, dass ich das Geld in seiner Kanzlei abholen sollte, anstatt es in mein Büro zu bringen. Eine letzte verzweifelte Geste, mit der er seine Überlegenheit demonstrieren wollte.

Ich tat ihm den Gefallen und sagte: „Wenn es der Gerechtigkeit dient, können wir die Übergabe auch bei Ihnen vornehmen."

Wir vereinbarten einen Termin.

Einige Tage später traf ein Beschluss Röbbels' ein. Er wies mich darauf hin, dass die Hotelrechnung nur im Original als Beweismittel verwertbar sei und setzte mir eine Frist von zwei Wochen für deren Vorlage. Außerdem erteilte er mir den Hinweis, dass er mein durch die Zeugen unter Beweis gestelltes Vorbringen als verspätet zurückweisen würde, denn die Ladung des Rezeptionisten und des Hoteliers auf Sizilien würde den Rechtsstreit verzögern. Er gab mir Gelegenheit zur Stellungnahme binnen zwei Wochen. Ich nahm keine Stellung.

Am vereinbarten Termin fand ich mich mit Chakka, Goran, Pustina und Luminiz pünktlich in den Bugbauten ein. Diesmal ließ uns die Blondine mit den langen Fingernägeln sofort ins Konferenzzimmer, wo Professor Dr. Höllarm in Gegenwart von vier weiteren Anwälten, wahrscheinlich „of counsels" des äußeren Kreises, auf uns wartete.

„Die Koffer können Sie behalten", erklärte er mir und schob mir zwei edle Offermann-Aktentaschen aus mattem, schwarzem Leder zu. Ich konnte Luminiz ansehen, dass sie überlegte, wo sie die Taschen verkaufen könnte und ob ein Kaufpreis von 1.000 Euro pro Stück realistisch war. Sie und die anderen öffneten die Taschen und packten die Geldbündel aus. Fünftausend Fünfhunderteuroscheine zu je hundert Scheinen gebündelt. Den fünf Kollegen fielen wie in einer einstudierten Choreografie gleichzeitig mit dem Ausdruck der Entgeisterung die Kinnladen herab, als Luminiz darauf bestand, das Geld zu zählen, bevor Chakka die Quittung unterzeichnen würde.

Ich verzog keine Miene. Obwohl die Zigeuner schnell zählten, brauchten sie etwa anderthalb Stunden, auch weil Luminiz und Pustina sich, wahrscheinlich absichtlich, bei einzelnen Bündeln verzählt hatten, weil sie die Situation und das demütige Warten der Anwälte genossen. Währenddessen saßen Höllarm und seine Begleiter ebenso regungslos auf der einen Seite des Konferenztisches, wie ich auf der anderen. Dann waren endlich die 2,5 Millionen Euro gezählt. Chakka unterzeichnete die Quittung. Ich schob meine vorbereitete Rechnung diskret in einem Umschlag über den Tisch. Kollege Höllarm steckte den Umschlag in die Innentasche seiner Anzugsjacke, ohne ihn zu öffnen. Die Rechnung belief sich auf Euro 38.395,94. Dies waren die gesetzlichen Bruttogebühren. Noch am selben Tag nahm ich die Klage per Fax zurück. Abends feierten wir im Lager. Es gab Milchlamm mit verschiedene Gemüsen und einem Topf heißer Polenta. Die Gewürze waren scharf, höchst kompliziert und jeder Bissen eine Aromenexplosion, nach dem sich jeder Sternekoch die Finger lecken würde. Die Komposition der Gewürze war ebenso geheim wie Luminiz' Drabmixturen.

Als wir schon alle reichlich angetrunken und selig satt waren, überreichte mir Luminiz eine Plastiktüte. Ich schaute hinein. „150.000“, sagte sie. Ich gab ihr den Beutel zurück. „Auf keinen Fall nehme ich das an“, sagte ich. „Ich bekomme mein Geld von den frommen Helenen“.
Sie spürte, dass ein Widerspruch zwecklos war.
Goran, der die Szene beobachtet hatte, schüttelte den Kopf.
Luminiz zuckte hilflos mit den Achseln. „Gadscho Dilo“, sagte sie und grinste. Goran nahm die Plastiktüte und schlurfte damit in seine Hütte. „Gut“, fuhr Luminiz fort, „wir haben noch was anderes für dich, was mit Geld nicht zu bezahlen ist. Die Leithündin hat geworfen, wahrscheinlich zum letzten Mal. Die Welpen sind jetzt fast vier Wochen alt. Komm mit.“
Wir gingen ein Stück hinter die Hütten. In einer großen Kiste, vor der Lappen hingen, lag die Hündin mit ihren Welpen. Als Luminiz leise pfiff, kam sie heraus und leckte ihre Hand. Ich schaute in die Kiste, in der die Welpen kreuz und quer herumlagen. Sie sahen einheitlich aus, alle ähnlich struppig, weiß mit beigen Einsprengseln.
Ich war gerührt und sagte Luminiz, dass sie mir eine riesige Freude machen und eine große Ehre erweisen würde.
Sie sah mich an, zwinkerte und fragte mich, wie schon einmal: „Du bist dir wirklich sicher, dass du kein Zigeuner bist?“
Wir lachten uns an. In wenigen Wochen würde ich den Welpen oder er mich aussuchen. Der Fall Boran gegen die Frommen Helenen gGmbH 39 O 93/14 LG Köln war beendet. Mein eigener lief weiter. Vor dem nächsten Verhandlungstermin reichte Dr. Rosenberger einen Schriftsatz ein, den ich verfasst hatte. Er hatte folgenden Inhalt: „Beweisantrag: Für die Tatsache, dass der Großvater Krauses mit 18 Jahren in die Waffen-SS eingetreten ist und die Mitgliedsnummer 137988 hatte, wird Beweis durch die Auskunft des Bundesarchives angetreten. Hierdurch wird erwiesen, dass die Dolchklinge, die im Körper des Hundes des Angeklagten vorgefunden wurde, von einem Dolch stammte, der sich im Besitz des Zeugen Krause befunden hatte, da er einen Teil der SS-Mitgliedsnummer seines Großvaters, nämlich die Zahlen 1379, bis zu der Bruchstelle aufwies.“
Dr. Legatz holte den Beweis ein und eröffnete zwei Tage später den Fort-

setzungstermin der Hauptverhandlung. Als ich frühmorgens durch die langen Flure des Gerichts zu dem Saal, in dem meine Strafsache verhandelt wurde, ging, kam mir Röbbels entgegen.
Er blieb stehen und grüßte mich freundlich. „Ich glaube, ich habe Sie falsch eingeschätzt", sagte er. „Sie sind ja doch ein besonnener und vernünftiger Anwalt, der weiß, wann seine Partei verloren hat. Ihre Klagerücknahme war richtig. Ich freue mich über Ihre Einsichtsfähigkeit, die ich bisher falsch eingeschätzt habe."
„Man muss einsehen, wenn nichts mehr zu machen ist", pflichtete ich ihm bei.
„Sie hätten den Prozess mit hundertprozentiger Sicherheit verloren."
„Ja", beteuerte ich, „das hab ich mir auch gedacht", grüßte verbindlich und ging meiner Wege.
Röbbels würde wohl bis ans Ende seines Lebens nichts mehr dazulernen. In diesem Moment hatte ich fast Mitleid mit ihm. Ohne seinen Talar sah er unbedeutend aus. Er hatte Autorität allein kraft seines Amtes und nicht kraft seiner Person. Diese war schwach und ängstlich. Seit einigen Wochen fuhr er, um sich fit zu halten, mit dem Fahrrad zum Gericht. Auch hier dokumentierte er sein starkes Sicherheitsbedürfnis. Er trug einen Fahrradhelm und dazu eine Weste aus leuchtfarbenem Plastik, während er kerzengrade, als hätte er einen Stock verschluckt, zur Stärkung seines Rückgrats auf dem Fahrrad saß und in dem immer gleichen Rhythmus, der seinem Atem entsprach, in die Pedalen trat. Eine gescheiterte, kümmerliche Gestalt wie aus einem Spitzweggemälde und ein gelungenes Opfer für Versicherungsvertreter. Seine guten Examensnoten prädestinierten ihn für den Vorsitz einer Zivilkammer.
Dr. Legatz begrüßte die Anwesenden und verlas ohne Kommentierung meinen Beweisantrag. Er verlas weiterhin die Stellungnahme des Direktors des Bundesarchivs, der bestätigte, dass Krauses Großvater die Mitgliedsnummer 137988 hatte. Außerdem hatte Dr. Legatz aus eigener Initiative aus einem waffenhistorischen Institut Fotos von SS-Dolchen beschafft, die erwiesen, dass die fragliche Klinge Teil eines SS-Dolches war. Er hatte vorab meinen Beweisantrag und seine Erkenntnisse Gallo mitgeteilt. Der Leitende Oberstaatsanwalt war daher vorbereitet.
Dr. Legatz schloss die Hauptverhandlung und Gallo hielt sein Plädoyer,

das aus wenigen Sätzen bestand. Wie sich während der Hauptverhandlung ergeben habe, wies wohl einiges darauf hin, dass die Klinge des Dolches im Körper meines Hundes dem Zeugen Krause gehörte. Daher spreche einiges gegen dessen Behauptung, ich hätte ihn verwechselt. Dass er in diesem Punkt nicht die Wahrheit gesagt habe, spreche gegen seine Glaubwürdigkeit insgesamt. Daher würde seine Zeugenaussage wohl nicht mehr reichen, um mich der Tat zu überführen. Obwohl er persönlich der Auffassung sei, dass ich mich eines Mordversuches schuldig gemacht habe, müsse im Zweifel für den Angeklagten entschieden werden, sodass er Freispruch beantrage.

Dr. Rosenberger machte es kürzer. Sein Plädoyer bestand nur aus einem Wort. „Freispruch."

Nun kam ich an die Reihe, als Angeklagter hatte ich das letzte Wort. Ich verzichtete darauf. Die Schwurgerichtskammer zog sich kurz zurück. Nach drei Minuten betraten sie wieder den Sitzungssaal.

Dr. Legatz verkündete noch im Gehen das Urteil: „Der Angeklagte wird freigesprochen, die Kosten des Verfahrens und seine außergerichtlichen Auslagen trägt die Staatskasse." Er begründete kurz, knapp und präzise, warum dies so war. Dann war auch mein Verfahren beendet.

Drei Wochen später holte ich den Welpen ab. Ich traf mich nachmittags mit Luminiz und Chakka im Lager. Sie zeigten mir die Hündin und ihre sechs Welpen. Zwei der Welpen schliefen, währen die anderen vier miteinander balgten. Einer sonderte sich von der Gruppe ab, setzte sich auf die Hinterbeine, beobachtete mich und wedelte mit seinem Schwanz. Ich nannte ihn Hofmann, zu Ehren des immer gegenwärtigen Jean Paul, der nicht nur sanfte, zähe und empfindsame Helden in Menschengestalt geschaffen hat, sondern auch einen Hundepostillion, nämlich einen Spitz namens Spitzius Hofmann, der die Nachrichten für einen seiner großen Romane transportiert hat.

Passend dazu stellte ich später fest, dass Hofmann von allen meinen Hunden derjenige war, der den Menschen am meisten ähnelte.

Wenige Wochen danach fand die Hauptverhandlung gegen Krause statt. Angeklagt und verurteilt wurde er wegen gefährlicher Körperverletzung und Sachbeschädigung. Ich war Nebenkläger in seinem Verfahren und beanspruchte Schmerzensgeld und Schadensersatz. Krause bekam, auch wegen des fremdenfeindlichen Hintergrundes seiner Tat, die Härte des Gesetzes zu spüren. Mit der war es nicht weit her, denn sein Urteil bestand, wie ich vermutet hatte, in einer Freiheitsstrafe, die zur Bewährung ausgesetzt wurde, und 120 Sozialstunden in einem Asylantenheim. Er hatte seine Tat gestanden und unwiderlegbar behauptet, stark unter Alkoholeinfluss gehandelt zu haben. Mein Schmerzensgeld wurde auf 5.000 Euro festgesetzt. Für meinen toten Hund gab es noch 150 Euro dazu, da er bereits sehr alt war und deshalb nach Auffassung des Amtsrichters keinen höheren Wert mehr haben sollte. Das Urteil bestätigte im Nachhinein meinen Angriff auf Krause. Zusammen mit dessen Folgen war die Bestrafung und das Schmerzensgeld nach meiner Einschätzung ein gerechtes Ergebnis. Ich kniff Krause ein Auge zu, als er zu meiner Befriedigung immer noch hinkend den Sitzungssaal verließ. Er schaute sofort in eine andere Richtung. Das Schmerzensgeld hat er nie gezahlt. Bis heute habe ich keinen Versuch unternommen, gegen ihn zu vollstrecken. Er soll inzwischen in Thüringen wohnen. Vielleicht kommt er dort besser zurecht als hier.

Epilog

Wie immer nach turbulenten Zeiten folgten solche der Entspannung und auf diese wieder solche der Diastole. Zaghaft zeigten sich die ersten Zeichen eines beginnenden Frühlings. Bald waren am Himmel die Schnüre der zurückkehrenden Stare zu erwarten und das noch spärliche Grün würde in allen Schattierungen und Stufen mit der bunten Blütenpracht explodieren und zwar mit immer derselben wiederkehrenden Intensität, für die das Rheinland bekannt war. Die Tage wurden länger.

Wir hatten nach Beendigung der Verfahren tagelang im Lager gefeiert. Die Zigeuner schmiedeten Pläne, in die sie mich nicht einweihten.

Etwa einen Monat später fand ich morgens im Briefkasten einen Umschlag. Er enthielt ein Bündel Geldscheine. Es waren 150.000 Euro. Ich nahm den Umschlag und fuhr sofort in das Lager, um ihn Chakka zurückzugeben.

Das Lager war leer. Sämtliche Fenster aus den Baracken waren entfernt. Die Regenrinnen waren weg. Die Zigeuner hatten alles, was nicht niet- und nagelfest war, abgebaut und an Schrotthändler verkauft. Ein paar vergammelte Plastikstühle standen um die ehemalige Feuerstelle, die schwarz von kalter Asche war. An jenem Tag stank es besonders übel, da der Nordostwind wehte und eine neue große Ladung Unrats auf der Müllhalde ausgeschüttet wurde. Sie waren weitergezogen. Vielleicht hatten sie sich neue Wohnwagen gekauft, vielleicht die chromblitzenden amerikanischen Wohnwagenvans, von denen Chakka geträumt hatte. Vielleicht hatte sich die Kumpanija geteilt, vielleicht waren einige in Amerika oder in Italien. Chakka hatte möglicherweise irgendwo eine Werkstatt aufgemacht oder sie hatten einfach nur ein neues Lager an einem freundlicheren Ort gefunden. Ich dachte an Luminiz und die anderen und mir kam – aus welchem Grund auch immer – der Gedanke, ob Luminiz inzwischen öfter ihr Gebiss trug oder ob sie damit noch Schwierigkeiten hatte. Ich musste unwillkürlich lächeln. Ich hatte nicht erwartet, dass sie sich verabschieden würden. Der beginnende Frühling war die richtige Zeit, um aufzubrechen.

Jan Yoors, ein eingeweihter Gadscho, der lange in einer Kumpanija gelebt hatte, hat treffend über sie gesagt: „Die Zigeuner scheinen immun gegen den Fortschritt, leben in einem immerwährenden Heute; sie behaupten sich heldenmütig in einer fortdauernden Gegenwart. Sie scheinen damit zufrieden, am Rande der Geschichte zu leben, wohl weil sie den Hauch der Ewigkeit spüren. Sie sind in ständiger Bewegung, wie im Wind sich wiegende Zweige oder fließendes Wasser."
Ich ging zurück in mein Büro. Der Umschlag steckte in meiner Tasche. Hofmann sprang ausgelassen um mich herum und forderte mich nach Welpenart auf, mit ihm zu spielen. Ich versteckte das Geld zwischen meinen Büchern.
Etwa ein Jahr später sah ich in irgendeinem Nachrichtensender im Televisor einen kurzen Bericht über das alljährliche Treffen in Saintes-Maries-de-la-Mer. Für Sekunden blitzte ein Bild auf. Zwischen bunten, chromblinkenden Wohnwagen sah ich Chakka tanzen. Um ihn herum saßen einige Zigeuner und spielten hingebungsvoll eine Buleria. Dann sah ich für einen Augenblick auch Luminiz und neben ihr Pustina, die den Rhythmus der Melodie mit Händeklatschen begleiteten. Ich freute mich, dass es ihnen gut ging. Die Sendung war älter, das Fest war schon vorbei. Dieses Jahr war es zu spät. Im nächsten würde ich rechtzeitig nach Saintes-Maries-de-la-Mer reisen, um meine Freunde aus einer anderen Welt wiederzutreffen.
Ich bekam plötzliches ein unbändiges Verlangen nach einer Zigarette. Das unerwartete Wiedersehen der Zigeuner hatte mich in große Emotionen versetzt. Aufgeregt griff ich aus der für die Mandanten bereitstehenden Zigarettenkiste eine Filterlose, zündete sie an und nahm einen Zug. Der Tabak schmeckte ekelhaft. Ich drückte die Zigarette aus.

Meine Zeit als Raucher war beendet, und nicht nur das hatte sich geändert.

Literatur

Bauerndick, Rolf, *Zigeuner. Begegnungen mit einem ungeliebten Volk,* München 2013

Bogdal, Klaus-Michael, *Europa erfindet die Zigeuner,* Berlin 2011

Bogdal, Klaus-Michael, *Europa erfindet die Zigeuner, um sie zu verachten,* Interview, FAZ 2013, Nr. 61

Clébert, Jean-Paul, *Das Volk der Zigeuner,* Wien 1964

Djuric, Rajko, Becken, Jörg und Bengsch, A. Bertold, *Ohne Heim Ohne Grab. Die Geschichte der Roma und Sinti,* Berlin 1996

Franz, Philomena, *Zwischen Liebe und Hass,* Books on Demand

Fonseca, Isabell, *Begrabt mich aufrecht. Auf den Spuren der Zigeuner,* München 1998

Gauß, Karl-Markus, *Die Hundeesser von Svinia,* München 2006

Gronemeyer, Reimer und Rakelmann, Georiga A., *Die Zigeuner. Reisende in Europa,* Köln 1988

Hagenberg-Miliu, Ebba, *Wer sind diese Menschen?* General-Anzeiger 2./3.8. 2014

In der Maur, Wolf, *Die Zigeuner,* Wien-München 1978

Katalog zur Ausstellung *Roma und Sinti, „Zigeunerdarstellungen" der Moderne,* 2007 in der Kunsthalle Krems

Krausnick, Michail, *Die Zigeuner sind da,* Würzburg 1981

Krausnick, Michail, *Auf Wiedersehen im Himmel,* Würzburg 2005

Kaube, Jürgen, *Konstruktion des Asozialen,* FAZ vom13.10.2004

Lakatos, Menyhért, *Bitter Rauch,* Berlin 1978

Lakatos, Menyhért, *Csandras Karren,* Berlin 1984

Lee, Ronald, *Verdammter Zigeuner,* Weinheim und Basel 1978

Leresche, Yves und Willa, Blaise, *Roma in Rumänien,* Bern 2002

Remmel, Franz, *Vor- und Zwischenfälle. Die rumänischen Roma im Spiegel von Zeiten und Fakten,* Resita 2002

Martens, Michael, *Ziganismus und Antiziganismus,* FAZ vom 27.9.2013

Mappes-Niediek, *Arme Roma, böse Zigeuner,* Berlin 2012

Maximoff, Matéo, *Die Usatory,* Zürich 1954

Mosbacher, Andreas, *„Wie primitive Unmenschen" – Eine späte Entschuldigung,* Neue Juristische Wochenschrift 2016, 30 ff.
Sener, Geri, *Zigeuner Medizin, Komm, ich mach dich gesund !,* Genf 1987
Spiegel, 43/1979 *Bei Hitler waren wir wenigstens Deutsche*
Starkie, Walter, *Auf Zigeunerspuren,* München 1957
Stuckermann, Anja, *„Denk nicht wir bleiben hier", Die Lebensgeschichte des Sinto Hugo Höllenreiner,* München 2008
Yoors, Jan, *Die Zigeuner,* Stuttgart 1970

Aus der Reihe Anwaltskrimi Köln

Error in Persona
Ulrich M. Hambitzer

208 Seiten, 12,5 x 19 cm, Softcover,
ISBN: 978-3-945152-89-8
9,99 €

Mitten in der Kölner Innenstadt wird einer Frau am helllichten Tag die Kehle durchgeschnitten. Die Täterschaft scheint eindeutig: Zeugen haben den mehrfachen Straftäter Peter Kussowski erkannt. Doch als ein Rechtsanwalt dessen Pflichverteidigung übernimmt, entdeckt er bald mehr und mehr Ungereimtheiten. Und dann ist da noch Kussowskis Hündin Emma, um die er sich kümmern muss.

„Ein fulminanter literarischer Erstling."
Hagen Haas, Generalanzeiger Bonn

„Ein unterhaltsamer, spannender und geistreicher Krimi."
Antje Stillger, Bonner Rundschau